근대 한국의 소수와 외부, 정치성의 역사

아시아학술연구총서 8

근대 한국의 소수와 외부, 정치성의 역사

김윤희, 송병권, 이규수

역락

　지난 20세기의 한국은 서구적 성장모델을 추수하는 과정에서 국가 공동체의 단일성을 강조함으로써 민주주의 사회의 다양성을 승인하는 제도적 문화적 장치의 필요성에는 관심을 갖지 않았다. 개인의 자유가 발생시키는 개별적 차이는 빠르게 차별로 치환되었고, 정치·법률적 평등성의 일률적 적용으로 인해 사회적 차별은 제도의 운영상에서 발생하는 개인의 능력과 도덕성의 문제로 환원되었다. '차별받지 아니 한다.'는 민주주의의 법률적 문법 속에서 차별은 현대 사회의 구조적 문제로 인식되지 못한 채 개별화된 경험으로 산포되는 경향이 가속화되었다.

　최근 한국사회에서 '차별받지 아니 한다'는 사회적 아젠다의 등장은 1987년 민주화 이후 한국 민주주의에 대한 비판적 성찰을 요구하는 현상이라고 할 수 있다. 또한 권리관계의 약자인 '을'에 대한 부당행위를 통칭하는 '갑질'이라는 용어가 국어사전에 등재되었다는 것은 차별이 더 이상 개인의 개별적 경험이 아니라는 점을 보여준다. 유통되는 차별 서사는 행위의 주체, 종류, 정도와 관련한 것으로 '누가, 누구에게 어떻게 차별 받았는지'에 집중되어 있고, 사회적 공분과 자정의 목소리를 높이는 데 기여하고 있다.

　그러나 차별문제는 사회적 공분과 자정노력만으로 개선되는 것이 아니다. 차별은 근대 민주주의와 자유주의 관념의 확산과 제도화 과정에서 양산, 층화, 내재화되어 왔기 때문이다. 19세기 민주주의와 자유주의가 국가들 내부에서 영토화되기 시작했을 때, 차별을 없애기 위한 다양한 사유와 실천들이 동시에 제기되었다. 그러나 차별은 더욱 다양하고 복잡한 변이와 층화 과정을 통해 일상화되어 왔다.

'차별받지 아니 한다.'는 법률적 문법이 '차별을 허용하지 않는다.'는 사회적 문법으로 대체된다면, '차별'은 앞으로 제거되어야 하는 것이 아니라 현실에서 관리되어야 하는 것으로 인지되고 합리적 접근과 개선을 위한 구체적 실천이 활발히 전개될 수 있다.

여기에는 '차별'에 대한 인문학의 비판적 성찰이 존재했다. '누가, 어떻게 차별 받는가?'라는 개인의 서사가 '무엇이, 왜 차별을 발생시키는가?'라는 지식담론의 영역으로 확장되었을 때, '차별'은 더 이상 개별화된 경험이 아닌 객관적이고, 과학적인 실체로서 그 모습을 분명히 드러낼 수 있기 때문이다.

특히 차별받는 마이너리티가 공론장에서 어떻게 다루어졌는지를 고찰하는 일은 현재 양산되고 있는 차별을 낯설게 하기 위한 것이다. 차별에 대한 계보학은 육화된 차별의 에토스와 거리를 두게 함으로써 차별을 객관적 영역 속에서 다시 한 번 사유하도록 한다.

이 책은 '민족'의 단일성에 대한 인식이 자리 잡기 시작하면서 공론장에 등장한 두 가지의 마이너리티에 대한 글을 실었다. 하나는 전근대 통치의 관용이란 차원에서 다루어졌던 빈민문제가 1894년 근대 사회가 형성되면서 어떻게 다루어졌는지를 고찰한 것이다. 근대 사회에서 구성된 '민족발전'이란 다수성과 경제적 약자인 빈민에서 발견되는 빈곤이란 소수성의 관계는 공론장을 통해 형성되는 시민의 공공적 이해와 맞물려 있었다. 빈곤 및 재해 관리의 다양한 조치들은 근대 사회에서 소수성이 어떻게 관리되고 있는지를 보여준다.

다른 하나는 '민족'의 외부가 내부로 혼입되는 과정에서 '민족'과 그 외부라고 인식된 것들이 어떻게 관계를 맺게 되었는지를 고찰한 것이다. 재조일본인이 조선인의 공론장에서 처음 등장했을 때, 이들은 '민족'의 외부자로 인식되었다. 그러나 재조일본인이 식민지 조선 사회의 구성원으로 등장하면서 외부자의 '차이'는 조선사회의 공론장에서 새로운 위계를 형성하기 시작했다. 외부의 차이가 내부로 혼입되고, 그 차이가 공론장에서 승인되는 과정에 대한 탐색은 근대 사회에서 차이의 위계화의 복잡한 양상을 보여준다.

재조일본인의 경우 식민지조선에서는 '차별하는 자'였지만, 일본사회에서는 '차별받는 자'라는 이중성을 갖고 있었고, 이 이중성은 양 사회의 다양한 차별적 요소들과 결합되어 있었다. 여기서는 일본사회에서 이들이 받는 차별을 본격적으로 다루지는 못했다. 대신 이주자로서의 일본인이란 관점에서 그들의 귀환 이후까지 시야에 넣고 있음을 밝혀둔다.

마이너리티의 역사에 대해 관심을 갖고 연구를 진행해온 가천대학교 아시아문화연구소의 도움으로 그간의 연구 성과를 모아서 이 책을 발간할 수 있게 되었다. 아시아문화연구소의 박진수 소장님께 감사드린다. 그리고 이 책의 출판을 선뜻 받아주신 역락출판사의 이대현님께 감사드린다.

저자 일동

| 차 례 |

제2부 민족의 외부

제1부
약자의 정치학

Ⅰ. 근대 빈민구제와 시장의 공공성

1. 들어가기

빈민구제조치의 법제화는 빈곤이 개인적인 문제가 아니라 사회구조적 문제라는 사회적 인식을 토대로 하고 있다. 개인의 생계가 시장의 교환가치에 의해 결정되는 자본주의 사회에서 빈곤은 국가의 지속적 발전을 위해 관리되어야 하는 것으로 간주되고 있다. 그래서 빈민구제조치는 자본축적의 토대인 시장의 자유를 무너뜨리지 않도록 그 개입정도를 결정해야 하며, 동시에 사회적 생산성 제고에 기여할 수 있는 것이어야 한다는 관념에 구속되어 있다. 이러한 인식은 복지정책에 대한 일반적 이해로 통용되는 것이기도 하다. 또한 빈민구제에 공공재원인 세금이 투여되는 만큼, 방식에 대한 공공의 동의를 필요로 하고, 그 과정에서 사적이해의 갈등을 조정해야 하는 정치행위를 촉발한다. 그래서 근대 빈민구제제도는 시장의 자유에 대한 사회적 인정 정도, 사회적으로 승인되는 생산성 정도, 사적이해관계의 조정 여부, 사회의 윤리적 태도 등에 따라 그 모습이 달라지고,[1] 빈민구제방식을 결정하는 데 있어서 공론장의 역할이 매우 크다고 할 수 있다. 그러나 한국 근대빈민구제에 대한 연구는 빈민구제와 공론장의 관계에 대한 관심이 거의 부재했다.[2]

---

1) 문진영, 「빈곤레짐에 관한 비교연구: 유럽연합 회원국과 한국을 중심으로」, 『한국사회복지학』 57-1, 2005, 245-269쪽.
2) 민간의 자선활동을 공론장의 움직임 속에서 고찰한 다음 두 편의 논문은 구제담

  기존 연구는 주로 제도와 정책사에 집중되어 왔다. 복지제도의 형태적 변화에 관심을 집중한 사회복지학의 연구는 서구에 비해 복지의 법제화가 늦어졌던 원인을 유교적 통치이념의 존속과 뒤이은 식민통치에서 찾는 경향이 강하다.[3] 통치안정을 목적으로 한 빈민구제는 통치위기가 발생할 때만 시행되고, 통치자의 시혜란 차원에서 실시되기 때문에 생활조건을 관리하기 위한 법제화가 이루어지기 어렵다는 것이다.

  식민통치의 수탈성이란 관점에서 빈민에 대한 연구는 일찍부터 진행되었지만,[4] '식민지근대'란 관점에서 빈민구제문제를 고찰한 연구는 최

론구조에 주목하기 보다는 식민지배와 조선인의 저항과 협력이란 관점 속에서 자선활동의 정치적 의미에 주목했다. 조성은의 연구(「근대 사회사업 개념과 담론에 관한 연구-1920년대와 1930년대를 중심으로」, 서울대 사회복지학 박사학위논문, 2011)는 1920년대 등장한 사회사업담론이 포괄적 사회활동이란 의미로 유행되었고, 그 이면에는 부와 명예라는 새로운 지배 권력이 확보되고 식민지 규율권력이 형성되는 데 기여했다고 보았다. 또한 고태우의 연구(「일제시기 재해문제와 "자선, 기부문화"-전통, 근대화,"공공성"」, 『동방학지』 168, 2014, 147-184쪽)는 재해구호의 자선과 이를 통제하려는 총독부의 조치 과정에서 민족 감정이 확산되었고, 이는 '대안적 공공성'의 성격을 갖는다고 지적했다. 양자의 연구는 민간의 구호활동에 대한 공론장의 반대급부로 그것을 촉구하고 참여했던 자들의 정치적 발언의 힘이 강화되었다는 점을 확인시켜준다. 또한 그것이 규율권력을 형성하는데 기여했다는 지적은 민간의 구호활동이 총독부와 갈등, 조정의 과정을 거치면서 일정한 역할을 분담하고 있었다는 점을 확인시켜 준다. 공론장 또는 공공성을 식민지배에 대한 저항과 협력의 관점에서 포착하려는 연구경향은 검토의 여지가 많다. 근대통치성이 곧 공리주의라고 파악했던 푸코의 관점에서 볼 때, 공론장 또는 공공성은 사적이해관계 사이의 경합과 조정이 발생하는 공간이며, 근대 통치의 토대이다(미셸 푸코, 심세광 외 역, 『생명관리정치의 탄생』, 난장, 2012, 35-81쪽). 따라서 공론장에서 유통된 민족담론은 총독부 통치와 경합함으로써 그것의 유효성을 제고시키고, 조선인의 이해관계를 조정하는 역할을 하고 있었다고 볼 수 있다(김윤희, 「근대 서울의 숲, 위험관리와 민족주의 정치기획－공론화된 숲의 장소성을 중심으로」, 『사학연구』 111, 2013, 102-117쪽).

3) 하상락, 『한국사회복지사론』, 박영사; 홍금자, 2000, 「일제시대 사회복지의 발달사적 구분에 관한 연구」, 『한국사회복지학』 40, 2000, 226-269쪽.
4) 강만길, 「일제시대의 도시빈민생활-토막민을 중심으로」, 『한국사연구』 53, 1986,

근에 이루어지기 시작했다.5) 이 연구는 빈민구제를 둘러싼 이해관계의 갈등에 주목하기도 했지만, 시혜적인 식민통치에 대한 선전수단, 시행의지의 부족, 갈등의 강압적 정리 등으로 정책시행의 토대가 취약했고, 그 효과도 매우 제한적이었다고 평가했다. 여기에는 통치권력의 주도성을 과도하게 평가했던 사회복지학의 연구관점을 그대로 승인하고, 빈민구제활동을 식민지배에 대한 저항과 협력이란 관점에서 바라보는 경향이 강하게 투영되어 있다.

1894년 신분제도의 폐지, 신체·생명·재산 보호에 대한 법적 조치는 사적영역을 크게 확대시켰고, 신문매체의 등장으로 공론장의 영향력이 강화되기 시작했다. 이러한 변화는 통치권력이 주도한 정책의 시행과 효과가 공론장의 흐름에 더 많이 노출되고 좌우될 수 있는 환경이 마련되었음을 의미하며, 동시에 공론장에서 유통되는 담론의 영향력이 커져갔음을 의미했다. 빈민구제조치는 이전과 달리 공론장이라는 새로운 환경에 노출되어 그 효과를 진단받고 있었다고 볼 수 있다.6)

이 글에서는 빈민구제조치와 공론장의 관계를 통해 근대빈민구제담론의 구조를 분석하고자 한다. 정책이념의 시기적 변화를 추적하는 방식을 채택하지 않은 이유는 통치권력의 주도성을 그대로 승인할 수 없

111-154쪽 ; 김경일, 「일제하 도시 빈민층의 형성-경성부의 이른바 토막민을 중심으로」, 『사회와 역사』 3, 1986, 203-257쪽.
5) 배민재, 「1910년대 조선총독부 임시은사금사업의 운영방향과 그 실제」, 『한국사론』 55, 2009, 207-274쪽 ; 고태우, 「1930년대 조선총독부의 궁민구제토목사업과 지역개발」, 『역사와 현실』 86, 2012, 247-292쪽 ; 김영수, 「1910~20년대 식민지 조선의 시료사업의 변천-시료대상과 운영주체의 변화를 중심으로」, 『역사와 경계』 95, 2015, 143-168쪽: 조성은, 앞의 글: 고태우, 앞의 글, 2014, 147-184쪽.
6) 사적인 것의 자율성이 확대될수록 공공적인 것(common)에 대한 정치행위는 통치의 영역에서 벗어나 공중(public)의 영역으로 들어오고, 공공적인 것에 대한 정치행위를 활성화시킨다(울리히 벡, 홍성태 역, 『위험사회』, 새물결, 2006, 304쪽).

는 변화를 염두에 두어야 하고, 근대 통치가 공리주의에 토대를 두고 있기 때문에 구제조치에 대한 공론장의 움직임을 저항과 협력의 관점으로 포착할 수 없다는 점을 고려해야하기 때문이다.[7] 따라서 이 글의 각 절은 구제담론의 시기적 변화를 추적한 것이 아니라 구제조치가 등장했을 때 그 배후에 존재하는 그리고 그 조치가 마주한 상황에 초점을 두고 구성했다.

빈민구제 문제를 이해하고 해석하는데 영향을 미치는 빈민구제담론은 빈민발생요인, 빈민에 대한 경험과 인식, 구제해야할 이유, 구제할 범위, 재원마련 방식, 구제조치에 대한 경험, 효과에 대한 평가 등과 연결되어 유통되는 내러티브의 집합이다. 여기에는 사적이해, 동정, 윤리의식, 공동체의식, 계급의식 등이 깊게 개입되어 있다. 그러나 한정된 지면에서 이러한 문제 모두를 다룬다는 것은 불가능하기 때문에 본 논문에서는 빈민구제문제를 이해하고 해석할 때 현재에도 강력하게 작동되고 있는 '시장의 자유'와 '생산성 제고'라는 두 가지 문제에 집중하고자 한다.

현재에도 논쟁적인 두 가지 문제가 특정시기, 특정한 모습으로 등장해서 어떠한 효과를 발생시켰는지를 살펴보려는 것은 역사적 경험을 통해 현재의 문제를 성찰적으로 바라볼 수 있도록 거리를 두기 위한 것이

---

7) 공공성에 대한 비판적 입장은 벡도 마찬가지다. 벡은 정치적 시민은 의회민주주의의 운영원리 속에 복속되며 부르주아는 시장이란 사적영역을 확신하며 투자, 기술 발전, 이윤획득의 자유를 누리고, 이 두 개의 모순적 과정이 서로를 관통하며, 정치적 민주주의의 확립과 '진보'와 '합리화'라는 정당화의 우산 밑에서 비정치적이고 비민주적인 사회변화가 확립된다고 본다. 이럴 경우 정치적 민주주의의 토대인 공공성은 비민주적이고, 비정치적인 사회변화와 관련된 매우 문제적인 것이 된다. 그러나 벡은 푸코와 달리 하버마스의 공론장 개념을 재구축하여 하위정치영역의 민주화를 그 대안으로 제시했다(울리히 벡, 앞의 책).

다. '시장의 자유'와 '생산성 제고'는 숯의 불씨처럼 흩어져 존재했다가 자본주의가 제도화되는 순간 불꽃이 되어 자신의 존재를 단숨에 소멸시킬 수도 있는 것이기 때문에 그 화력을 가능한 오래 지속시키려면 세심한 조절과 관리가 필요하다.[8] 자본주의 사회에서 빈민구제문제는 바로 그 지속성의 여부와 관련되어 있는 것이다.

2. 『서유견문』의 빈민구제담론

유교적 전통에서 빈민(乞人)은 건전하지 못한 생활태도와 무지로 인해 발생하는 것으로 인식되는 경향이 강했다. 60세 이상의 노인이나 과부, 고아 등 노동이 어려운 자들에 대한 무상급식인 白給[9] 그리고 재해 등 우연적 요인으로 발생한 빈민에 대해 휼전, 공명첩 발행, 무곡, 그리고 진휼청 곡식판매, 勸分 등이 있었지만, 빈민을 상시적으로 관리해야 한다는 관념은 거의 부재했다.

백급은 自招하지 않는 요인에 의해 생계가 곤란한 자에 대한 구제로

---

8) 생산성제고에 대한 지향은 경쟁하는 정치공동체 모두에서 발견되며, '시장의 자유'는 고대 무역행위에 대한 관념에서도 발견된다. 따라서 그것의 존재 자체를 문제시하는 것은 아니다. 문제는 그것이 특정시대와 특정사회에서 자본축적방식과 조우하여 사회의 운영원리와 제도로 구성됨으로써 그것의 존재자체를 훼손시키고, 생존위기를 심화시킨다는 점이다. 자본주의와 시장의 관계는 여전히 논쟁적인 문제이지만, 여기서는 일단 브로델의 관점(페르낭 브로델, 김홍식 역, 『물질문명과 자본주의 읽기』, 갈라파고스, 2012)에 기대고자 한다.

9) 한성부 기민에 대한 진휼청의 구제방식은 發賣와 白給이었다. 한성부가 기민을 조사해서 곡식을 발매할 호수와 백급할 숫자를 조사하면 진휼청이 조사 상태에 따라 차등지급했다(『正祖實錄』 6년 11월 2일; 7년 4월 19일 ; 7년 12월 16일 ; 8년 윤3월 29일 등).

통치의 관용에 해당하고, 재해 등의 우연적 요인에 의해 발생한 빈민에 대한 구제는 통치안정을 위한 선제적 조치의 성격을 갖는다. 유교통치 이념인 '保民'의 관점에서 왕은 백성의 생계에 대해 책임을 져야 한다는 관념을 갖고 있었다.10) 빈민구제가 왕의 '덕정'이란 통치행위의 하나였던 만큼 구제의 대상인 빈민 역시 통치할 수 있는 자와 그렇지 못한 자를 구분하는 인식 틀에 놓여 있었다.

유교의 통치이념에서 赤子의 천성은 생계를 꾸려 효를 다하고, 목숨을 바쳐 국가를 지키고, 성현의 글을 통해 어른을 공경할 줄 아는 것이었고, 왕은 천성을 가진 적자를 먹이고 입히는데 힘을 써야 한다고 보았다.11) '적자'에 대한 이러한 관념은 '적자'이기를 포기한 '匪類'를 강력하게 응징할 수 있는 관념적 기제였다. '건전'하지 못한 생활태도로 인해 빈곤에 빠졌다고 간주되는 빈민은 적자로서의 천성을 늘 의심받는 존재였다.

이러한 관념은 백성의 '건전한 생활태도'를 위협했던 도박에 대한 인식과 형법규정을 통해 확인할 수 있다. 도박은 최고 장100대에 처할 수 있는 중대범죄 중의 하나였다. 도박에 빠지는 자들은 무녀, 무직자, 머슴 등의 하층민이며, 이들은 도박으로 인해 무리를 짓고, 재산을 탕진하고, 도적이 된다는 것이었다.12) 간혹 유산자 중에서 도박을 하는 사례가 발생하면 "빈궁한 자가 아닌데도 떼 지어 모여 도박을 하다가 결

---

10) 조선시대 빈민구제 담론을 설명하는 논리 중 하나가 책기론(策起論)이다. 민생구휼의 책임이 군주에게 있다는 관념 속에서 빈민구제는 성군의 기준이 되었고, 이러한 정치사상으로 인해 왕조국가의 사회복지행정이 수립되었다고 파악하기도 한다(김상균, 「한국사회복지사 연구와 사회복지학의 이론」, 『한국사회복지사론』, 박영사, 1989, 17-36쪽).

11) 『承政院日記』高宗 13년 8월 9일, 關北接撫綸音.

12) 『太宗實錄』14년 5월 19일; 『世宗實錄』7년 5월 9일 ; 『中宗實錄』23년 8월 18일; 『高宗實錄』20년 10월 27일.

국 부모의 재산이나 친구의 재물을 훔치고, 도적이 되는 자가 비일 비재하다."[13]고 지적되었다. 그리고 1896년에 도박은 "賊盜處斷例"에 의해 도적죄의 한 유형으로 분명히 규정되었다.[14] 도박은 빈곤한자의 전유물처럼 간주되었고, 빈민은 비류가 될 가능성이 높은 존재로 간주되었다. 조선시대 빈민은 '적자'와 '비류'의 경계에 놓인 자들이었다. 따라서 빈민이 발생할 수 있는 도박과 같은 상시적 요인은 윤리와 형법을 통해서 통제되었고, 재해 등 우연적 요인에 의해 발생한 빈민을 대상으로 한 구제는 정당한 것으로 간주되었다.

'보민'을 가장 핵심적인 내용으로 삼았던 유교의 통치이념은 왕이 빈민구제를 적극적으로 시행할 것을 강력하게 추동하고, 빈민구제를 위한 선제적 조치가 커다란 반발 없이 진행될 수 있도록 한 이념적 기제였다. 정치공동체의 운영에서 '빈민'이 그 안정을 위협하지 않도록 관리해야 한다는 관념은 동서양을 막론하고 보편적인 것이라고 할 수 있다. 따라서 빈민구제담론의 구조는 구제조치를 추동하는 이념적 기제보다는 구제조치의 형태를 결정했던 빈민발생요인에 대한 진단들 그리고 구제조치의 효과에 대한 판단들을 분석할 필요가 있다.

재해 등 우연적 요인으로 발생한 빈민구제조치의 시행은 우연적 요인 이외로 발생하는 빈민이 통치의 안정을 위협할 정도는 아니라는 인식이 지속되고 있었기 때문이라고 볼 수 있다. 실제로 구제제도의 모습이 바뀌는 것은 서울에서 빈민이 양산되기 시작했던 1894년 이후였다. 빈민구제가 통치안정을 위해 필요하다는 관념은 현재에도 여전히 유효한 관념이지만, 조선시대 구제제도는 지금처럼 생산성, 효율성, 시장의

---

13)『中宗實錄』19년 6월 9일.
14)『請議存案』1896년 4월 4일,「閣議決定案 제266호」.

자유 등 좀 더 강력하고 다양한 효과에 대한 진단이 거의 개입되어 있지 않다. 이는 조선시대 빈민구제제도의 운영이 통치안정이란 비교적 단일한 효과에 구속되어 있었다고 볼 수 있다.

조선시대 빈민구제관념과 다른 관념은 『서유견문』에서 발견된다. 근대 주권개념의 수용을 통해 정부-인민이라는 근대 통치이념을 구상했던 유길준은 제5장 '정부의 치제'와 제6장 '정부의 직분'에서 영국과 프랑스의 빈민구제제도를 소개하고, 빈민구제의 기본이념을 설명했다.

"문명개화의 정치는 6개의 要訣에서 벗어나지 않는다."고 하면서 나열한 정부운영 강령의 첫 번째는 '自由任意'이다. 이것은 신분고하를 막론하고 행위의 자유를 누릴 수 있도록 하는 것이었다.[15] 나아가 "役夫의 雇錢과 匠人의 工價를 酌定하여 遊民의 業을 구하고, 물가를 限定하며 貧人을 구조하고, 그 외 平人의 모든 개인적 일에 관계하여 (중략) 그 사이에 반드시 姿橫하는 세력과 가혹한 법이 있어서 인민이 자주하는 正理를 방해하는 단서"[16]가 된다고 해서 정부의 시장 개입에 대해 분명한 반대를 표명했다. 시장의 자유를 전제로 경쟁을 통한 발전을 구상했던 유길준은 빈민구제제도에 경쟁체제를 도입해야 한다는 입장을 갖고 있었다.

빈민구제제도로서 유길준이 처음 주목한 것은 영국의 貧院(빈민구제소)이었다. 그러나 빈원은 근로 의욕과 삶에 대한 희망이 없는 자들이 모여드는 최종 종착지이기 때문에 노동의욕 고취에는 도움이 되지 않는다고 보았다.[17] 그는 빈민이 빈원에 모여 들지 않도록 하는 조치가 필요하다고 했고, 빈민구제소 밖의 구제제도에 대해 더 많은 관심을 가졌다.

---

15) 兪吉濬, 「政府의 治制」, 『西遊見聞』, 交詢社, 1895, 153쪽.
16) 兪吉濬, 「政府의 職分」, 『西遊見聞』, 交詢社, 1895, 155쪽.
17) 兪吉濬, 앞의 책, 163쪽.

"1848년의 변을 거쳐 수도 파리에 匠工을 使用하는 法을 설치하여"[18] 프랑스정부가 군인의 의복을 생산하기 위해 직접 노동자를 고용하고 동일임금을 책정한 일은 군복매매상의 피해, 생산성하락, 임금하락, 노동자간의 갈등 격하 등으로 연결되는 폐단을 낳았다고 소개하고 있다. 이 사례는 1848년 2월 혁명 이후 설립된 국립작업장에 대한 것이다. 국립작업장은 제2공화정 성립과 함께 노동자의 군사조직화란 관점에서 만들어진 것으로 빈민구제, 노동자조직을 통한 치안유지, 저임금노동의 확보, 노동권 보장 등의 효과도 나타났다.[19] 그러나 유길준이 주목한 것은 이러한 다양한 효과 중에서 노동생산성 하락이었다.

이러한 평가는 영국 사례에 대한 소개에서도 동일했다. 영국정부가 노동자와 장인을 위해 각종의 법규를 만들었는데 유익한 것은 고사하고 폐단이 적지 않다고 하면서 영국의 임금정책이 프랑스의 사례와 동일한 폐단으로 귀결되었다고 설명하고 있다. 그리고 "게으름을 피우고도 부지런히 일한 사람과 같이 받을 수 있다면 누가 게으름을 피우지 않겠으며, 부지런히 일하고도 임금은 게으른 사람과 같이 받는다면 또한 누가 부지런히 일하겠는가."[20]라고 하여 노동생산성 하락문제를 최우선적으로 꼽고 있다. 영국의 사례는 1795년에 실시된 스피넘랜드 구제법이었다. 영국 지방 지주들이 도시임금 상승으로 노동력 확보가 어렵게 되자, 최저생계비를 책정하여 그에 미치지 못하는 임금을 보전하는 제도였다. 이 제도는 저임금노동력확보, 노동자의 생계보전 등의 효과도 있었지만, 점차 노동생산성하락, 임금상승억제 등으로 인해 지주, 자본가, 노

---

18) 兪吉濬, 앞의 책, 159쪽.
19) 오광호, 「루이 나폴레옹의 쿠데타와 프랑스 제2공화정 하 노동운동」, 『충북사학』 9, 1997, 188-197쪽.
20) 兪吉濬, 앞의 책, 160쪽.

동자 모두로 부터 비판을 받아 폐지되었다.[21]

　시장개입이 국가의 생산성하락으로 귀결된다는 입장은 영국의 직물업 보호정책에 대한 소개에서도 드러난다. "영국정부가 그 나라의 역부를 위하여 하나의 법을 만드니 영국 인민들에게 본국인이 직조한 면포 이외의 소비를 불허하여 공장으로 업을 온전히 하고, 유민을 감소하는 뜻으로 하였으나"[22] 결과적으로 직물업 종사 노동자는 많아지고, 다른 상품을 생산하는 노동력이 부족해져서 국부 형성에 도움이 되지 못했다는 것이다.

　유길준은 빈민구제를 위해 영국과 프랑스가 노동시장에 개입했던 정책이 국부의 원천인 노동생산성을 저하시키기 때문에 실패로 귀결될 수밖에 없다고 보았다. 여기에는 시장의 자유를 보장해야 한다는 확신이 전제되어 있었다. 따라서 유길준이 주목한 빈민구제제도는 노동생산성을 유지하고 제고시킬 수 있는 영국의 積金實所와 생계곤란에 대비할 수 있는 相助契였다.

　적금치소는 1820년 조지4세(George IV)가 처음 설치한 것으로 초기에는 폐단이 많아서 1861년 우정국 내에 적금치소를 설치했다. 임금의 일부를 적립하면 시중 은행보다 연리 2.5%를 가산해서 지급하는 방식으로 가산이자는 세금에서 지출되고, 개인의 적립액은 원금과 이자를 합해 2만 냥을 넘지 못하도록 했다. 적금치소는 小民의 산업을 보호하기 위한 것으로 저축을 통한 재산증식과 근로의욕을 고취시키는 정책으로

---

21) 칼 폴라니는 스피넘랜드법의 시행효과가 정주법을 폐지하고 노동시장의 자유를 승인하는데 결정적인 계기가 되었다고 보았다(칼 폴라니, 홍기빈 역, 『거대한 전환; 우리시대의 정치·경제적 기원』, 도서출판 길, 2010, 249-271쪽).
22) 兪吉濬, 앞의 책, 161쪽.

소개되고 있다.[23]

상조계는 자산 많은 대상인들이 하는 것이기 때문에 정부의 간섭이 적고, 다수의 사람들이 회사를 세우고 돈을 내서 재물을 저축하는 것으로 계원 중 질병 또는 불행한 일을 당했을 때 구조하는 것으로 지금의 보험회사라고 할 수 있다. 영국이 1793년에 처음 상조계를 설립한 이후 여러 가지 폐단이 적지 않았고, 그중 상조액의 과다지출이 가장 문제가 되었기에 정부가 여기에 대한 법규를 정비하여 이러한 폐단이 사라졌다고 설명했다.[24] 상조계는 저축을 통해 이후 발생할지 모르는 생계곤란의 위험에 대비하기 위한 것으로 소개되었다. 적금치소와 상조계는 산업화 초기 영국에서 자본집적의 통로로 기능했고, 동시에 防貧의 효과도 거둘 수 있는 것이었다.

『서유견문』의 빈민구제담론이 조선시대 구제담론과 비교해서 새로운 점은 빈민을 노동력확보라는 관점에서 바라보고 있었고, 개인의 생계관리와 생산성 제고를 위한 유인정책의 제도화를 통해 빈곤을 관리해야 한다고 주장한 것이다. 상조계와 유사한 형태가 이전에도 존재했지만, 그것이 국가에 의해 제도화되고 관리되는 것은 아니었고, 그래서 생계위기 관리프로그램의 작동은 시공간에 따라 차이가 있고 유동적인 것이었다. 또한 유교적 통치이념에서 노동은 '효'의 윤리적 가치로 의미화되어 있었고, '富民' 보다는 '保民'이 주요한 통치 아젠다였기 때문에 빈민구제조치를 노동생산성제고의 효과에 구속시켜서 국가 관리프로그램으로 정착시킬 관념적 기제의 힘은 약했다고 할 수 있다.

반면 유길준은 인민기본권과 시장의 자유를 적극적으로 지지하고 인

---

23) 兪吉濬, 앞의 책, 165-168쪽.
24) 兪吉濬, 앞의 책, 169-170쪽.

민을 '덜 통치'하고, 시장에 '덜 개입'하는 방식을 제도화할 것을 주장했지만, 노동생산성을 유지하고 제고하기 위해서 빈민을 관찰하고, 수용하고, 통제하는 정부의 개입을 정당한 것으로 간주했다.[25] 유길준이 소개했던 빈원과 적금치소를 운영하기 위해서 정부는 빈민에 대해 치밀하게 조사하고, 구제조치의 대상을 선별하고, 공권력을 집행하며, 감시를 상시적으로 작동시켜야 하는 것이었다. 정부의 관리 하에 놓인 빈민은 유길준이 근대 통치의 기본전제로 삼았던 '자유임의'의 주체가 될 수 없는 존재였다. 생계를 스스로 해결하지 못한 빈민은 행위주체로서 자기결정권을 획득한 자와 그렇지 못한 자의 경계에 놓인 존재들이었다.

문제는 생계유지의 여부가 재화의 교환가치 변화에 의해 좌우되기 때문에 빈민의 생계를 관리하고, 노동생산성을 유지할 수 있는 최적의 구제비용과 시스템을 마련하는 것이 쉽지 않다는 점이다. 이점은 유길준이 소개한 영국과 프랑스의 경험을 통해서도 확인될 수 있는 것들이었다. "궁민구휼 하는 政事는 국가의 중대한 일", "궁민구휼 하는 규칙은 지극히 어려우니", "(궁민구휼은) 仁惠를 실시하는 데 있으나 기강과 규칙이 없고, 함부로 베풀면 민간에서 一大弊源을 양성하는 것"이라는 언급은[26] 빈민구제조치가 시장에 개입하지 않고, 노동생산성을 동시에 제고해야 하는 어렵고도 복잡한 문제임을 우회적으로 표현한 것이다.

---

25) 푸코는 근대 통치는 자유주의 통치이고, 18세기 시장의 자유를 인정할 수밖에 없었던 상황 때문에 성립된 것이라고 보았다. 이것은 인민기본권의 제도화와 자유주의시장질서의 관계를 포착할 수 있는 관점을 제시한 것이라고 할 수 있다. 푸코는 자유주의 통치가 기독교의 사목 권력의 형태에서 발견되는 특성을 공유하는 것으로 보았다. 안전보호를 급부로 생명을 자본축적에 재배치하기 위해 다양한 통치술이 발전했다고 보았다. 이로 인해 생명은 자연으로부터 분리되고, 분할되고, 위계화되었다고 주장했다(미셸 푸코, 앞의 책).

26) 兪吉濬, 앞의 책, 162-164쪽.

유길준의 구상에서 빈민구제는 더 이상 통치안정이라는 효과에만 구속되는 문제가 아니었다. 경제발전을 위해 시장의 자유를 승인할수록 노동생산성제고의 효과에 기여해야 하는 문제였다. 『서유견문』을 통해 유길준은 근대빈민구제조치가 기여해야할 효과를 선취하고 있었다.

3. 시장의 자유와 勸分

유길준이 『서유견문』을 통해 자본주의 사회의 빈민구제제도를 소개했다고 하더라도 그것이 현실의 제도로 연결되는 것은 아니다. 더구나 제도화의 방향을 결정하는데 영향을 미치는 사회적 담론은 다양한 정치기획 주체들이 생산하는 것이기 때문에 그들이 빈민발생 요인을 어떻게 진단하고, 조치의 효과를 어디에 두는지에 따라 차이가 난다. 이러한 점에서 1903년 『황성신문』과 『제국신문』 사이에 진행된 勸分의 실시를 둘러싼 논쟁은 전통의 빈민구제조치가 직면한 상황이 무엇이었음을 알려주며, 동시에 빈민구제문제를 접근하는 새로운 관점이 사회적으로 유통되기 시작했음을 알려준다.

1903년 6월 진행된 빈민구제논쟁은 1901년과 1902년 연이은 흉년으로 곡물의 부족, 곡가의 등귀로 빈민이 급격히 증가했기 때문이었다. 『황성신문』은 권분을 전국적으로 실시하여 기민을 구제해야 한다는 사설을 게재했고, 『제국신문』이 여기에 반론을 제기하면서 양 신문 사이에 논쟁이 촉발되었다. 이와 관련하여 『황성신문』은 4개, 『제국신문』은 3개의 사설을 게재했다.[27]

『황성신문』은 권분을 전국적으로 실시해야 하는 이유로 "국조 이래로 구황을 위한 비축을 극진하게 갖추어서 軍資, 常賑, 交濟, 濟民, 別檢, 私備, 會錄, 軍作, 補還, 休番, 僧番, 壯勇 等의 이름으로 곡물이 京外에 분포되어 있었는데 (중략) 지금은 공허하게 모두 사라지고, 창고는 모두 무너지고, 얼마 남지 않은 환곡 중 여러 군에 흩어져 있는 것은 종이 상의 虛簿에 불과하니"28)라고 하여 갑오개혁으로 진휼청과 환곡의 取耗補用을 폐지한 것을 지적했다. 행정기관의 곡물비축 축소는 곡물의 유통량을 증대시키고, 자유로운 곡물유통을 방해할 수 있는 여지를 제거하는 효과가 있었다. 또한 곡물유통을 방해하는 것으로 일본이 지목했던 방곡령의 폐지(1894년 1월), 육의전과 공인의 폐지, 조세 금납화는 자유로운 상품거래를 방해할 여지를 제거하는 조치들이었다. 갑오개혁 직후 인천항 곡물수출의 증대로 서울의 곡물수급에 차질이 빚어지고 있었지만, 정부가 취할 수 있는 수단은 시장의 자유에 편승하여 미상회사를 설립하고 조세를 자본으로 하여 곡물을 확보하겠다는 것이었다.29)

시장의 자유로운 거래를 지지하고 승인했던 법적조치로 인해 생계위기가 확대될 가능성이 높아졌고, 그 영향에 직접적으로 노출된 서울은 곡물가격과 주택가격의 상승으로 상시부조와 시설보호라는 근대적 형태의 빈민구제조치가 실시되지 않을 수 없었다. 1896년 서울 치도사업을 계기

---

27)『皇城新聞』, 1903. 6. 20. 논설「救荒策」, 1903. 7. 3. 논설「再陳勸分說答帝國記者」, 1903. 7. 4. 논설「又辨帝國新聞之辨論」, 1903. 7. 6. 논설「又辨帝國新聞之辨」;『帝國新聞』, 1903. 7. 1. 논설「황성신문의 구황책을 변명함」, 1903. 7. 3. 논설「황성신문구황책을 재변함」, 1903. 7. 4. 논설「황성신문의 구황책을 세번 변론함」.

28) 권분을 勸民分粟의 줄임말로 사용하고 있으며, 권분의 법은 춘추에서 시작되었고, 爵으로 상을 주는 규칙은 주자가 제기하여 중국 송과 명 이래로 실시된 美法이라고 설명하고 있다(『皇城新聞』, 1903. 6. 20. 논설「救荒策」).

29) 1890년 이후 인천항 곡물수출이 서울의 곡물수급에 미친 영향에 대해서는 하원호의 연구(『근대경제사연구』, 신서원, 1997, 246-248쪽)를 참조.

로 한성부 빈민에 대한 대대적 조사가 실시되고, 한성부 경무청이 한성 5 서에 대한 걸인들을 조사하고, 토막촌을 건설하여 노숙자를 수용하는 한편, 조사를 통해 선정된 걸인에게 매달 5냥을 지급하고, 무료 種痘를 실시했다. 구제재원은 내부, 관리는 한성부, 실행은 경무청이 담당했다. 상시부조와 시설보호는 시장의 자유를 방해하지 않은 구제조치였다.[30]

반면, 지방의 경우에는 환곡의 취모보용이 폐지되었지만, 재해발생시 社還米를 징수하도록 하여 종래 비상시적 구제조치 방식은 그대로 유지되었다. 이러한 상황 속에서 『황성신문』은 빈민관리의 부담을 민간으로 이전하는 '권분'을 주장했고, 아름다운 전통으로 정부와 부민 모두 win-win할 수 있다고 주장했다.

『제국신문』은 권분에 반대하는 이유로 지방관의 자의적 운영으로 부민의 재산만 침해받고 구제의 효과는 없다는 것과 권분에 응한 자에 대한 관작수여 또는 조상에 대한 추증이 부민을 유인하는 보상책이 될 수 없다고 하여 권분의 효과에 의문을 제기했다.[31] 『제국신문』의 반대에는 혜민원을 통해 실시된 비효율적 진휼에 대한 경험이 존재했다.

1901년 전국적 흉년으로 인해 대한제국정부는 그해 10월 혜민원을 설치했고, 12월 전국적인 구제실시를 위해 혜민원의 재정을 총괄하는 총혜민사와 지방의 진휼과 그 재원 마련을 담당하는 분혜민사를 설치했다.[32] 문제는 지방의 진휼 재원을 마련하기 위해 사환미의 50%를 돈으

---

30) 김윤희, 「사회적 생산성 제고와 근대 통치성(1896년-1899년) - 서울 '도시개조사업'의 재검토」, 『아세아연구』 155, 2014, 228-229쪽.

31) 『帝國新聞』, 1903. 7. 1. 논설 「황성신문의 구황책을 변명함」.

32) 길현종, 「대한제국기 공공복지의 내용과 성격에 관한 연구: 공공복지 전담기관인 혜민원을 중심으로」, 서울대학교 사회복지학과 석사학위논문, 2005, 40-67쪽; 남슬기, 「대한제국기 혜민원의 설치와 운영」, 이화여자대학교 석사학위논문, 2012, 10-40쪽.

로 납부하도록 하는 한편 권분이란 명목으로 재원을 부민에게 강제적으로 할당하여 불만이 제기되었다. 『제국신문』은 "만약 바치지 않으면 잡아다가 곤장을 때린 뒤 옥에 가두고(중략) 급기야 진휼이라고 하는 것을 보면 백동화 한두 푼에 지나지 않아서 (중략) 그날 부비(浮費)도 되지 못"한다고 평가했다.[33]

『황성신문』은 정부의 관리강화, 운영규칙의 정비 등으로 지방관의 자의적 운영을 막을 수 있다고 하면서 혜민원 활동을 간접적으로 지지하는 주장을 펼쳤고, 『제국신문』은 빈민조사, 재원의 분배 등을 엄밀하게 진행할 지방관을 임명하는 것이 우선이라고 비판했다. 지방관이 주도하는 권분은 조선후기 이래 부민의 반발에 직면해 있었고, 부담을 상쇄할 유인책의 효과가 퇴색되면서 부민이 권분을 회피하고, 소민에게 강제로 전가되는 경향이 나타났다.[34] 따라서 권분이 강제적인 준조세적 성격이 되지 않게 하려면 그 유인책의 효과를 진단할 필요가 있었다.

『황성신문』은 권분에 응한 자에게 관직을 주거나, 조상을 추증해주고, 또는 구제빈민이 권분에 응한 자의 토지를 경작하도록 해야 한다는 유인책을 제시했다.[35] 반면 『제국신문』은 매관매직으로 공정가격이 정해져 있는 상황에서 굳이 권분으로 관직을 얻으려는 사람은 없을 것이고, 또 수출로 곡식이 다 해외로 나가니 곡식을 낼 사람도 없다고 하면서 권분은 효과가 없다고 보았다.[36] 단, 『제국신문』은 구제빈민을 농

---

33) 『帝國新聞』, 1903. 7. 1. 논설 「황성신문의 구황책을 변명함」.
34) 권분에 대한 부민의 반발에 대해서는 박진철의 연구(「19세기 조선 재지사족의 위상변화와 권익 수호 방식」, 『한국민족문화』 49, 2013, 229-269쪽), 권분의 준조세적 성격으로의 변화과정에 대해서는 이세영의 연구(「조선후기의 권분과 부민의 실태」, 『역사문화연구』 34, 2009, 157-263쪽)를 참조.
35) 『皇城新聞』, 1903. 7. 3. 논설 「再陳勸分說答帝國記者」.
36) 『帝國新聞』, 1903. 7. 3. 논설 「황성신문구황책을 재변함」, 1903. 7. 4. 논설 「황성

업노동자로 활용해야 한다는『황성신문』의 주장에 대해서는 전혀 언급하지 않았다.

공정가격이 거의 형성되어 있다고 간주되는 매관매직, 무역으로 곡물거래의 이익이 큰 상황에서 빈민구제를 위한 곡물의 확보, 관직 수여를 통한 유인의 효과는 사라졌다는 것이『제국신문』의 입장이었다. "동서양 각국에서 흉년 백성 구휼하는 데 벼슬주고 백성보고 진휼하라는 나라가 있다는 말을 듣지 못하였고, 다만 정부에서 신의를 행하여 백성을 속이지 않고 백성을 보호하여 산업을 넉넉하게 하다가 만일 흉년인 지방이 있으면 국고의 재물을 내어 진휼도 하는 것이며,(중략) 정부가 말하지 않아도 각기 의조금을 내어 흉년지방 백성을 구휼하는 것은 사람마다 듣고 보는 바"라고 하여[37] 빈민구제는 일차적으로 정부의 역할이고, 그 다음으로 부민의 자선이 있는 것이라고 주장했다.

갑오개혁 이후 축소된 빈민구제조치의 취약성을 보완하기 위해 대한제국 정부와『황성신문』에서 제기된 '권분'은 재산권 행사의 자유를 침해한다는 비판에 직면했고, 자유로운 거래가 허용된 시장으로 인해 그 효과가 크게 의심받기 시작했다. 곡물확보의 다급함으로 인해 1901년 7월에 실시한 방곡령은 통상조약과 거래두절에 대한 반발로 지속할 수 없었으며,[38] 재산권 행사를 침해했던 '권분'으로는 빈민구제 재원을 마련할 수 없었다. 권분을 주장하면서 혜민원의 활동을 간접적으로 지지했던『황성신문』도 1903년 하반기에는 혜민원이 구휼활동을 하지 않는다고 비판했다.[39] 활동을 멈춘 혜민원은 1904년 1월 쓸모없는 기관으

신문의 구황책을 세번 변론함」.
37)『帝國新聞』, 1903. 7. 4. 논설「황성신문의 구황책을 세번 변론함」.
38)『高宗實錄』, 1901. 10. 29. 外部大臣朴齊純奏.
39)『皇城新聞』, 1903. 8. 6. 잡보「救恤仝人」.

로 지목되어 폐지되었다.[40] 국가가 직접 관리하여 지방관의 자의적 운영을 차단하면 효과가 있을 것이란 기대감으로 소환된 '권분'은 시장의 자유에 직면해서 그 유효성을 심각하게 의심받으며 설자리를 잃었다.

한편, 곡물무역과 시장거래에 편승하여 진행된 1901년에서 1903년 사이 내장원의 진휼 무곡은 운반비를 포함한 수입 안남미의 가격 책정과 도조곡물의 시가판매라는 원칙을 통해 위탁판매상의 손해를 강제하지도 않았고, 내장원의 재정을 잠식하지 않고 진행되었다. 저질의 곡물에 대한 반감은 있었지만, 긍정적 반응이 나타나기도 했다.[41] 곡물수급을 통해 특정지역의 곡가가 비정상적으로 상승하는 것을 억제한 조치는 생계 위기의 빈민을 구제하기 보다는 小民이 빈민으로 전락하는 것을 방지하는 데 기여하는 것이었다. 이것은 『서유견문』에서 소개된 '방민' 사업의 효과와 동일했고, 시장에 '덜 개입'하는 방식이었다.

권분과 진휼무곡은 목적하는 효과가 분명히 달랐지만, 전자는 반발과 비판에 직면했고, 후자에 대한 반응은 곡물이 공급되는 지역에서 나쁘지 않았다. 이것은 이후 빈민구제조치가 시장의 자유를 방해해서는 안 된다는 인식을 지지하는 경험의 하나였다.

4. 노동생산성 제고와 자선

빈민구제가 노동생산성제고에 기여해야 한다는 관념의 사회적 유통

---

40) 『高宗實錄』, 1904. 1. 11. 議政府議政李根命奏.
41) 박성준, 「대한제국기 진휼정책과 내장원의 곡물공급」, 『역사학보』 218, 2013, 271-307쪽.

은 '노동자'의 사회적 발견과 관련을 맺고 있다. 1902년 일본 이민법개정으로 渡韓 일본인이 급증하여 부가 유출되기 때문에 경제개발을 통해 노동력을 적극적으로 활용해야 한다는 인식이 『황성신문』에 등장했다.[42] 그러나 아직까지는 실업가의 육성이 우선적으로 진행되어야 한다는 인식이 매체의 지면을 더 많이 차지하고 있었고, '노동자'는 무지하고, 무례하고, 위험한 존재로 매체의 지면에 등장했다.

러일전쟁 이후 일본인 이주 증가, 통감부의 사회간접자본 확충 등으로 노동자에 대한 수요가 급증했다. 임금이 상승하면서 '노동자'는 사회적으로 부의 창출에 기여할 수 있는 존재로 인식되었고, 매체의 정치기획세력은 계몽의 대상으로 노동자를 발견했다.[43] 인력 거래에 따른 이익의 증대, 인력회사와 '노동야학'의 증가, 그리고 노동자의 조직화는 육체노동자의 사회적 위상을 끌어올리고 있었다.[44] 육체노동의 사회적 가치 상승은 양질의 노동력 확보의 요구를 증대시켰다. 이러한 사회적 변화는 '빈민'에 대한 인식의 전환 그리고 자선방식의 변화로 연결되었다. 1909년 김봉진이 2차례에 걸쳐 연재한 「빈민이 빈민되는 원인」은 빈민에 대한 인식의 변화를 드러내고 있다.

---

42) 『皇城新聞』, 1903. 6. 4. 논설 「我國經濟上有感」.
43) 김윤희, 「근대 노동개념의 위계성-『서유견문』에서 『노동야학독본』까지」, 『사림』 52, 2015, 175-206쪽.
44) 이러한 상황은 윤진호의 연구(「대한제국기 '노동회'의 성격과 활동에 관한 연구 - 한국 노동운동의 기원과 관련하여-」『경제발전연구』 18-1, 2012, 143-197쪽)에 잘 드러나 있다. 특히 '노동야학'이 노동자를 모집하여 인력회사에 제공하는 역할을 담당하고 있었고, 이로 인해 '노동야학'에 지방의 자산가와 노동자의 참여가 크게 확대되었다는 점. 그리고 1908년 노동회의 이권을 둘러싼 일진회와 유길준 등의 갈등이 제기되고 있었다는 고찰은 이시기 '노동야학'과 '인력회사'의 관계뿐만 아니라 인력회사의 투자가치가 높았음을 알려준다.

　　"음주, 도박, 나태, 버려진 자 등 빈곤하게 된 이유는 다양하지만, 죄 없이 빈곤한 자를 살펴본 즉 일반사람들과 크게 다르지 않다. 다만, 교육을 받지 못하여 무례하고 무치한 것뿐이다."[45]

　　"도적 등의 죄악은 열의 아홉은 이 하급계의 사람들 때문인 것이다. 그러나 이것이 어찌 이들의 본심이며, 또 이들이 일삼는 것이리오. 그 원인은 교육을 받지 못함에 있다. 또 이들 하등의 사람들이 교육을 받지 못하는 것은 상등사람들이 인정이 없고, 자비가 없고, 인색하기 때문이다. 이 나라의 1/3은 하등자이고, 1/3은 상등자이기에 상등자 한사람이 빈궁자 한 사람을 구제하면 걱정이 없다. 빈가의 자녀를 찾아서 먹이고, 입히고, 학교를 보내면 적어도 1년에서 3년이 걸려 이들이 나라의 일꾼이 될 수 있다. 따라서 이들을 위하여 실업학교를 설립해야 한다."[46]

　"음주, 도박, 나태, 버려진 자", "도적 등의 죄악은 열의 아홉은 이 하급계의 사람"이란 언급은 이시기 빈민이 잠재적 범죄자로 낙인 찍혀 있었음을 알려준다. 그러나 "일반사람들과 크게 다르지 않다.", "이들의 본심이며, 또 이들이 일삼는 것이리오."라는 언급은 이들이 나라에 기여할 가능성을 갖고 있는 것이라는 점을 전제로 잠재적 범죄자로 낙인찍힌 빈민에 대한 일반의 이해를 교정하고 있다. 그리고 빈민이 잠재적 범죄자가 되는 것이 상등자의 책임이라는 질타는 자선행위를 강력하게 촉구하는 것이었고, 실업학교를 세워 이들을 교육해야 한다는 주장은 자선이 단순한 생계구호에서 벗어나 생산적 노동인력의 확보에 기여해야 한다는 것이었다.

---

45) 金鳳鎭, 「貧民이 貧民되는 原因」, 『畿湖興學會月報』 11, 1909년 6월 25일.
46) 金鳳鎭, 앞의 책, 1909년 7월 25일.

재해민, 기민의 생계를 구호하기 위한 자선행위는 시공간을 막론하고 이루어지는 것이다. 특히 근대사회에서는 선행, 미담으로 매체에 기사화됨으로써 사회적으로 자선을 추동할 수 있는 공론장의 제도가 만들어졌고, 동시에 자선행위에 대한 공론장의 영향력이 증대되었다. 이러한 점에서 김봉진의 글은 자선행위가 생산적 노동인력을 확보에 기여하는 것이 되어야 한다는 사회적 촉구였다. 실제로 이시기 자선행위는 단순한 생계구호의 형태에서 벗어나 노동능력이 있는 자와 그 가능성을 가진 자를 대상으로 교육과 취업알선을 시행하고, 그것을 위한 기관설립과 기금을 제공하는 자선행위가 활성화되기 시작했다. 노동야학, 경성고아원(1907년), 자혜부인회(1908년) 등 하층민 또는 빈민자녀 교육기관에 대한 자선행위는 '동정'이라는 개인적 동기 이외에 국가의 생산성 제고에 기여한다는 새로운 의미가 부가되었다.

자선형태가 변화되기 시작한 배경에는 상시부조와 시설보호라는 한성부의 구제조치만이 진행되면서 극빈자 이외의 빈민에 대한 정책적 접근이 부재했던 상황과 관련을 맺고 있다. 또한 1905년 이후 거류지를 중심으로 시장이 확대되고, 건축 붐으로 경제상황이 호전되면서 『황성신문』, 『제국신문』, 『대한매일신보』의 지면에서 빈민구제문제 대신 사업을 확대하여 일자리를 창출해야 한다는 경제발전담론이 강력하게 등장했던 상황과 관련을 맺고 있었다.[47]

통감부의 성립으로 기존 통치 질서가 외부로부터 균열되기 시작했지만, 통감부의 개발정책, 일본인 이주와 투자에 따른 경제규모의 확대는 시장의 자유경쟁을 촉발시키는 것이었다. "유명한 문명강국에서는 부자

---

47) 이들 신문에서는 빈민문제 보다는 자선행위를 보도하는 단신이 대부분이다.

는 많고 빈민은 적으며"48) "나라의 지금형제가 재물 늘어나는 것만큼 급한 일이 없고"49), "지구상 인물의 태어남이 날로 번식하여 각기 생존을 위해 경쟁하며"50)등과 같은 표현이 매체지면을 뒤덮고 있었다. 따라서 경제상황의 비참함은 외국경제계의 공격, 교통미비, 타국과 비교해 현저히 낮은 물가 때문이었고, 해결을 위해 "생존적 능력을 분휘"해야 한다는 것이었다.51) 이것은 국가의 자기결정권을 증명하기 위해 자유시장의 경쟁에서 살아남아야 한다는 사회진화론적 경쟁담론이었다.52) 이러한 담론은 인민을 생산에 배치하고, 생산성 제고를 추동시키는 이념적 기제였기 때문에 민간의 자선행위 역시 이 효과에 복무하지 않을 수 없도록 했다.

영국에서도 민간의 자선행위가 '일하는' 빈민 또는 '일할 수 있는' 빈민을 대상으로 생계부조와 교육을 실시하기 위해 기금을 모아 기관을 설립하는 형태로 변화되기 시작한 것은 19세기였다. 여기에는 노동생산성 제고가 사회적 아젠다로 급부상하고, 스피넘랜드법이 폐지되고 정부의 빈민구제가 극빈자에 대한 생계구호에 집중됨으로써 여타 빈민의 생활상태가 악화되었던 상황과 관련을 맺고 있었다. 빈민구제가 노동생산성 제고의 효과에 기여하는 것이 되어야 한다는 담론의 유통으로 극빈자에 대한 구호는 정부가, 그 외의 빈민은 민간이 담당하는 역할분담이 이루어졌다고 할 수 있다.53)

---

48) 『帝國新聞』, 1907. 7. 22. 「遊學生寄書」.
49) 『帝國新聞』, 1906. 10. 15. 「직물모을일을 실시홀일」
50) 박은식, 「本校의 測量科」, 『西友』 17, 1908년 4월.
51) 『大韓每日申報』, 1909. 4. 8. 논설 「經濟恐慌의 原因 續」.
52) 사회진화론의 경쟁담론은 서명일의 연구(「계몽운동기(1905~1910) 사회진화론 수용의 논리」, 고려대학교 석사학위논문, 2006)참조.
53) 김헌숙, 「비평 논문: 영국 자선의 형태와 성격, 1800~1870-연구사검토」, 『영국연

시장의 자유에 직면하여 정부의 빈민구제는 한성부 극빈자를 대상으로 한정했고, 생산성 제고를 지상과제로 삼았던 경쟁담론의 확산은 빈민을 노동인력의 확보란 관점에서 바라보도록 함으로써 자선형태의 변화를 추동했다. 『서유견문』 속에서 그려진 그대로의 모습은 아니었지만, 시장의 자유를 방해하지 않고 노동생산성 제고란 효과를 지향하는 빈민구제의 모습이 만들어졌다. 그러나 그것이 인민의 생계를 관리하는 데 기여했는가의 문제는 아직 평가되지 못했다. 인민의 생계위기가 공론장에 전면적으로 등장한 것은 1918년이었고, 이러한 빈민구제조치의 효과가 진단의 대상으로 떠오른 것은 1919년 3·1운동 이후였다.

5. 생존위기와 구제조치의 파탄

노동생산성제고의 효과에 구속된 빈민구제담론이 균열과 마주하게 된 것은 일본으로의 쌀 유출 증대와 연이은 흉년으로 곡물가격이 상승하여 극빈자가 양산되기 시작했던 1912년 상반기 부터였다. 목포가 개항한지 15년 이래 최고의 쌀값을 기록하고, 쌀 거래소의 거래가 정지되었다고 할 정도였다.[54] 쌀값의 폭등으로 임금만으로 생활을 유지할 수 없었던 인천의 역부 20명이 임금인상을 요구하면서 동맹휴업에 들어가기도 했다.[55]

도, 군에서는 경찰과 면장 등을 동원하여 빈민을 조사하고, 구호의 방

구』 12, 2004, 287-306쪽.
54) 『每日申報』, 1912. 7. 6. 「米價 暴騰」.
55) 『每日申報』, 1912. 7. 6. 「米高로 同盟休業」.

침을 협의하기 시작했다. 빈민 조사는 생계곤란자 중 노동이 가능한자
와 그렇지 못 한자를 구분하여 노동가능자에 대해서는 일자리를 마련해
주고, 그렇지 못한 자에게는 생계부조를 하는 방식으로 진행되기 시작
했다.56) 지방 곳곳에서는 관민협동의 구제회가 설립되고 운영되었는데,
그 사업은 지방의 보조비와 모집된 기금으로 토목공사, 전답매입, 공장
설립 등을 통해 빈민을 노동력으로 동원하는 것에 집중되어 있었다.57)

빈민구제가 생계보조에서 일자리 창출 문제로 중심이 이동되기 시작
했음을 보여준다. 일자리 창출 문제는 앞서 언급했듯이 1910년 이전부
터 상등자 또는 유산자의 자선형태로 신문매체가 주장했던 것이기도 했
다. 또한 1910년 이후 일본 천황의 임시은사금을 통한 빈민구제조치에
서도 중심이 되었던 것이었다.

총독부는 일본천황의 임시은사금을 기금으로 실업구제, 빈민구제 등
을 실시하기 시작했다. 임시은사금 3천만 원의 공채 중 國幣항목인
17,398,000엔에서 발생하는 이자수입을 지방의 授産, 교육, 凶歉구제를
위한 자금으로 활용한다는 방침을 정하고 임시은사금사업을 시행했다.
임시은사금 사업은 이자의 60%는 수산에, 30%는 교육에, 나머지 10%
는 흉겸구제에 충당한다는 방침을 세웠다. 수산사업은 '恒産이 없는 자'
가 산업에 종사하여 생계를 꾸릴 수 있도록 지원하는 것을 목적했던 일
자리 창출사업이었다. 주로 양잠과 漉紙(한지생산)에 투여되어, 순회교사
지원, 강·전습소, 전습기관 설비 및 운영비용, 강·전습소 식비, 졸업

---

56) 『每日申報』, 1912. 5. 3. 「兩郡 貧民의 慘景」, 5. 23. 「江華島의 貧民救助」, 1912. 5. 29.
「貧民救濟方針」, 1912. 7. 3. 「細民生活狀態照査」, 1912. 7. 6. 「米價暴騰 民情照査」.

57) 『每日申報』, 1912. 3. 28. 「救貧方針의 美擧」, 1912. 8. 28. 「生活의 研究會」, 1912. 11.
15. 「平海貧民救濟會」, 1912. 11. 16. 「貧民救濟會」, 1912. 11. 26. 「全州通信: 窮民救濟
總會」; 1913. 5. 11. 「最近의 全北: 窮民救濟會」, 1913. 6. 29. 「淸州의 農民救濟」.

생의 원료구입비 등에 사용되었다. 교육 사업은 보통학교 설립을 지원하는 것으로, 사립학교의 경우 보통학교로의 전환을 전제로 보조금이 지원되었다. 흉겸구제는 부득이한 경우 생업부조 또는 현물급여 등을 할 수 있도록 했다. 흉겸구제 예산 비중이 낮은 것은 대한제국 흉겸구제가 피해정도, 피해자의 생활 상태를 고려하지 않고 진행되어 효율적이지 못하다는 총독부의 비판이 전제되어 있었다.[58] 은사금은 지방 장관이 관리하고, 기금은 원칙적으로 소비하지 못하도록 했다.[59] 임시은사금은 1916년까지 강·전습 부족 등으로 이월액이 증가하는 등 원활하게 운영되지 못했다가 1917년 지방예산에 편입되었다.[60]

기존 연구에서 지적한 바, 임시은사금은 식민통치의 안정을 위해 조선인의 생활안정을 꾀한다는 목적에서 설계되고 운영된 것이었다. 그러나 그 운영 내용은 1910년 직전 대한제국 사회에서 유통되었던 생산성 제고의 효과에 구속된 빈민구제담론에서 완전히 자유로울 수 없는 것이었다. 일본 역시 러일전쟁인 직후 발생한 공황으로 인민의 생활상태가 급속하게 악화되고 실업이 증대했다. 일례로 1900년 79개였던 면방적 회사가 1909년에는 37개로 격감했다. 또한 1911년 '大逆事件'으로 통치 안정이 크게 위협 받았다. 이에 천황은 「貧民濟生」의 칙어를 공포하고, 빈민구제를 위해 150만 엔을 내어 실업구제와 생계구호를 확대했다.[61] 통치안정을 위해 빈민구제를 확대해야 했지만, 동시에 생산성 제고에도

---

58) 朝鮮總督府, 『朝鮮總督府施政年報』, 85쪽.
59) 「朝鮮各道府郡 臨時恩賜金由來及其の事業槪要」, 『植民地社會事業關係資料集. 朝鮮編』 1, 30-36쪽. 배분 원칙은 경성부 이외 부군은 평균 5만원으로 하고 그 중 2만5천원은 평균분할, 나머지 2만 5천원은 인구비율로 정했다. 12부 317군에 배분되었다.
60) 1910년대 은사금운영 실태에 대해서는 배민재의 연구(앞의 글)를 참조.
61) 여박동, 「근대 일본의 국민생활상태와 생활보호 시설에 관한 연구─특히 1910~20년대를 중심으로」, 『日本學志』 9, 1989, 53-98쪽.

기여해야하기 때문에 천황의 하사금 역시 고용창출이란 문제와 분리될 수 없는 것이었다.

　따라서 민간의 자선도 노동생산성제고의 효과에 기여해야 하는 것이 되어야 했다. 『매일신보』는 사설을 통해 "부호가 제군은 好個사상을 일시의 구급에만 사용하여 유한의 재화를, 무한히 소비하지 말고, 상당한 사업장을 설립하여 (중략) 빈한자로 하여금 매일의 임금으로 생활을 永久貴全하게 함이 영구의 자선이 아니리오."62)라고 했다. 그러나 생계구호의 자선은 지속적으로 증가했다. 지속적인 쌀값 상승으로 임금으로 생계를 유지할 수 없는 상황이었기 때문이었다. 총독부 정무총감은 일시구호의 자선이 '나태한 폐풍'을 조장하는 것이기 때문에 구제방법은 '生産扶助'에 집중해야 한다는 통첩을 발표했고,63) 『매일신보』는 향약이란 좋은 전통이 있지만, 지금은 빈민이 자활할 수 있도록 해야 한다는 사설을 실었다.64) 그럼에도 생계구호의 자선은 지속되었고, 이것을 통제하려는 총독부의 노력도 계속되었다.65) 생계구호의 자선과 이를 통제하려는 총독부의 노력이 반복되는 과정은 노동생산성 제고에 구속된 빈민구제조치의 균열상을 드러내는 것이었다.66) 또한 빈민이 직업을 갖게 하려면 "수입품을 사용하지 말고, 조선에서 산출되는 것만 사

---

62) 『每日申報』, 1912. 6. 7. 사설「富家의 貧民救濟」.
63) 『每日申報』, 1913. 6. 14.「貧民救濟의 通牒」.
64) 『每日申報』, 1913. 6. 18. 사설「貧民救濟方策」
65) 1915년 총독부는 민간인의 기부에 대해 '細民救護의 요체는 自助自活의 방도를 강구하는 것'인 만큼 지방 독지가는 기부하기 전에 미리 부윤, 군수, 면장 등 지방 관헌과 협의 할 것을 고시했다(「朝鮮總督府京畿道諭告第1號」, 1915. 3. 12, 『總督府官報』 783호).
66) 민간의 생계구호는 빈민구제에 대한 통치의 실행과 갈등, 조정의 과정을 거쳐 일정한 역할 분담관계를 형성한다. 그 과정에서 자선에 나선 사람들의 정치적 발언권이 강화되었다. 그것은 자선에 대해 공론장이 부여하는 반대급부라고 할 수 있다.

용"하게 해야 한다는67) 주장은 생계위기를 관리하기 위해 시장의. 자유를 일부 제한해야 한다는 것이기도 했다.

이 균열은 1914년 일본이 독일에 선전포고를 하고, 제1차 세계대전에 참전하면서 일시적으로 봉합되었다. 전쟁특수에 추동된 일본의 산업화와 자본의 만주진출은 조선경제의 호황으로 연결되었고, 빈민구제문제는 공론장에서 일시적으로 사라지게 되었다.68)

그러나 일본의 산업화와 경제의 양적성장은 생계위기를 심화시켰다. 일본의 경우 1912년의 물가와 임금 지수를 100으로 할 때 1916년까지는 109와 104로 차이가 크지 않지만, 1917년에는 145와 120, 1918년에는 200과 157로 격차가 크게 벌어졌고,69) 생존위기는 1918년 8월 일본의 '쌀소동'으로 연결되었다. 조선 역시 1917년 석당 16원 하던 쌀값은 1918년 26원, 1919년 39원으로 급격히 상승했고,70) 서울 등 주요 도시의 빈민은 생계위기에 그대로 노출되었다.71) 이제까지 형성된 빈민구제조치의 효과가 진단되어야 하는 상황이 발생했다.

일본 '쌀소동'의 파괴력을 방어하기 위해 8월 15일 경성부, 경성상업회의소, 본정과 종로 경찰서, 조선신문사, 경성일보사, 매일신보사 그리고 경성 유지들이 연합하여 구제회를 조직했다.72) 이와 동시에 인천,

---

67) 『每日申報』, 1913. 3. 2. 사설 「細民救濟의 方針」.
68) 『每日申報』, 1915. 12. 8. 「鮮銀 滿洲發展」, 1916. 11. 30. 「異例義 金融狀態」.
69) 富田愛二郎, 『日本社會事業の發展』, 東京, 嚴松堂書店, 1942, 312-313쪽.
70) 오두환, 「식민지시대 초기의 조선의 통화와 금융」, 『경상논집』 21-2, 1998, 108-111쪽.
71) 『每日申報』, 1918. 8. 2. 「米價高騰과 最急問題(1): 慘酷한 下流의 生活, 勞動社會의 生活이 더욱이 慘酷」; 1918. 8. 3. 「米價高騰과 最急問題(2): 戰慄할 幾多惡影響, 傳染病의 念慮, 좀도적의 근심」.
72) 『每日申報』, 1918. 8. 15. 「京城에 救濟會 發起, 本社의 企劃도 此에 竝合함」.

목포, 평양 등 주요도시에서도 구제회가 소집 또는 조직되어 염매미판매를 결정했다.[73] 통치균열을 막기 위해 긴급하게 작동하기 시작한 구제회의 활동은 1894년 이후 만들어진 빈민구제담론이 생계위기 관리에 기여할 수 있는 것인지에 대한 의문을 제기하는 것이었다.

구제회는 쌀의 염가판매를 통해 쌀값의 폭등을 억제하여 생존위기가 불러올 파괴력을 막아보자는 목적에서 결성되었다. 대표적인 사례로 경성구제회의 활동을 보면, 서울 유지들이 규합하여 확보한 쌀은 지정된 9곳의 염매소를 통해 시가보다 10전 낮은 가격으로 판매되었다.[74] 염매미를 사려는 인파가 몰려들었고, 염매미의 부족으로 쌀을 구입하지 못한 사람들이 염매소 앞에서 항의하는 사태가 빚어지기도 했다.[75] 1918년 상반기 미가 등귀로 안남미의 수입이 재개되었고, 안남미 소비를 진작시키기 위해 고종과 순종의 밥상에 올리는 이벤트도 진행하고, 염매소에서 판매했다.[76]

그러나 염매미 판매는 시장에서 문제를 발생시키기 시작했다. 염매미를 다량 구입하여 소매상에 파는 행위가 발생했고,[77] 심지어 3천석

---

73) 『每日申報』, 1918. 8. 16. 「仁川에 救濟會, 인천에서는 값싼 쌀을 팔게 되었다」, 1918. 8. 18. 「平壤에도 救濟會, 細民의 困窮을 救濟하는 救濟會 發起」, 1918. 8. 29. 「統營貧民救濟會」, 1918. 8. 30. 「鎭南浦: 臨時救濟會 設立說, 坐商組合總會, 貿穀商招署, 人事一束」, 1918. 9. 4. 「大丘: 臨時救濟會規則改正」, 1918. 9. 5. 「水原 貧民救濟會」, 1918. 9. 12. 「全州: 臨時救濟會 組織, 面長 協議會, 馬草준비」, 1918. 9. 14. 「海州: 祝賀協議會, 濟民救濟會」.

74) 『每日申報』, 1918. 8. 17. 「救助方法의 決定, 救助는 今日부터 廉賣는 明日부터」.

75) 『每日申報』, 1918. 8. 30. 「米廉賣所의 폭동」.

76) 『每日申報』, 1918. 7. 7. 「所謂 安南米가 輸入된다, 잘 먹힐는지 않 먹힐는지는 아직 알 수 없으나 시험차로 移入」, 1918. 8. 22. 「御膳에 上한 朝鮮米, 兩陛下께서도 安南米를 進御하심」.

77) 『每日申報』, 1918. 8. 20. 「盛況, 盛況을 過하여 처참한 광경, 米穀을 廉賣하던 첫날의 光景, 四百石을 거의 다 팔고 말았다, 구름같이 밀리는 사람들, 뒤를 이어 처량

의 부자가 하인을 시켜 염매미를 사들이는 경우도 발생했다.78) 또한 염매미 가격을 시중가격에 연동시켜 놓았기 때문에 염매미 가격도 지속적으로 상승하여 생계구제의 효과도 제한적이었다는 것이다.79) 더 큰 문제는 염매미 판매로 시중의 미곡상에 피해가 발생했다.80) 이에 경성부는 염매미 판매 방식을 바꾸도록 구제회에 지시했다.81) 미곡상의 반발을 무마하기 위해 염매미 일부를 시중의 미곡상에게 위탁 판매하도록 했으며, 각 町의 총대가 빈민을 조사해서 염매미를 구입할 수 있는 쌀표를 지급하는 방식으로 전환했다. 염매미 판매 방식이 운영상의 폐단을 시정하고, 시중 미곡상의 이해를 크게 해치지 않는 방식으로 전환되면서 생존위기의 확대를 효과적으로 관리할 수 없게 되었다. 미가는 곡물출하시기 임에도 불구하고 계속 상승했다. 12월 프랑스령 인도차이나의 프랑스 총독이 미곡수출금지령을 발포하여 안남미 수입이 두절되었고,82) 1919년 1월과 2월에는 미가가 더욱 폭등했다.83)

　1914년 이후 통화량의 증대로 전반적으로 물가가 상승하는 가운데

한 희극 비극」.

78) 『每日申報』, 1918. 8. 23. 「근 3千石 秋收를 하는 富者가 廉賣하는 米穀을 下人시켜서 사들여」.

79) 『每日申報』, 1918. 8. 18. 「都賣쌀 값은 자꾸 떨어져도 小賣價格은 떨어지지 않는 것은 무슨 경위」.

80) 『每日申報』, 1918. 8. 22. 「米穀 廉賣와 米商의 타격, 破産者가 나리라고」.

81) 『每日申報』, 1918. 8. 28. 「當局에서 救濟會에 提議한 4개조의 요건, 速히 實行하기를 일반이希望」, 1918. 8. 29. 「廉賣方法 改定乎, 지금까지의 폐해를 짐작하여 쌀파는 것은 白米小賣商에게 委託하여 9월 1일부터 실행」.

82) 『每日申報』, 1919. 1. 1. 「安南米解禁에 就하여, 農商務當局의 談」, 1919. 1. 13. 「安南米解禁確實」.

83) 『每日申報』, 1919. 1. 20. 「日復日高騰, 陰曆歲末의 可恐할 米價」; 1919. 2. 4. 「百兩에 三昇의 米價, 사람을 죽일 요새 쌀 시세」; 2월 26일 「過去 一年의 米價는 이 모양으로 올라갈 줄만 알았다」.

1917년 러시아 혁명의 여파와 제1차 세계대전의 종전으로 인해 만주로 유입되었던 자본이 다시 조선으로 환류 되었다. 곡물가격의 폭등은 1918년 상반기부터 쌀에 대한 투기 현상이 발생했기 때문이었고, 여기에 더해 일본 '쌀소동'의 영향으로 곡물의 투자가치가 더욱 상승했기 때문이었다.[84]

시장의 자유를 방해할 수 없다는 강박은 일본 '쌀소동'의 여파를 차단하기 위해 시행된 염매미의 가격을 시중가격과 연동하도록 했지만, 이러한 조치도 시중 미곡상의 거래를 방해하는 것이었기 때문에 그 범위를 축소시켜야 했다. 자본의 확대가 시장의 투기를 부추기면서 생존위기는 전방위적으로 확대되었지만, 빈민구제조치는 시장의 자유와 노동생산성제고의 효과에 구속되어 작동의 범위가 크게 축소되었다. 그래서 빈민의 생계구호라는 본래의 목적에 복무하여 통치의 위험요소를 관리할 수 없게 되었다. 시장의 자유에 근거하여 자본축적의 자유를 누리는 자본주의 경제시스템 속에서 '노동생산성 제고'라는 효과에 구속된 빈민구제조치는 1919년 3·1운동으로 폐기선고를 받은 것이라고 할 수 있다.

그러나 3·1운동 이후 총독부는 행정조직에 사회과를 신설하여 사회사업을 관리·추동하고, 구빈과 방빈조치를 구분하는 등 빈민관리조치를 세분화하여 생계구호와 생산성제고의 효과를 극대화하고자 했다. 민족주의세력 역시 빈민발생은 자본주의 사회의 숙명이라고 주장하면서 총독부 행정력의 개입, 세금투여, 그리고 민간자선을 추동했다. 문제는 이러한 조치들이 시장의 자유와 생산성제고의 효과에 구속된, 그래서 사망선고를 받은 근대빈민구제담론의 생명을 연장시키는 역할을 했다

---

84) 김윤희, 「1910년대 일본 제국의회 속기록에 나타난 조선은행(권)의 성격, 팽창과 위험의 연쇄」, 『한일관계사연구』 47, 2014, 153-160쪽.

는 점이다. 세금과 행정력이란 공공재원의 투여가 증대될수록 생존위기를 관리하는 구제조치는 시민의 사적이해관계의 조정이란 정치행위의 대상에 되고, 사회적 생산성 제고라는 공리적 효과를 증명해야 하는 어렵고도 복잡한 과정에 깊숙하게 빠져들게 되었다.

6. 나오기

유길준의 『서유견문』에 소개된 빈원, 적금치소는 국가의 발전을 위해 시장의 자유를 방해하지 않고, 노동생산성 제고라는 효과에 복무할 수 있는 있는 방식으로 설계된 것이었다. 조선시대 구휼이 통치안정이라는 비교적 단일한 효과에 복무하는 것이었다는 점과 비교해 보면, 『서유견문』의 빈민구제조치는 통치안정 이외의 다른 효과에도 기여할 수 있도록 좀 더 많은 것을 고려해야 하는 것이었다. 빈민구제조치의 모습이 조선의 그것과 다른 이유는 근대국가의 경쟁질서에 편입되면서 국가주권의 유지여부가 시장을 통해 형성되는 경제적 부에 의해 좌우된다는 확신 때문이었다. 이러한 점에서 유길준은 『서유견문』을 통해 근대 빈민구제담론을 선취하고 있었다고 할 수 있다. 그러나 유길준이 생각한 빈민구제담론이 국가체제 내에 자리하기 위해서는 시장의 자유에 대한 승인과 생산성 제고에 대한 지향이 사회적 힘을 얻어야 가능한 것이었다. 이러한 점에서 1903년 권분을 둘러싼 논쟁, 자선형태의 변화를 촉구했던 논의는 사회운영원리가 이미 변화되었음을 알려주는 것이었다.

갑오개혁으로 인민기본권이 법제화되고, 자유로운 곡물유통을 방해할 수 있는 조치들이 사라지면서, 조선의 구휼조치도 크게 축소되었다.

대신 빈민에 대한 상시적 관리의 필요성이 제기된 한성부에 한해 상시적 생계구호와 시설보호 조치가 이루어졌다. 불안정한 시장의 곡물수급을 관리할 수단과 구휼조치의 축소는 전국적으로 심화되기 시작한 생계관리를 효과적으로 진행할 수 없었고, 이에 대한제국 정부는 전통의 자선행위인 '권분'을 소환하여 국가적 관리체계에 편입시켰다. 더 이상 자선행위가 아닌 것이 된 권분은 이미 승인된 시장의 자유 앞에 그 효과를 의심받고 설자리를 잃었다. 이러한 경험은 빈민구제조치가 시장의 자유를 방해해서는 안 된다는 점이 사회적으로 승인되었음을 의미했다.

1905년 노동력의 교환가치 상승으로 '노동자'가 사회의 하층계급으로 포착되기 시작했고, 계몽의 정치기획세력들은 빈민을 생산적 노동인력이란 관점에서 바라보기 시작했다. 노동능력을 가진 빈민과 그 가능성이 있는 빈민아동에 대한 교육, 생계부조, 취업알선을 위한 민간기관이 만들어졌다. 자선행위는 생계구호의 형태에서 점차 노동인력 관리의 형태로 전환되어가기 시작했다. 시장을 통해 자기결정권을 증명해야 한다는 사회진화론의 경쟁담론은 인민을 생산에 배치하고, 생산성 제고를 추동시키는 이념적 기제였고, 민간의 자선행위 역시 이 효과에 복무하지 않을 수 없었다.

그러나 시장의 자유를 방해하지 않고, 노동생산성 제고의 효과에 기여한다는 빈민구제담론에 의해 설계된 구제조치들은 자본축적의 확대가 초래한 생존위기의 관리에 효과적이지 못했다. 1912년 곡물가격의 급격한 상승에도 불구하고 노동생산성 제고에 구속된 구제행위는 노동능력을 증명한 빈민으로 한정되어 있었다. 또한 생계구호의 자선이 증가하고 그것을 통제하려는 행정조치가 반복되는 과정은 노동생산성 제고에 구속된 구제담론이 생계구호를 방기하도록 하는 것이었다. 이는

근대 빈민구제담론 내부의 균열이었다. 그리고 1918년 전쟁특수, 산업
화가 초래한 생존위기는 이제까지 빈민구제조치를 구속했던 구제담론
이 일시에 무너지는 상황을 초래했다. 자본의 확대는 곡물투기로 연결
되어 생존위기를 심화시키고 확대시켰다. 생존위기가 통치위협으로 연
결되는 것을 막기 위해 급박하게 실시된 염매미 판매는 시장의 자유를
방해하는 방식으로 진행되었고, 그래서 다시 비판에 직면하여 그 범위
를 크게 축소시켰다. 시장의 자유에 근거하여 자본축적의 자유를 누리
는 자본주의 경제시스템 속에서 '노동생산성 제고'라는 효과에 구속된
빈민구제조치는 1919년 3·1운동으로 생존위기 관리와 통치안정에 기여
할 수 없음이 증명되었다.

　3·1운동 이후 진행된 행정력과 세금의 투여, 빈민구제사업의 세분화,
구제대상에 대한 치밀한 조사와 세심한 관리 등등의 새로운 조치들은
생계관리라는 자신의 존재가치를 방기하여 이미 사망선고를 받은 근대
빈민구제담론에 부착된 생명유지 장치에 불과한 것이라고 할 수 있다.
그리고 이후 생존위기와 구제조치의 파탄이 반복될수록 생명유지 장치
는 더욱 고도화되고 다양해졌다. 시장의 자유와 생산성 제고에 구속된
빈민구제담론이 마치 좀비처럼 지금까지 우리의 거리를 배회하게 된 것
이다. 문제는 부착된 생명유지 장치를 떼어낼 수 있는 방법을 어떻게
찾을 것인가 하는 것이다. 생명유지 장치들의 문제를 비판적으로 성찰
할 수 있는 담론적 실천과 생존위기 관리에 복무하도록 하는 새로운 담
론의 생산이 그 대안이 될 수도 있지 않을까.

(김윤희)

II. 문란과 빈곤 그리고 사회적 생산성제고

1. 들어가기

근대 도시는 문명화와 산업화의 부수적 효과가 축적·집약된 공간이다. 주거, 노동, 소비 등의 공간 분할과 도로망, 광장, 공원, 관공서 등 기능적 통합 공간의 배치는 효율성과 합리성을 갖춘 도시의 발전을 상징하지만, 빈곤, 범죄, 전염병, 환경오염 등은 도시민의 생존권을 위협하는 위험과 공포이며, 도시민의 생활 조건을 구성하는 것들이다.

발전과 위험이란 양면은 19세기말부터 오늘날까지 일관되게 인지된 도시의 모습이다. 그러나 근대적 발전에 대한 확신은 도시생활의 위험을 어쩔 수 없는 산업화의 부산물로 간주하고, 기술지식의 발달과 행정적 조치에 의해 관리될 수 있다는 관념을 갖게 했다. 그러나 위험이 사회적 경고나 행정적 조치의 대상이 되려면 개별 경험이 축적되고 사회적 담론과 관계하면서 공론장에 등장할 때에만 가능하다. 발전은 과학적 합리성에 기초하여 가시적으로 축적되지만 위험은 개별 경험 속으로 산포되어 비가시적으로 분배되기 때문이다. 그러나 다른 한편 공론화된 위험은 통치의 합리성이란 전제 위에 권력정치의 중요한 소재가 된다.1)

---

1) '공공적인 것'(common)은 통치 일반이 갖고 있는 합리성의 근거란 점에서 초역사적 개념이다. 통치에 정당성을 부여하는 '공공적인 것'은 구성원의 안녕과 관계된 것으로 그 안녕을 해치는 위험은 공동체 전체의 이해를 위해 처리되어야 할 것으로 간주된다. 그러나 공공적인 것의 의제설정과 결정 과정에 수반되는 정치행위는 의사소통과 의사결정을 둘러싼 제도와 지식-담론들과 관련을 맺고 있기 때문에

위험은 권력정치가 만들어 놓은 공론장의 제도와 지식-담론들과 관계하면서 사회적 의제가 되지만,[2] 그 처리를 위한 결정은 전문지식집단의 자문, 행정적 절차, 처리에 대한 이해관계의 분화 등과 연결되면서 매우 유동적이고 모호하며, 심지어 공리적 관점에서 조정된 결과가 생존권을 폭력적으로 침해하는 방향으로 작동하기도 한다.

공론화된 위험과 그 처리의 결정과정 사이에 존재하는 간극이 권력정치의 민주화로 해결될 수 있을까? 자본의 전략이 친사회적·친환경적으로 선회할수록 경제전체와 사회적노동 전체를 포괄하지 못하는 자본의 속성으로 인해 위험에 대한 경험은 더욱 개인화되고 위계화되고,

---

역사성을 갖는다. 사적인 것의 자율성이 확대될수록 공공적인 것에 대한 정치행위는 통치의 영역에서 벗어나 공중(public)의 영역으로 들어오고, 공공적인 것에 대한 정치행위를 활성화시킨다. 근대 국가의 통치 정당성은 구성원의 생존권 보장이란 토대 위에 서 있지만, 통치의 실행은 교환 가치가 관철되는 시장이란 사적 자율성의 영역에 개입하기 때문에 유효성에 의해 실천된다(푸코는 공리주의를 통치 테크놀로지라고 규정하고 근대 통치는 이해관계에 따라서 기능하는 이성이라고 보았다(Michel Foucault, Naissance de la biopolitique, Seuil/Gallimard, 2004; 심세광 외 역,『생명관리정치의 탄생』, 난장, 2012, 35~81쪽)]. 자본주의 발전으로 파생되는 위험이 분배되고, 구성원의 개별경험이 공론화되면 공중(public)의 문제로 간주되고, 정치행위가 활성화되고 통치의 유효성이 발휘된다. 그러나 그와 동시에 생산성이라는 시장의 원리가 관철되고, 공공적인 것에 대한 태도는 분화되고 근대 체제 안에 위계적으로 포섭된다. 개념의 기원으로 볼 때 공공적인 것은 구성원의 생존권과 관련되지만, 근대 사적영역의 자율성과 사회적 위계화, 그리고 개인경험의 개별화가 진행되면서 생존권 문제는 이해관계의 조정이라는 정치행위의 영역이 된다.

2) 권력정치는 상위 의사결정 구조에 개입하거나 주도권을 장악하려는 정치행위란 의미로 사용한다. 근대 권력정치는 자신의 목적을 위해 구성원을 정치적으로 포획하려는 정치기획을 수행한다. 구성원을 특정방향으로 이끄는 정치기획은 매체를 통해 담론을 확산시키고, 인민과 의사소통을 통해 담론을 재생산한다. 따라서 정치기획의 담론은 정치기획자의 고유사상 또는 구성원의 심성 모두로 환원될 수 없는 소통과정의 산물이다. 그리고 이러한 담론은 그 사회의 레짐(regime)형성에 주요한 영향을 미친다.

위험처리에 대한 이해관계는 더욱 복잡한 양상으로 전개된다. 그래서 민주화된 권력정치가 이 문제에 대해 이해관계를 조정하는 것조차 제대로 수행하지 못하기 때문에 위험에 노출된 주체의 하위정치 영역이 민주화되어야 한다는 주장이 제기되기도 했다.3) 이러한 주장은 민주주의의 부재라는 역사적 경험 속에서 권력정치의 민주화에 대해 과대평가해 왔던 관념에 대해 반성적 성찰을 제기한다고 할 수 있다.

이 글은 이러한 문제의식 속에서 권력정치가 만들어 놓은 담론 공간에서 도시의 위험이 어떻게 다루어지고 있었는지에 대한 계보학적 접근이며 시론적 탐색이다. 1920년대는 민족주의 정치기획이 서울의 도시 문제를 적극적으로 공론화하면서 조선인이 상위 의사결정 구조에 참여해야 한다는 주장에 대해 근거를 제기했던 시기였다.4) 도시의 위험에 정치기획이 개입하여 공론화되고, 처리를 위한 결정의 방향이 식민통치

---

3) 백은 권력정치의 민주화 이후 후기 산업사회가 초래하고 있는 생존권적 위험에 대해 권력정치가 무능하게 대응해 왔다고 보고 생존권을 확장하기 위한 대안으로 하버마스의 합리적 의사소통 구조의 힘을 하위정치영역의 민주화에서 구하고 있다. 그는 생존권의 확장을 통해 일상생활의 조건을 개선하기 위해서는 위험을 경험한 주체를 중심으로 하는 하위정치영역의 역할이 중요하다고 보고, 이 영역의 민주화를 통해 "기본권은 계속해서 준수될 수 있으며 상호 강화하는 방식으로 확장될 수 있고 이렇게 해서 원하지 않은 '위로부터의 개입'에 대항하여 '토대'와 '하급기관'의 '저항력'을 확대할 수 있다."고 주장한다(Ulrich Beck, Riskogesellschaft, Schrkamp Verlag, Frankfurt am Main, 1986; 홍성태 역, 『위험사회』, 새물결, 2006, 304쪽)

4) 윤덕영의 연구(「1920년대 전반 『동아일보』 계열의 정치운동 구상과 '민족적 중심세력론'」, 『역사문제연구』 24, 2010, 9~46쪽)는 『동아일보』 주도세력이 친일적 자치주의자가 아니라 대중정치론에 입각하여 합법적 정치공간을 확장하고, 준비운동으로서의 정치운동을 모색했다고 보고 있다. 또한 합법적 언론에 기반하고 있는 한계 때문에 비합법적 영역에 대한 고려를 사실상 하지 않은 채 계몽적 위치에서 여타 민족주의 정치세력에게 방향을 제시할 뿐이었다고 보고 있다. 이 연구는 『동아일보』 주도세력을 민족주의 권력정치의 이데올로기를 생산하는 정치기획자로 볼 수 있는 근거를 제공한다.

와 어떠한 관계에 있었는지를 고찰할 수 있는 유효한 대상이다.

　　그러나 1920년대 공론장의 제도들-경성부협의회, 각종 민관협의체, 대중집회, 매체-이 도시의 위험으로 공론화했던 문제 모두를 시론적 글에서 다루는 것은 불가능하다. 또한 공론장의 제도들은 이미 복잡한 권력관계-총독부와 경성부, 관료와 민간인, 일본인과 조선인, 선거권의 여부, 사회경제적 지위 등-가 개입된 것이기 때문에 공론화된 위험 모두가 생존권과 관계된 것이라고 볼 수 없다. 즉 도시의 위험이 공론화되고 처리되는 과정은 얼마나 많은 사람들에게 관계하며 생존권을 보장하는 방향으로 처리되는가보다는 누구에 의해 어떻게 제기되는가 그리고 얼마나 이슈화되는가에 의해 좌우되기 때문이다.5) 따라서 이글에서는 공론화된 위험이 도시민의 생존권과 어떠한 관계에 있었는지를 고찰하는 과정을 일단 유보하고 근대 사회 건전한 도시민의 생활을 위한 공공장소로 자명하게 인식되었던 서울의 숲에 주목하고자 한다.

　　근대 서울의 숲은 인공적으로 조성된 공원의 내부 또는 도시의 공간

---

5) 최근 조선인의 정치행위 공간으로서 식민지 '공공성'에 주목하는 연구들은 식민지배의 근대성 형성 과정에 주목하고 있다. 그러나 이 연구들이 식민지 근대성을 비판적 입장에서 다루고 있는가에 대해서는 의문이 제기된다. 백은 근대성이 실현되는 과정을 분리된 '시민'개념이-정치적 시민과 부르주아-각각 정치와 경제영역을 구성하는 과정으로 본다. 정치적 시민은 의회민주주의의 운영원리 속에 복속되며, 부르주아는 시장이란 사적영역을 확신하며 투자, 기술발전, 이윤획득의 자유를 누린다. 그리고 이 두 개의 모순적 과정이 서로를 관통하며, 정치적 민주주의의 확립과 '진보'와 '합리화'라는 정당화의 우산 밑에서 비정치적이고 비민주적인 사회변화를 확립시킨다고 본다(홍성태 역, 앞의 책, 288~294쪽). 이럴 경우 근대성에 대한 비판적 관점은 정치공간으로서 '공공성'의 존재여부를 확인하는 것이 아니라 '공공성'이란 이름 아래에서 행해지는 비정치적이고 비민주적인 것에 주목하는 것이다. 따라서 이글에서는 식민지근대성에 대한 비판적 성찰의 하나로 합법적 정치공간 속에서 진행된 민족주의정치기획이 식민통치의 근대성과 연결되는 양상에 주목하고자 한다.

배치에서 주변화되거나 누락된 곳이다. 서울의 숲은 도시생활의 피로를 치유할 수 있는 공공의 공간으로 인식되었다. 그러나 이러한 공간적 이미지와 달리 서울의 숲은 범죄, 풍기문란, 빈곤, 비위생과 질병, 환경오염 등 위험이 축적되는 장소이다. 숲에서의 경험이 사회적으로 확산되고 공론화되면 숲의 공간적 이미지와 장소성이 대립하게 된다.6) 더구나 경성부와 총독부의 소유지란 점으로 인해 이용과 처분의 결정과정에 복잡한 이해관계가 개입되어 공론화되고 정치행위를 활성화시킨다. 공간적 이미지를 변형시키는 장소성이 공론화되고, 다양한 정치적 행위들과 결합되어 분화되고, 다시 도시민의 생활 방식에 포획되는 과정은 공공적 이해가 근대성의 실현과정에서 위계화되는 과정을 고찰할 수 있는 유효한 대상이다.

이 글은 숲의 장소성이란 소재를 통해 위험문제가 공론화되는 과정을 탐색한다. 그리고 공론장의 제도에서 합법적으로 진행되었던 민족주의 정치기획의 담론을 대상으로 한다. 1920년대 숲의 장소성이 민족주의 정치기획의 소재로 매체에 등장한 것은 서울 내부에 조성된 숲에서의 풍기문란 그리고 숲의 공간적 이미지를 전복시킨 토막촌의 형성이다. 일견 다르게 보이는 두 가지 소재는 근대 개인과 사회의 '생산성'을 위협하는 위험요소로 간주된 것이며, 일상생활의 조건을 구조화했던 문

---

6) 장소는 특정한 활동이 이루어지는 곳, 그 활동이 이루어지는 물리적 배경, 그 활동을 통해 부여된 상징적 의미와 관련되어 있으며, 장소성은 특정 사회의 구성원들이 집단적 생활을 영위하는 과정에서 그 생활의 기반이 되는 장소에 대해 가지는 사회적 의식이다. 장소성은 정체성과 연관되며 이데올로기와 쉽게 결합되기도 하지만, 공간정치와 대립하며 그것의 허구성을 드러내기도 한다. 또한 일상의 경험이 축적되고, 그 장소를 공유하는 사람들 간의 의사소통은 하위정치의 중심을 구성하는 출발이 될 수 있다. 즉 실업, 빈곤, 환경오염, 생태계 파괴 등은 특정 장소에 대한 경험의 축적을 통해 공론화되기 때문이다.

제였다. 따라서 민족주의 정치기획이, 근대성이 만들어 놓은 회로판—사적영역의 확대와 통제·감시의 강화, 발전과 위험관리, 개발과 보호라는 비대칭적 순환 관계 속에서 이 문제를 어떻게 다루는지를 고찰하기에 유효한 대상이다.

한편, 대한제국시기 공원과 토막촌 문제를 함께 고찰하는 것은 근대 순환회로가 작동하고 있었음을 드러냄으로써 근대성에 대한 비판적 탐색을 식민지 이전 시기로 확장할 수 있는 가능성을 모색하기 위한 것이다.

2. 공원의 숲, 풍기문란

1) 문명화의 공공성, 공원

19세기 말 도시의 공원 조성은 국가의 문명화 정도를 가늠하는 기준의 하나로 받아들여졌다. 1895년 출판된 유길준의 『서유견문』에 소개된 서양 도시는 국가의 문명화를 상징하는 거대하고 신기한 건축물, 기술과 예술이 자연물과 어울러져 세련된 경관과 볼거리를 제공하는 공원과 박물관이 질서 있게 배치된 공간이었다. "시내에는 높은 건물, 시장 등이 즐비하고 연못, 공원, 숲 등도 많다. 도로는 깨끗하게 정돈되어 있고, 가옥은 웅장하고 수려하니 온 천하의 으뜸이다. 런던처럼 웅장하거나 뉴욕처럼 풍요로운 도시도 이 곳 파리에는 미치지 못한다. …(중략)… 거리를 거니는 행인들 또한 다 우아한 풍채를 지니고 있다."[7] 여행자는 사회적 관계를 단순화하면서 공간을 부조적으로 기억하기 때문

---

7) 유길준, 『西遊見聞』경인문화사, 1969, 525쪽.

에『서유견문』에 소개된 도시는 사진 속의 문명모델이었고, 국가 간 문명경쟁 질서에 편입된 이상 도시 공간 정비는 문명화에 대한 욕망의 하나였다.

　서울 도시공간의 변화는 1896년 종로에서 남대문에 이르는 도로를 확장하면서 본격적으로 시작되었다. 전기, 수도, 전차 등의 시설물과 독립문 원구단의 정치적 상징물, 탑골공원과 독립공원의 조성 그리고 공간의 기능적 통합을 위해 도로망이 경운궁을 중심으로 남으로 남대문, 북으로 황토현, 서로 의주로, 동으로 홍릉까지 연결되었다.8) 도시개조사업은 도로의 확장과 공원의 조성을 위해 민가를 철거해야 했기 때문에 이 과정에서 이주와 보상 그리고 주택난이 사회문제로 등장했다.9) 1899년 상반기 중추원을 둘러싼 상위 의사결정 구조의 개편 문제가 대두되는 과정에서 이 문제가 매체를 통해 보도되었다.10)

　당시 중추원이 입법적 권한을 가져야 한다고 주장했던『독립신문』은 "대개 공원이라 하는 것은 그 나라가 개명하고 부강한 세력을 가진 후에 인민들이 혹 유정이나 창서하고 신체가 운동하는 곳으로 이국편민하는 것 외에는 다른 것이 없거늘 서울 탑골 등지에 인민의 집 몇 백호를 모두 헐어서 공원을 만든다하니 인민들은 다 어디로 가서 살지 대단히 불가한 일이라 정부에 그 부당함을 알려 인민의 집을 헐지 말며 공원은 다음에 빈터에 만들 것이 합당 할듯하다고 중추원에서 말들을 한다더라."11)라고 하면서 공원이 나라의 문명화를 상징하고 인민에게 이익을

---

8) 이태진, 「대한제국의 서울 황성 만들기-최초의 근대적 도시개조사업」,『고종시대의 재조명』, 태학사, 2000, 357~386쪽.
9)『每日新聞』, 1899. 3. 25 잡보.
10)『皇城新聞』, 1899. 4. 12. 잡보「撤屋價等」, 4. 14. 잡보「空然屢訴」, 4. 18. 잡보「禁止撤家」, 4. 19. 잡보「屋價還推」.

가져다주기는 하지만 인민의 생존권을 해친다면 유보해야 한다는 입장을 내놓기도 했다. 그러나 문명화 기표의 하나인 공원의 공간적 이미지를 재현하고 싶은 욕망이 사라진 것은 아니었다.

이 욕망은 한성부의 가옥철거가 관철되고, 1899년 5월 관제개정으로 중추원이 자문기구로 전락하면서 분명하게 드러났다. 탑골공원을 추진하고 있는 궁내부 대신 이재순을 "수천 명 인민을 위하여 큰 사업을 하는 것이리라."12)고 하여 탑골공원 조성을 '공심(公心)'으로 추켜세우고, "문명국에서는 공원, 도서관, 박람회 등을 만들어 인민의 유람과 학식을 고양하니 …(중략)… 대한에서는 아직 공원도 없을 뿐 아니라 백성은 죽도록 세금만 바치는데 백성을 위해 유람할 곳도 설치하지 못하니 섭섭한 일이로다."라고 하여13) 공원 조성이 도시민의 공공적 이해라는 점을 각인시키고자 했다.

공원은 『독립신문』에서처럼 개화를 위해 인민의 기상을 높이는 공간이었으며, 『대한매일신보』에서는 "사회에는 공원지의 시설이 없으니 …(중략)… 학업이나 여러 가지 업을 한 여가에 공기를 마시고 새 기운을 취하고자 하여도 쉽게 할 수 없도다."라고 하여 나라를 위해 복무해야 하는 인민이 심신을 단련하는 공간이었다.14)

공원의 공간적 이미지 속에서 서울 거류일본인의 공원조성은 민족적 공분을 고취하는 대상으로 매체에 언급되기도 했다. 진고개를 중심으로 거류지를 확장해 갔던 일본인들이 1897년 공원을 조성하기로 계획하고 1898년 남산 북록일대에 신궁을 건립하고,15) 倭將臺 터 400평을 빌려

---

11) 『독립신문』, 1899. 3. 24. 잡보 「올혼의론」.
12) 『독립신문』, 1899. 3. 29. 잡보 「이대신사업」.
13) 『독립신문』, 1899. 10. 28. 논설.
14) 『大韓每日申報』, 1909. 2. 5. 기서 「톄육을 의론홈」.

공원을 조성하기 시작했다.16) 그러다가 1906년 경성거류민단에서는 남산 북록 일대 중 장충단, 체신청, 주차군사령부, 통감부의 각 소속지, 일본공원 및 민유지를 제외한 잔여의 전부를 경성공원으로 할 것을 고시하고 남산 西北麓 30만평의 영구 무상 대여를 정부로부터 받아냈다.17) 여기에 대해『대한매일신보』는 남산의 영령이 조선 개국 이래 궁궐을 보호해 왔는데 여기에 일본인의 공원이 들어서니 이는 국무대신이 국권을 넘기고 국토를 파는 행위라고 비난했다.18) 소위 '경성공원'은 대한제국 대신의 매국적 행위에 의해 조성된 것으로 규정되었다.

남산공원 조성이 시작되자『대한매일신보』는 남산 소나무에 대한 도벌 엄금 조치를 보도하면서 사실상 남산공원이 일본인의 수중으로 완전히 넘어갔다고 보도했다.19) 또한 인천에 조성된 각국 공원에 입장하려는 일본귀족 관광단에 대한 보도에서는 "각국 공원은 원래 德義가 있는 신사숙녀가 淸遊하는 정원으로 醉舞狂歌로 남에게 폐를 끼칠 필요가 없는 곳인데 화분을 꺾어 어지럽히고 풍치를 저해하는 자 모두 일본인인고로 부득이 사방의 문을 닫았노라고 해서 도쿠가와(德川) 公爵 일행도 다른 곳으로 향해 갔다더라. 일본인의 불결한 행위가 각국의 공원까지 범함이 이와 같으니 그 외에는 묻지 않아도 알만하다."라고20) 하면서 문명의 정치기획에서 만들어진 공원의 공간적 이미지와 일본인의 야만적 공중도덕을 대비시키고 있다. '덕의'있는 시민(신사숙녀)이 속되지 않

---

15) 京城府, 1936,『京城府史』第2卷, 673쪽.
16)『皇城新聞』, 1900. 1. 13. 잡보「借置公園」.
17) 이수연·황희준, 「1900년대 말부터 1980년대 초까지 남산공원의 공간적 특성과 의미 변화에 관한 연구」,『건축역사연구』79, 2011, 8~9쪽.
18)『大韓每日申報』, 1906. 4. 20. 논설「山神有言」, 29일「移罪北山」.
19)『大韓每日申報』, 1906. 8. 2. 잡보「植擔任」, 5일 잡보「決於日人手」.
20)『大韓每日申報』, 1907. 5. 1. 잡보「公園閉鎖」.

는 놀이로 자연을 즐기는 공간이란 만들어진 이미지는 일본인의 야만적
침략을 비판하는 준거가 되고 있었지만, 공원조성에 따르는 철거, 자연
훼손, 빈민의 땔감 등의 문제는 매체에 거의 등장하지 않았다. 만들어
놓은 공간적 이미지로 인해 공원의 조성과정에서 상실되는 일상생활의
장소성은 쉽게 간과되었다. 이것은 정치기획 과정에서 만들어진 공공성
이 일상생활의 조건과 분리되는 지점이기도 하다.

다른 한편 공원의 공간적 이미지와 달리 공원은 향락적 행위가 벌어
지는 장소로 등장하기도 했다. 協律社가 공원에 인가받아 개최한 봄밤
의 공연은 "蕩子冶女의 春興을 도발함은 예사이거니와 각 학교 학도들도
몰려들어 …(중략)… 야학교 학도의 수효가 감소한다니 그러한지는 상
세하지 않지만 협률사 관계로 野昧한 풍기가 일층 증진함은 확실히 알
겠다고 하더라."고 하여 문란한 것으로 간주되었다.21)

협률사는 1906년에 이미 풍기문란의 원흉으로 폐지가 주장되기 시작
했는데 『대한매일신보』와 『황성신문』은 협률사를 玉樹後庭花22)에 비
유하여 국민의 정신을 해쳐서 나라를 멸망하게 하는 기관이라고 비난하
고 있었다.23) 그러나 이것은 공원의 공간이미지를 전복할 만한 것은 아

---

21) 『皇城新聞』, 1906. 4. 13. 잡보 「律社誤人」.
22) 중국 남북조시대 진(陳)의 후주(後主)가 지은 가곡으로 진나라가 망한 계기가 되
    었다고 알려진 곡.
23) 대표적인 논설을 들면 다음과 같다. "위로는 황실의 존엄에 해를 끼치고 아래로
    는 국민자제를 꾀어내어 돈을 낭비하는 큰 함정에 빠뜨려 청년의 심지를 흔들어
    敗家亡身의 기관을 세웠으니 …(중략)… 玉樹後庭花로 국민의지를 날려버리고 할
    일을 잊어버리게 하고 쓰러질만한 음풍음악으로 한 나라를 끊어 버리니 원통하
    고 분함을 누를 수 없다(『大韓每日申報』 1906. 3월 8일 論協律社」)." 협률사는
    1902년 고종 즉위 40주년 기념식을 위해 만들어진 예기관리 단체로 공연문화의
    대중화를 이끌었다. 그러나 실내외의 공연이 풍기문란으로 지목되면서 당시 매
    체들은 협률사의 폐지를 주장했고, 을사조약 이후 국가적 위기에 대처하기 위한
    인민의 도덕적 정화의 필요성이 강하게 주장되면서 폐지되었다(김기란, 「협률사

니었다.

공공이 이용하는 장소에서 벌어지는 도덕적 타락은 공원을 이용하는 개인의 행위보다는 그 행위를 유도하는 원인제공자에게 있는 것으로 간주되었다. 협률사의 이윤활동이 초래한 풍기문란이 행정적 조치로 제거되어야 한다는 주장은 시장이란 사적 자율성의 영역이 확대될수록 통제와 감시란 행정적 조치의 개입이 강화되는 순환회로가 작동하는 지점이다. 더욱이 국가와 민족의 위기라는 인식 속에서 여기에 대한 행정조치는 즉각적이지 않으면 안 되는 것으로 여겨졌다. 그래서 '문란한 것'과 관련된 개인의 활동은 당연히 통제, 감시, 제거의 처리 과정을 밟아야 하는 것으로 간주되었다.

2) 풍기숙정과 윤리성

사적영역의 확장과 통제와 감시의 강화라는 순환회로가 제도적 토대를 갖게 된 것은 식민지 시기였다.[24] 도덕적 타락의 행위를 유발하는 것에 대한 행정적 조치는 1910년대 일본 헌병경찰제 아래 강력한 감시와 통제 속에서 진행되었다. 이시기 '風紀振肅'은 식민지배의 안착을 위한 사회 기강의 확립을 목적으로 하는 만큼 '수백 년 이래로 정치의 부

재론」, 『현대문학의 연구』 32, 2007, 257~296쪽).

24) 조선의 풍속단속은 일본의 이시키카이이 조례(違式詿違條例) 및 위경죄, 경찰범처벌령 등에 근거하고 있었는데 풍속 통제의 특징은 지방성의 원칙을 강조함에 따라 유동성을 갖고 있었고, 임검(臨檢)과 같은 형식이나 영업에 대한 인허가 권한을 갖고 있는 등 경찰력의 재량권이 컸다고 할 수 있다. 풍속단속의 2대 기준은 '선량한 풍속을 침해하는 행위와 선량한 풍속을 침해할 우려가 있는 행위'로 '정상적인 일생상활'의 일탈적 행위로 간주된 것을 망라하고 있다(권명아, 「풍속통제와 일상에 대한 국가관리: 풍속 통제와 검열의 관계를 중심으로」 『민족문학사연구』 33, 2007, 376~384).

패에 수반된 풍기'25) ─ 부패, 거짓, 속임수, 음란행위 등이 그 대상으로
지목되고 있었다. 풍속경찰의 단속 대상은 밀매음녀,26) 승려의 부정음
란행위,27) 연예계의 매음,28) 부랑배와 도박장,29) 술집과 여관의 변태
적 영업30) 등 광범위한 영역이었다. 그리고 이러한 '풍속영업'은 시장이
란 사적 자율성의 영역이 일상생활로 확장되는 과정이기도 했다.

'정상적인' 일상생활을 위협하는 것은 공공의 질서와 안녕을 위해 제
거되어야 하는 것으로 간주되고, 이것에 대한 법적, 행정적 조치들은
공동체를 유지하기 위한 것으로 정당화된다. 근대 국가의 통치가 통제
와 감시를 일상생활의 영역까지 확장할 수 있었던 과정은 이러한 정당
성에 근거하고 있기 때문이다.

그러나 일본의 식민지배는 이러한 정당성의 심각한 결핍 위에 성립
된 것이다. 1910년 식민지배의 성립은 조선인의 정치공동체를 확립하
려는 노력을 좌절시키는 것이었으며, 폭력적 통제와 차별적 위계성의
확립은 민족적 공분에 직면했다. 3·1운동 이후 총독부 통치방식의 변화
는 결핍된 정당성을 어떻게 보완할 것인가의 문제와 결부되어 있다고
볼 수 있다. 그래서 1920년대 제한적이나마 언론 활동의 길이 열리면서
매체에 등장한 민족주의 정치기획이 식민지배의 정당성 결핍문제와 어

---

25) 『每日申報』, 1912. 6. 12. 사설 「風紀振肅」.
26) 『每日申報』, 1913. 2. 23. 사설 「社會風紀에 대하야」. 이 사설에서는 풍기진숙 의
    첫 번째 대상을 밀매음녀로 규정했다. 밀매음녀에 대한 단속 기사가 『每日申報』
    에 자주 등장하고 있다(1914. 9. 26. 「풍기숙정의 선봉, 행정집행령의 적용」 등).
27) 『每日申報』, 1913. 3. 16. 「寺刹의 風紀肅淸」, 1916. 5. 27. 「사찰풍기의 취체, 절
    노래는 조심할 것」.
28) 『每日申報』, 1913. 4. 16. 「社會 風紀와 演藝界」, 1915. 9월 1일 「劇場 風紀 醜態」.
29) 『每日申報』, 1913. 4. 18. 「風紀肅淸의 勵行, 東部署長의 좋은 訓示」, 1915. 9. 16. 「
    風紀取締의 勵行, 浮浪者를 嚴密監視」.
30) 『每日申報』, 1915. 1. 17. 「旅館에 風紀取締, 料理장사는 不可한 일」.

떻게 연결되는지에 주목할 필요가 있다.

조선인의 풍기문란이 공론화되기 시작한 것은 1차 세계대전 이후 전개된 개조사상의 영향과 전쟁 종결 이후 파생된 경제적 불황의 영향 아래 전개된 민족주의 정치기획의 등장과 관련되어 있다. 과학적 합리성에 의해 전개된 서구적 근대성에 대한 반성으로서의 개조는 동양의 전통적 윤리관을 소환하고 있었으며, 조선인의 비참한 경제 상태는 생산성 높은 근대적 개인을 소환했다.[31] 민족주의 정치기획이 만든 '파산한 조선인'의 기표는 정신적 개조와 생산성 있는 생활태도를 강력하게 주장하는 기제로 작동했고, 퇴폐와 타락의 현상으로서 조선인의 풍기문란이 문제시되기 시작했다.

민족주의 정치기획의 '風紀肅正'은 1910년대 진행되었던 총독부 주도의 풍기진숙, 風紀肅淸과 달리 조선인 중심의 자율적 정화를 표방하면서 식민지배와 차별성을 드러내려고 했다. 1921년 10월 평양에서 개최된 家庭工業展覽會의 기생 동원 선전에 대해『동아일보』는 우리의 상품 발달을 위해서는 좋은 일이지만 "세계미문명국에서는 식민지의 발전 제1조로 기생·창기를 많이 이용한다고 하는 말은 우리도 일찍이 들은 바" 이처럼 풍기를 문란하게 하는 행위는 삼가 해야 한다고 하면서[32] 문란한 것을 식민지배 방식의 하나로 보면서 대립각을 형성하려고 했다. 또한 탑골공원 안에 들어선 청목당(靑木堂)과 승리(勝利)라는 요리집으로 인해 경성의 30만 시민이 이용하는 공원이 酒園이 되었다면서 총

---

31) 김윤희, 「파산, 식민지 근대 일상생활의 기표」, 『아시아문화연구』 19, 2010, 25~34쪽.
32) 『東亞日報』, 1921. 10. 5. 「家庭工産展覽會와 風紀問題(제1회 全2回)」, 1921. 10. 8. 「家庭工産展覽會와 風紀問題(제2회 全2回)」, 1921. 10. 12. 「工産展覽會餘興場風紀團束」.

독부 당국자의 행위가 30만 경성시민의 공공적 이해를 무시하고 있다고 비난했다.[33] 식민지배가 문란한 것을 양산하고, '정상적인' 조선인의 공공적 이해를 무시한다는 규정으로 인해 풍기숙정은 조선민족의 공동체 수립을 위한 것으로 간주될 수 있었다.

그러나 문제는 '문란한 것'을 양산하는 것은 시장이란 사적자율성의 영역이 확장되기 때문이며, 풍기숙정을 위한 즉각적 조치의 수단은 식민지배자에게 있었다는 점이다. 따라서 이전에 비해 시장의 사적 자율성이 허용된 1920년대 민족주의 정치기획의 풍기숙정은 양산되는 '문란한 것'과 그것의 제거를 위한 통제와 감시의 강화라는 순환구조에 갇힐 수밖에 없었다.

풍기숙정이 공론화되자 각 지역의 풍기숙정 주장은 총독부의 행정적 조치를 이끌어내는 방향으로 전개되기 시작했다. 음주, 도박, 매춘, 연애, 사행심 등 문란상으로 지목되었던 것에 대한 도덕적 공격이 시작되면서 각종 단체들은 '풍기숙정'의 문제를 의제로 상정하는 집회를 열고 집단행동에 나서면서 단속규칙을 마련하라고 행정당국에 요구했다.[34]

이러한 상황은 1910년대 총독부가 주도했던 풍속영업에 대한 단속을

---

33) 『東亞日報』, 1924. 2. 13. 「公園인가 酒園인가, 無視당한 三十萬 京城市民」. 이 기사는 경성부가 남산, 장충단, 훈련원 터에 공원조성 예산을 편성하면서 경성부의 공간 재배치에서 소외된 북촌의 문제가 제기되고 있었던 상황과 연결된다. 그래서 『동아일보』는 공공의 공간으로서 공원의 이미지와 총독부 당국자에 의해 훼손된 공원의 현실을 극명하게 대비시켜 놓고 있다.

34) 이와 관련한 『東亞日報』의 대표적인 기사는 다음과 같다. 1921. 8. 8. 「義城靑年團 消息, 地方風紀 振肅과 經濟界 發展을 目的으로 禁酒同盟會創立總會 開催」, 3. 22. 「日本學生風紀, 남학생은 술집가기, 녀학생은 애첩되기」, 3. 29. 「平原郡邑內耶蘇敎堂에서 風紀矯正大演說會」, 4. 3. 「玄風靑年會美風, 靑年의 風紀改良에 努力中」, 7. 6. 「東萊靑年會, 社會風紀改良을 爲해 活動」, 10. 2. 「平壤風紀團束, 큰길가있는 料理店에서 장고침과 기생 소리함을 엄중히 금지」 등.

더욱 강화하는 것일 뿐만 아니라 이미 공공의 영역이 된 공원에 대한 무차별적 감시를 용인하는 방향으로 작동했다. 공원은 시민의 건전한 여가활동이란 공간적 이미지가 형성된 곳이었지만 공원에 조성된 숲은 성범죄와 폭행 등 범죄가 발생하는 장소이기도 했다. 그러나 민족주의 정치기획은 조선인의 도덕적 정화란 관점에서 이 문제를 다루고 있었고, 도덕적 정화를 위해 행정적 조치가 개입되는 순간 풍기숙정 주장의 전제조건이었던 식민지배의 부정성은 희석되고, 공공의 자율적 이용 공간이었던 공원에 대한 감시가 강화된다.

"근래 청년 학생의 머리에는 연애라는 사상이 들어와 …(중략)… 요사이 여름이 오자 서늘한 밤이 되면 인적이 고요한 삼청동 솔밭이나 남산공원, 한강철교나 장충단 등지로 …(중략)… 꿀 같은 정담으로 밤을 새는 이도 있고, 실연에 가슴을 짓이기다가 자살하는 이도 있고, …(중략)… 남녀가 추한 행동을 기탄없이 한다는데 …(중략)… 사회풍교 상 적지 않은 해독을 일반사회에 끼치는 영향이 있어서 시내 각 경찰서에서는 이를 엄중히 취체할 작정"이라고 하여 사회풍교를 위해 경찰의 풍기단속이 시작되었음을 알리고 있다.[35] 그리고 사회 풍교 상 동원되는 행정력으로 인해 풍기숙정 주장은 더 이상 식민지배와 대립각을 형성하지 못하게 되는 상황에 직면했다.

풍기숙정을 표방하며 총독부의 행정력이 개입하는 순간 풍기숙정의 전제는 와해되고 행정조치에 대한 개인 경험의 다양성으로 인해 식민지배에 대한 입장은 개인의 관념 내부와 개인 간, 집단의 내부와 집단 간에서 분화된다. 그래서 과도한 통제와 감시가 개성에서 개최된 전국 조

---

35) 『東亞日報』, 1922. 6. 2. 「靑年間의 惡傾向, 警察에서 風紀를 團束키 爲하여 밤이면 公園 等地를 警戒」.

각사진판화전시회에 로댕의 '키스'를 모사한 작품이 풍기문란으로 압수되는 상황이 빚어질 정도로 공공의 자율성을 훼손하고 있었지만, 여기에 대한 태도는 냉소적으로 조롱하는 수준으로 표출되었다.[36]

 더 큰 문제는 민족주의 정치기획의 풍기숙정이 민족 내부의 균열과 대립하면서 진행되고 있었다는 점이다. 숲에서 벌어지는 성범죄와 성애표현을 명확히 구분하지 않고 "남녀학생의 풍기문제가 점차 일반의 주의를 끌게 되었다. 문제의 성질상 사회의 표면에 드러나는 사건은 많지 않지만 이면으로는 상당히 불미스러운 사건이 많이 발생하여 여자교육 당국자와 여학생의 학부형이 심히 걱정되는 모양이다. …(중략)… 그 해결의 요체는 남녀학생의 자주적 인격의 확립에 있는 것이다."라고 하여[37] 법률적 판단과 도덕적 태도 사이의 경계를 모호하게 함으로서 억압적 윤리관을 재생산하고 있다는 점이다.[38] 시장과 사회라는 사적 자율성의 영역이 확대될수록 문란하다고 간주되는 것이 조선인 생활 방식의 하나로 자리 잡기 시작했지만, 민족주의 정치기획의 풍기숙정은 새롭게 등장한 생활의 방식과 대결하면서 도시민 생활 방식의 변화와 점차 유리되고 있었다고 할 수 있다.[39] 그리고 시장과 사회 영역의 확대

36) 『東亞日報』, 1922. 7. 31. 「沒常識한 開城警察署」.
37) 『東亞日報』, 1924. 3. 24. 「男女學生의 風紀問題」.
38) 權友會 鄭鍾鳴, 「風紀肅淸에 必要, 別乾坤에 對한 批判과 要望」, 『別乾坤』 10, 1927. 12. 2. "우리 사회의 풍긔숙청(風紀肅淸)에 만흔 영향을 준 것은 절대로 필요하고 또 통쾌한 일임니다. …(중략)… 그러나 초긔운동에 잇는 녀성(女性)에 관한 긔사에 대하야 만흔 고려를 하야 주섯스면 조흘 것"이라고 하여 풍기숙정을 논하는 과정에서 여성을 비하한 것을 비판했다.
39) 민족주의 지식인들은 조선인이 근대생활을 영위할 주체가 되어야 한다는 주장에 강력한 힘을 얻기 위해 경제뿐만 아니라 생활의 모든 것이 파산했다고 규정했다. "자본주의와 제국주의 문명의 파산선고", "과학의 파산", "생활파기", "품성파기", "성격파산", "청년계의 파산", "여성계의 파산" 등이 그것이다(김윤희, 앞의 글, 35~41쪽). 전통의 윤리성으로 무장하고 생산성 높은 생활 태도에 대한 강박

에 수반되어 형성되는 개인 간 공중도덕을 과도하게 정치화함으로서 빚어진 문제-발견되는 문란상의 폐해와 통제와 감시는 다시 식민지배의 몫으로 간주됨으로써 공공의 자율적 공간에 대한 과도한 통제와 감시를 용인하는 방향으로 작동했다.

1920년대 초부터 10년간 민족주의 정치기획이 조선인 도덕의 자율적 정화를 표방했음에도 불구하고 1930년대 초 조선 민족이 파산 상태에서 벗어나지 못한 원인 중 하나가 "도덕을 최고한 권위로 믿고, 이 권위에 복종하는 신성한 의무를 기조로 하여 사회의 질서를 유지해 오던 조선인이 일단에 법 만능, 경찰 만능의 제도 밑에 들어 도덕의 권위 대신에 법률 권위의 제제를 받게 되었다."는 진단은40) 역으로 총독부의 행정 권력이 조선인 개인의 생활조건을 구성하는데 깊게 개입되어 있었음을 확인시켜주는 것이었으며 일상생활의 조건을 변화시키기 위해서는 법률적 제도화나 행정집행을 어떻게 이끌어내는 가가 매우 중요한 일이 되었음을 토로한 것이다.41) 그러나 이 논설이 제시한 해결 방안은 공공의 윤리성을 전통의 도덕관으로 다시 수립해야 한다는 것이었다.42)

민족주의 정치기획이 식민 통치로부터 조선민족의 자율성을 확보하

적 집착은 새로운 생활방식을 인정할 수 없었다. 특히 1925년 이후 퇴폐적이라고 여겨지는 생활방식이 서울 중심으로 확산되어 갔는데, 성과 관련한 유행어의 등장은 민족주의 정치기획의 풍기숙정과 대립하는 것이었다(김윤희, 「한국 근대 신어 연구(1920년~1936년)-일상·문화적 맥락을 중심으로」, 『국어사연구』 10, 2010, 37~67쪽).

40) 『東亞日報』, 1933. 8. 25. 「權威의 廢墟, 精神的 破産의 恐怖, 最近의 犯罪增加에 對하여」.

41) 그러나 하위정치영역이 행정력에 의존하는 문제해결 방식에서 벗어나서 생존권의 보장과 확장을 위한 사회적 결정을 이끌어 내기 위해서는 하위정치영역 주체 간의 민주적 의사소통과 다양한 사회적 연대가 필요하다.

42) 이 논설은 독일 파시즘의 등장을 긍정적으로 평가하고 있다. 파시즘은 "재산본위를 인격본위로, 권리본위를 의무본위로, 개인본위를 국민본위로, 권위를 바꾸어 놓자는 것"이라고 평가되었다.

여 조선민족의 생활조건을 개선하는 것이 목표였다면, 또한 1926년 자
치론자 최린이 선언했듯 "우리의 손에 政治의 세력이 없는 까닭으로 아
무리 現下와 같이 全民族이 破産을 당하더라도 구제의 道가 없습니다."
라고 한다면,[43] '풍기숙정'으로 전통의 윤리성을 소환해 경찰력을 이끌
어내고 그 집행을 용인하기보다는 비참한 조선인의 생활조건과 관련된
것을 공론화하여 생존권을 보장하고 확장하려는 하위 정치영역의 토대
들을 구축하는 것이 훨씬 유효한 전략이었다고 할 수 있다. 이러한 점
에서 공론화된 토막촌은 민족주의 정치기획의 성격을 보다 분명히 드러
낼 수 있는 소재라고 할 수 있다.

3. 주변화된 숲의 공간적 변형, 토막촌

1) 빈곤, 조선인과 토막촌

서울의 빈민 집단주거지였던 토막촌은 서울의 공간배치에서 누락되
거나 주변화된 숲에 형성되기 시작했다. 서울 토막촌은 개항 이전인
1802년 뚝섬에서 양화진까지 홍수로 한강에 떠내려간 가옥에 대한 조
사에서 그 존재가 확인된다. 草幕과 土幕은 불법 가옥이었기 때문에 휼
전의 대상이 아니었으나 왕의 특교로 여기에 대해 휼전이 내려졌다.[44]
이후 서울 인구 증가에 따라 이러한 토막촌은 서울 곳곳에 자리하게 되
었고, 앞 장에서 언급했듯 갑오개혁 이후 진행된 도시개조사업과 주택
난이 발생하면서 토막민이 증가되는 양상이었다.

---

43) 최린, 「現下 朝鮮에 대한 憂慮點과 喜悅点(-各人各觀-)」 『開闢』 제66호, 1926. 2.
44) 『備邊司謄錄』 壬戌(1802) 六月 十四日 啓.

한성부가 서울의 국관유림에 토막촌을 건설하여 노숙자를 이주시키고 있었고,[45] 한성부 경무청의 토막촌 건설비용은 1901년 100원에서 1904년 300원으로 크게 증가되고 있었다.[46] 여기에 예산외 지출로 추가로 토막촌이 건설되기도 했으며,[47] 혜민원에서도 빈민수용을 위해 친위대 2대대가 주둔했던 영내에 토막촌을 건설했다.[48] 대한제국 시기 정부의 행정조치로 형성된 토막촌은 법적으로는 보장받지 못하는 그래서 통치의 관대함에 의존할 수밖에 없는 불안정한 거주지였다.

1910년 이후 농촌이주자의 증가로 경성의 공간배치에서 누락되거나 주변화된 숲에 토막민이 증가했다.[49] 기존에 형성된 토막촌은 거주민의 증가로 외연이 확장되면서 인근 사유지로 확장되는 상황도 발생했다.[50] 또한 도시생활에 필요한 시설물의 조성과정에서 철거된 토막촌이 경성 밖 토막촌 지역으로 이주하기도 했다.[51] 도시화에 수반되어 각

---

45) 『各部請議書存案』 1899년 12월 3일. 書第188號; 『皇城新聞』 1899. 1. 27. 잡보 「保護流乞」.

46) 『皇城新聞』, 1900. 12. 22. 잡보 「官廳事項」, 1904. 6. 15. 잡보 「光武八年度豫筭表(續)」.

47) 『皇城新聞』, 1900. 1. 11. 잡보 「乞兒區處」.

48) 『皇城新聞』, 1902. 1. 21. 잡보 「設粥賑民」, 2. 18. 잡보「惠院賑恤」.

49) 토막촌의 형성과정과 토막민의 생활 상태에 대한 대표적인 연구로는 강만길의 연구(「일제시대의 도시빈민생활-토막민을 중심으로-」, 『한국사연구』 53, 1986, 111-154쪽)와 김경일의 연구(「일제하 도시빈민층의 형성 : 경성부의 이른바 토막민을 중심으로」, 『사회와 역사』 3, 1986, 203~257쪽)를 들 수 있다. 이 연구는 토막민을 도시빈민, 실업문제 등의 관점에서 다루고 있다. 한편 경성부 관할이 도성으로 한정되면서 이전 한성부 관할이었던 도성 밖 10리 는 경성부의 외곽을 형성하며 경기도 관할이 되었다.

50) 창신동 토막촌은 국유지 인근 전북참여관 金英鎭의 소유지 일부에도 형성되어 있었다. 경찰서의 철거 명령으로 토막민이 진정서를 제출하자 김영진은 자신의 소유지 내 거주를 용인했다. 그러나 국유지에 속한 토막에 대해서는 철거명령이 내려졌다(『東亞日報』, 1927. 6. 25. 「去處가 업스니 警察署留置場에」).

51) 1925년 훈련원 자리였던 경성부 부유림에 동대문 운동장이 건설되면서 이 지역 토막민 300명을 동대문 밖으로 이주시켰다(『東亞日報』, 1925. 3. 25. 「土窟貧民의

종 시설물이 들어설수록 경성 내 토막촌은 경성 주변의 숲으로 옮겨졌고, 행정권의 묵인아래 확장된 토막촌은 경성 주변 자연경관으로서 숲의 공간적 이미지를 변형시키고 있었다. 여기에 경성의 주택난에 따른 주택가격과 임대가격의 상승으로 "상당한 자본을 가진 사람까지 종래 관청에서 묵인하여 오는 것을 달콤하게 생각하고 國有査定地에 침범하여 집을 지어 매매까지 하는 일이 있음으로 빈민을 보호한다는 본의에 어그러져서 폐단이 많이 생긴다하여 이와 같이 빈민이 제일 많이 사는 부내 창신동 산비탈 20여 호와 청계천 제방 위에 있는 8호에 대하여 소관 동대문 경찰서에서는 이달 말일 안으로 가옥을 전부 철훼하라고 엄중히 명령"하는 상황이 발생하기도 했는데52) 주택 시장의 폭발적인 확대가 경성부의 '관대한 묵인'을 위협하면서 철거의 위험성을 높이고 있었다.

경성의 토막촌은 빈민 구제란 관점에서만 접근할 수 없는 다른 성격을 갖고 있다. 위험관리란 차원에서 근대 통치는 빈민구제에 대한 다양한 조치를 실행한다. 또한 '시민'의 인류애와 공공윤리는 빈민에 대한 민간의 사회사업을 추동하며 행정적 조치와 연결, 갈등하면서 근대 통치의 유효성을 제고시킨다.53)

陳情結果는 如何」). 또한 1928년 동대문 밖 청계천 동측 천변에 비료운반소가 설치되면서 경성부가 그 지역의 토막민을 신당리 공동묘지 부근으로 이주시켰다「京高特秘 第1676號の4 新堂里162番地土地問題二關スル件」 1935. 7. 19., 김경일 편, 『한국독립운동사자료집3권』, 영진문화사, 1993. 신당리 공동묘지 부근에는 이미 대규모 토막촌이 형성되어 있었다.

52) 『東亞日報』, 1927. 6. 24. 「兩處三十餘戶 突然撤毁命令」.

53) 1920년 초 사회사업은 사회를 위한 공공심의 발로로 인식되었으며 그 구체적인 실천상이 확립되지 않은 채 폭넓게 다수를 위한 사업 또는 사회 일반에 이익을 줄만한 사업 등으로 통칭되는 경우가 많았다(조성은, 2011, 「근대 사회사업 개념과 담론에 관한 연구 - 1920년대와 1930년대를 중심으로」, 서울대 사회복지학 박

정당성의 결핍 위에 성립된 총독부는 '병합' 직후부터 천황의 은사금을 기금으로 하여 防貧的(빈민구호), 敎化的(수용시설) 사회사업을 실시하기 시작했고.[54] 1920년대 경기불황으로 인한 실업, 주택난 등이 심각해지자 직업소개, 人事상담, 공익質屋, 공설시장, 공설주택, 노동숙박 등의 시설을 설치하여 사회사업의 범위를 확장하고 있었다. 그리고 1927년에는 경성부에 방면위원제도를 실시하여 빈민의 생활 상태를 조사하고 세민카드를 만들고 생계유지에 대한 구호를 실시했다.[55] 여기에 조선인 사회에 유행처럼 번진 '사회사업'은 교육, 여성, 이재민과 빈민의 구호 등에 대한 기부와 각종 공공적 사업을 추동하며 조선인의 사회적 활동 공간을 확장시켰다.[56]

사학위논문, 88쪽). 그리고 사회사업을 해야 하는 근거는 조선인 사회의 발전과 정의와 사랑이란 인도에 의한 것이라고 설명하고 있다(『東亞日報』, 1921. 4. 2. 「苦學生爲하야」). 그러나 그에 앞서 1915년 총독부는 민간인의 기부에 대해 '細民救護의 요체는 自助自活의 방도를 강구하는 것'인 만큼 지방 독지가는 기부하기 전에 미리 부윤, 군수, 면장 등 지방관헌과 협의 할 것을 고시했다(『總督府官報』 783호, 1915. 3. 16. 1915. 3. 12. 「朝鮮總督府京畿道諭告第1號」).

54) 총독부는 1910년 메이지 천황이 하사한 은사금 3천 만엔 중 1,739만 8천엔을 기금으로 하는 '임시은사금 관리규칙'을 만들어 이자의 10%를 凶歉구제 용도로 배정하고 이재민과 빈민 구호를 실시했다. 또한 1915년 다이쇼의 대례에 배부 받은 20만원을 재원으로 하여 궁민구호를 실시했다(조성은, 앞의 글, 134~137쪽)

55) 경성부는 빈민구호를 위해 방면위원으로 하여금 세민카드를 작성하게 했는데 1종은 생계유지의 긴급한 구호를 요하는 상태, 2종은 겨우 생계를 유지하는 상태라고 규정하고 있는데 통상 1종은 窮民, 2종은 細民에 해당한다. 1928년 총독부의 조사에 따르면 경기도의 궁민은 196,844명, 세민은 28,200명, 걸식은 900여 명이었다.(「社會特報 朝鮮 の細窮民と乞食數」『朝鮮社會事業』 6-5, 1928, 39쪽).

56) 1920년대 일본은 경기불황과 다이쇼데모크라시의 영향 하에 민간의 사회사업이 크게 유행하고 있었고, 1920년 6월 일본의 전국사회사업대회에 참석한 내무대신(麻次竹二郞)은 "사회사업은 사회의 진보를 촉진시키고 동포의 복지를 진전시키고 그러므로 사람들의 생활에 있어서 정의와 인도라는 관념을 명백하게 하고 또 이를 현실에 구체화시키는 사명을 지니고 있다. …(중략)… 이는 인체에 있어서의 자연법칙이자 그 법칙은 사회사업에 있어서의 사회연대의 관념으로 비유해서

　그러나 다양한 사회활동이 '조선인의 발전'이란 자본주의적 효율성에
토대를 두고 있는 민족주의 정치기획에 포획되는 순간 사회활동 영역에
내포되어 있던 인류애와 동포애는 '생산성 있는 개인 만들기'라는 유효
성 속에 갇히게 된다.[57] 그리고 빈민의 개별상태를 조사하고 개별적 구
호를 실시하는 행정조치와 동일한 방식으로 진행되면서 민간의 빈민 구
호는 무산자의 집단성을 해체하는 방향으로 작동하면서 개별화된 위협
요소를 관리하는 데 기여한다.

　반면 토막촌은 도시의 한 지역을 차지하고 그 장소성의 공유를 통해
집단성을 형성한다. 무산자의 집단성은 근대 통치에 위협이 되는 잠재
적 힘으로 존재하며 그와 동시에 불법적 집단 점거와 훼손된 경관은 사
적소유의 법적 토대 위에 형성된 '시민'의 자율적 영역인 시장의 원리

　설명할 수 있다."고 했다(菊池正治, 『日本社會福祉の歷史 付, 史料-制度, 實踐 思想』,
　ミネルヴァ書房, 2003, 83쪽; 조성은, 앞의 글 66쪽 재인용). 일본에서 사회사업
　은 유기체적 공동체의 발전과 연대를 강화하는 것으로 인식되었고, 사회사업 붐
　은 조선에도 영향을 미쳤다. 조선의 지식인들은 이시기 조선의 빈곤에 대한 조선
　인 공동체의 연대책임을 거론하며 유산자, 유식자의 각성을 촉구했다. 이들의 사
　회사업은 "비인도적 악상을 근본적으로 개선하려면 지주와 농산자를 매도하여
　노동자 하급 농민을 선동하야 계급적으로 도전 적대케 하느니 보다 노동자 하급
　농민의 위난을 구급키에 필요한 시설과 정책을 실시"하는 또는 하도록 하는 것
　이었다(선우전, 「農民의 都市移轉과 農業勞動의 不利의 諸原因」, 『開闢』 제26호,
　1922. 8.). 이와 유사한 주장의 대표적인 글은 다음과 같다. 김기전, 「有識有産者側
　으로부터 反省하라」, 『開闢』 제24호, 1922. 6.; 曉鐘(현희운), 「모름이 美로부터」, 『
　개벽』 제17호, 1921. 11.;「民族興替의 分岐點」 『開闢』 제20호, 1922. 2, 「學生論文
　(上)」 『開闢』 제22호, 1922. 4.
57) 프롤레타리아의 존재가 처음 공론장에 등장할 수 있었던 배후에는 '시민'의 인류
　애가 존재한다. 무산자의 비참함에 대한 '시민'의 동정은 프롤레타리아트를 사회
　적 계급으로 등록시키는 방식의 하나였고 프롤레타리아트의 계급운동에 대한 연
　대로 연결되기도 한다. 그러나 그것이 시장의 교환 가치라는 유효성에 포획되어
　있는 한 공리적 윤리성의 틀에 복속되고 프롤레타리아트의 계급적 이해와 유리
　된다.

그리고 시민의 공공적 이해와 대립하고 있다.[58] 따라서 토막촌 문제는 빈민구호와는 다른 방향에서 자본주의 폭력성을 견제할 수 있는 사회적 결정 전망의 가능성을 내포하고 있다.

　숲이 변형된 공간으로서 토막촌은 1920년대 소외된 조선인 공간으로서 북촌의 이미지를 강화시키는 것이었다.[59] '파산한 조선인'이란 기표를 활용한 민족주의 정치기획은 매우 온정적인 시선으로 토막촌을 다루고 있다. 『동아일보』는 1924년 11월 7차례에 걸쳐 경성의 빈민촌 탐방기를 게재했다.[60] 신당리, 효창원 부근, 훈련원 부근, 세 지역 산기슭에 자리 잡은 토막촌의 참상을 보도한 기사의 마지막 문구, "아 그대들이 가진 빈궁은 누가 준 것이며 어디로부터 온 것인가?", "30전에 목을 매고 자본가의 부림을 달게 받으며 …(중략)… 나 한사람만은 길이길이 부려 주소서! 하고 끝없는 기도를 마음속으로 남모르게 속살거린다.",

---

58) 경성제국대학 위생조사부는 토막촌이 경성부의 일반 세민과 다른 점은 토지의 불법 점거라고 들고 있고, 그 근본적인 원인에 대해서는 '토지가 가옥의 종속물이라는 조선의 독특한 관념, 전세라는 부동산 임대업의 미발달 등이지만, 이러한 원인이 주된 것이 아니다. 당국 노력이 하등의 보람도 없이 더더욱 격증의 길을 가고 있는 것은 그 원인과 유래가 매우 요원한 것이라고 생각된다.'라고 지적하고 있다. 토막촌이 "자본주의가 유입된 이후"형성되었고, "사회의 낙오자가 빈궁의 맨 밑바닥에서 오두막집을 짓고 겨우 목숨을 부지하기 위하여 토지를 불법 점검하는 예가 전혀 없는 것은 아니지만, 조선에서와 같이 토막이 집단을 이루는 것은 매우 드문 예"라고 했다. 그리고 바로 다음 장에서 당국자의 방임적 태도를 지적하고 있는 것은 자본주의 폭력성과 그것을 완화하려는 행정조치의 결핍을 매우 우회적으로 암시하고 있다고 해석될 수 있다(京城帝國大學衛生調査部, 『土幕民の生活と衛生』岩波書店, 1942; 박현숙 옮김, 『1940년 경성의 풍경 토막민의 생활과 위생』, 민속원, 2010, 79~83쪽).

59) 전우영, 「일제하 남촌 상가의 형성과 변천」, 『서울 남촌; 시간, 장소, 사람』, 서울학연구소, 2003, 198쪽; 김백영, 「식민지 도시계획을 둘러싼 식민 권력의 균열과 갈등-1920년대 '대경성계획'을 중심으로」, 『사회와 역사』 67, 2005, 84~124쪽.

60) 탐방기에서 다룬 토막촌은 신당리 지역(1924년 11월 7일, 8일, 9일), 효창원부근(1924년 11월 10일, 11일), 훈련원 부근(1924년 11월 12일, 15일)이었다.

"사람이 그르친 주림과 추위는 임의 핏덩이 너를 집어 삼키고 말았다. 끝없는 환락과 진정한 평화는 어느 날에" 등에는 무산자의 비참함에 대한 동포애가 담겨 있었다. 이 세 곳의 탐방기에 등장하는 토막민은 고된 노동을 해도 생계유지가 버거운 'working poor'였기에[61], 이들의 빈곤은 경성 조선인의 사회적 현실과 결부되었고, 민족주의정치기획은 이들의 존재를 공론화함으로서 식민지배의 정당성 결핍을 부각시킬 수 있었다.[62]

그러나 식민지배와 대립각을 형성하면서 조선인의 빈곤문제를 공론화하여 광범한 조선 대중을 획득하고, 그 힘에 기탁하여 민족의 자율성을 확보하려는 민족주의 정치기획은 앞서의 경우와 마찬가지로 내부의 균열에 직면하고 있었다. 재산의 유무, 납세의 유무, 가옥소유의 유무, 직업의 유무 등등뿐만 아니라 각기 그 내부의 차이가 시장의 교환가치에 의해 위계화되어 생활 조건을 다르게 구성하고 있는 상황에서 민족주의 정치기획은 이 균열과 분화를 어떻게 봉합할 수 있을까?

경제상황이 악화되자 『동아일보』는 '貧民化한 大京城-極貧者 十萬名'

---

61) 탐방기사의 토막민은 날품팔이, 소품제작, 채소 판매 등 생계를 위해 끊임없이 노동해야 하는 사람들로 묘사되고 있다. 이러한 생활태도는 1940년 토막촌 조사에서도 포착되고 있었는데, 토막민 1호당 술과 담배에 지출하는 비용은 각각 1.15원, 1.87원으로 일본 혼조구(本所區) 극빈계층 각각 2.25원, 2.59원에 비해 현저하게 낮다. 여기에 대해 "빈민굴과 술이 밀접한 관계가 있다고 추측되지만, 토막민이 이처럼 사람 수와 금액에서 다른 조사 값보다 적은 것은 주목할 만하다. 너무나 절박한 빈곤 때문에 술에 빠져들 여유가 없는 것인지 혹은 그 외에 다른 어떤 정신적 원인에서 기인하는 것인지 알 수 없지만, 토막민의 이러한 경향은 주목해야 한다."라고 하여 토막민이 일본 극빈계층의 생활태도와 달랐음을 지적하고 있다(박현숙 옮김, 앞의 책, 206쪽).

62) 『東亞日報』, 1927. 8. 31. 「櫛比한 摩天樓閣 荒凉한 貧民土幕-나날이 繁盛한다는 대경성의 이면엔 흙속에 헤매는 삼천빈민이 울고 있다」.

이란 자극적인 제목의 논설을 통해 경성의 40%이상이 극빈자이며, 동
대문 밖 토막민의 생활상이 그 대표적인 것이고, 북촌 대부분의 조선인
이 극빈자의 상태라고 보도했다. 그리고 그 해결 방법은 그들을 생산적
인 노동자로 바꾸는 것이라고 하면서 경제발전과 실업에 대한 대책을
행정당국에 요청했다.63) 이것은 당시 통치를 위협하는 위험관리에 대
한 총독부의 행정적 조치가 조선인 전체의 생활 상태를 개선하는데 도
움이 되지 않는다고 비판하는 것이었다.64) 토막촌은 경성 그리고 조선
인의 미발달을 상징적으로 드러내는 사례였기 때문에 식민통치의 유효
성 문제를 공론화하여 식민지배와 대립각을 형성할 수 있는 소재였다.

　그러나 경성 도시계획이 공론화되고 발전에 대한 욕망이 공론장을
통해 확산될수록 민족주의 정치기획은 도시 공간의 발전을 '시민'의 공
공적 이해로 공론화함으로서 토막촌의 기표를 스스로 해체하기 시작했
다. 민족주의 정치기획에서 토막촌은 조선인의 비참함을 대변하는 것이
었지만, 그와 동시에 조선인 사회의 발달이란 기준에서는 사라져야 하
는 것으로 간주되었다.

2) 무산자의 집단성, 해체적 관리

　1928년 8월 경성박람회 개최(1929년 9월 개최)가 결정되면서 토막촌은

---

63) 『東亞日報』, 1928. 8. 4. 「貧民化한 大京城-極貧者 十萬名」.
64) 『東亞日報』, 1929. 10. 17. 「大京城은 어대로 가나, 破壞와 建設의 交響樂」, 경성의
　　인구증가에도 민족적 차별이 존재하다고 하면서 '소비자, 피고용자, 피치자로서
　　조선인과 판매자 고용주 치자로서 일본인'이 그것이며 조선인 증가율은 25%, 일
　　본인 증가율은 34%라고 했다. 그리고 이러한 차별은 인위적 현상으로 어떠한 시
　　정을 펼치는가에 따라 다른 방면으로 인도할 수도 있을 것이라고 하면서 식민통
　　치의 유효성 제고를 이끌어내려고 했다.

빈곤 집단이란 문제 보다 도시공간의 재배치 문제로 인식되기 시작했
다. 1928년 『中外日報』는 '明年博覽會期까지 撤去될 數百土幕'이란 제목
으로 동대문 밖 왕십리, 서대문 박 부근 국유림과 부유림에 수백호의
토막이 있어 매년 증가하는 현상이 있는데 "대경성의 미관상으로도 좋
지 못 할뿐 아니라 그러한 토막 부락은 온갖 범죄의 발원지가 되어 …
(중략)… 사회생활상 그대로 간과할 문제가 아니기에 경성부와 경기도
당국에서 그 선후책에 대한 회의를 거듭해 오던 중"이라고 보도했다.[65]
이러한 보도는 토막촌이 미관상, 범죄상, 위생상 부정적 공간이란 이미
지를 이미 갖고 있었음을 알려 준다.

　토막촌의 이러한 공간적 이미지는 1928년 10월 동대문 밖 토막촌에
서 집단 살해를 동반한 마약사건이 적발됨으로서 더욱 굳어졌다. 『동아
일보』는 10월 12일부터 17일까지 동대문 밖 토막촌의 살인 사건을 '殺
人阿片魔窟'이란 기사 제목으로 그 수사 진행상황을 자세히 보도했
다.[66] 이전에도 토막촌의 살인, 성범죄, 마약 등의 범죄 사건이 보도되
기는 했지만, 희생자 90명에 달하는 살인사건에 대한 보도는 토막촌이
범죄 소굴이라는 매우 부정적인 인식을 확인시켜주는 계기였다. 이 사
건은 토막촌에 대한 대대적인 조사로 연결될 정도로 큰 파장을 일으켰
고,[67] 토막촌은 도시 생활의 위험이 축적된 공간으로 공론장에 등장했
다. 이러한 공간적 규정은 발전되고 쾌적한 도시생활이란 도시민의 이

---

65) 『中外日報』, 1928. 10. 13. 「明年博覽會期까지 撤去될 數百土幕」.
66) 『東亞日報』, 1928. 10. 12. 「廣熙門 밖 殺人阿片魔窟」, 13일 「殺人魔窟의 희생자 昨
　　日까지 30여명 判明」, 1928. 10.14. 「愈出愈怪한 殺人阿片魔窟事件-犧牲者 推定 數爻
　　는 勿驚! 九十名」, 1928. 10. 15. 「殺人魔窟로 檢事局 活動」, 1928. 10. 17. 「阿片密賣
　　殺人魔一段 九名 送局」.
67) 『東亞日報』, 1928. 10. 16. 「成服祭後藥方文 至今에야 各種 調査, 도보안과장도 출장
　　조사, 아편밀매 殺人魔窟事件 後聞」.

해와 대립하는 것이었다.

또한 경기불황과 인구증가로 심화된 경성 주택난으로 주택시장이 확대되면서 경성부유림이었던 토막촌에서는 철거가 진행되고 있었다. 1928년 8월 신당리 소재 경성부유림의 일부를 불하받은 가토 요시사부로(加藤喜三郎)는 주택사업을 위해 토막촌의 철거를 시작했고, 약 5천명의 토막민은 가토에게 시가에 준하여 임대료를 지불하고 그대로 살 것을 요청하고 있었다.[68] 여기에 대해 『동아일보』는 일본 도쿄와 오사카에서 시행되고 있는 차가인 보호법의 필요를 주장하면서 소유주의 강제철거를 제한해야 한다고 주장하기도 했다.[69] 이 주장은 토막촌 대책과는 직접적인 관계가 없었지만, 철거의 위협에 노출된 토막촌은 대다수 조선임대인의 비참함을 대변하는 것으로 간주될 수 있었다.

차가인 보호법은 사적소유의 폭력성을 완화시킨다는 점에서 법제화를 통해 일상생활의 조건을 개선할 수 있는 것이기도 했다. 차지인 보호법 시행 촉구를 위한 차가인 동맹과 조합이 결성되고 촉구대회 등이 개최되었지만, 도시계획이 공론화되고 있었던 경성보다는 주로 평양 등지에서 전개되었다.[70] 그러나 이 법이 일본에서도 폐지될 위기에 처했

---

68) 『東亞日報』, 1928. 8. 8. 「光熙門外 土窟에 突然 撤毁의 暴擧, 新堂里土窟 십여호에 청천벽력, 지주 가등모가 인부시켜 철훼 중, 形勢不穩 警察警戒中」, 9일 「어허 天地가 좋은가!, 갈곳 없는 土幕細民, 京城府內에만 五千餘名, 新堂里의 强制撤毁는 一部分, 將來波及이 더욱이 重大」.

69) 『東亞日報』, 1928. 8. 9. 「地主의 家屋撤毁-借地人保護法의 必要」; 『中外日報』 1929. 11. 5. 「급속을 요하는 차가법 실시, 재판소의 소장으로 본 부민주거상의 고통」; 『東亞日報』 1932. 7. 14. 「都市生活과 住宅難, 借家法과 住宅組合令 制定이 必要」.

70) 1921년 일본에서 차가법·차지법이 제정된 후 평양 등 지방 도시에서는 이 법의 시행을 촉구하는 차가인, 차지인 동맹과 조합의 결성이 활발히 진행되었다. 이 운동의 조직화 양상에 대해서는 염복규의 연구(「1920년대 후반-30년대 전반 차지·차가인 운동의 조직화양상과 전개운동」, 『사회와 역사』 73, 2007, 75-99쪽)를 참조.

다는 보도가 등장하면서 법제화의 가능성도 축소되고 있었다.[71]

경성부는 신당리 지역을 택지로 개발하기 위해 공동묘지를 폐지하고 분묘의 이장을 결정했다.[72] 경성부는 주택지 확장과 도시계획 재정 마련을 위해 부유림의 민간불하를 실시하기 시작했고, 장충단 공원과 성벽 사이로 마주하고 있었던 신당리 지역이 새로운 주택지로 주목되면서 1928년 오사카 자본가 시마 도쿠조(島德藏)에게도 불하되었다. 특히 시마와 전 부윤(馬野)의 과도한 계약조건이 예산의 효율적 집행에 반한다는 점이 경성부협의회에서 쟁점이 되었는데, 『동아일보』는 이 계약의 전면적 폐기를 주장하기도 했다.[73]

신당리 부유림의 민간불하 문제는 전 부윤의 비리를 견제할 수 없을 뿐만 아니라 납세자인 경성부민의 공공적 이해를 대변할 수 없는 당시의 부협의회의 문제로 확대되어 부협의회에 결의권을 부여하는 문제를 요청하는데 이르기도 했다.[74] 『동아일보』 역시 이 문제에 대해서 "부협

---

71) 『每日申報』, 1937. 2. 17. 「借家法, 借地法의 實施는 아즉 問題-내지선 도로혀 철폐될 듯하다고 大原法務課長 談」.
72) 『東亞日報』, 1928. 8. 20. 「新堂里所地 共同墓遷葬, 九百六十餘墳墓를 옮겨, 都市計劃上關係로」.
73) 신당리에 대한 불하를 조건으로 馬野 전 부윤은 신당리를 관통하는 도로 개설을 약속했다. 도로개설 비용이 10만원이 넘으면서 부협의회에서는 경성부의 합리적 예산 지출상 신당리 도로 개설은 시급하지 않다는 반론이 제기되었고, 예산의 효율적 집행을 문제시 하면서 경성부협의회 의원 9명이 보이코트에 나서기도 했다. 『東亞日報』, 1929. 4. 4. 「斷然契約을 廢棄하라, 다시 新堂里土地問題에 對하야」; 道德藏에 대한 민간불하 문제는 김동명의 연구(「식민지 조선에서의 부협의회의 정치적 전개-植民地朝鮮における府協議會の政治的展開-1929年京城府「新堂里土地問題」を中心に」, 『한일관계사연구』 43, 2012, 543-573쪽) 참조.
74) 『中外日報』, 1929. 4. 30. 「社說-新堂理 土地問題와 府議制」" 각도의 도평의회니 부협의회의 기사를 보건대 시민의 대표자는 시민의 **한 이익을 보호할 줄 알며 도시의 공평한 **을 *할줄 안다는 것이 명료히 보인다. 이러한 시민의 대표에게 결의권을 준다는 것이 어찌하여 시기상조가 될지 매우 불가사의하다. 그러므로

의회는 자문기관에 지나지 않음으로 부당국자가 원안을 집행한대로 할 수밖에 없는 것으로 결국 부의 이해관계상 원안을 가결하지 않을 수 없는 모양이나 …(중략)… 문제의 책임자인 부 당국자에게는 충분한 불신임이 형성되어 있으므로 …(중략)… 책임자의 인책문제는 당연히 일어날 형세"라고 하면서 당시 부협의회의 한계를 지적하고 있다. 민족주의 정치기획은 이 문제를 납세자의 공공적 이해와 관련한 예산집행의 효율성 문제로 공론화하고 있었다.

　계약의 집행이 관철되면서 시마 도쿠조는 불하대금을 완납하지 않은 채 토지를 분할하여 주택지로 개발하고 민간에 판매할 목적으로 대행인 方奎煥을 시켜 토막촌 철거를 시작했다.[75] 철거과정에서 유혈사태가 발생하자 경찰이 직접 철거중지를 명령하기도 했다.[76] 신당리 부유림 불하 문제의 여파와 소유권이 시마 도쿠조에게 완전히 넘어가지 않은 상황이었던 만큼 토막철거는 경성부에서 하는 것이 옳다는 부협의회 의원들의 의견이 받아들여 진 것이었다. 그러나 소유권이 이전 되었을 때의 문제는 여전히 남아 있는 것이었다.[77] 오히려 경성부는 신당리의 사례에 따라 민간 불하를 위한 선제적 조치로서 아현리 부유림 토막민에게 철거명령을 내렸다.[78] 토막민은 청원을 제기하고 철거에 저항했지만, 공론화된 토막촌 문제는 더 이상 토막민의 생존권의 문제가 아니었다. 훼손된 경관, 살인적인 주택난이라는 도시민의 공공적 이해 관점

　　신당리토지문제 해결점으로 현재의 부협의회에 의결권을 부여하여 시민의 권리를 적극적으로 보호할 수 있도록 그 제도를 개혁할 것이다."

75) 『東亞日報』, 1930. 3. 25. 「所有權도 移轉안코 土幕民에 撤退强拍」.
76) 『東亞日報』, 1930. 3. 28. 「土幕撤盤工事 警察이 中止」.
77) 경성부협의회를 통한 공론화로 인해 신당리 토지는 원가의 약 9배가 되는 374만원에 방배되었고, 약 700호의 주택 건설 계획이 진행되었다(김동명, 앞의 글, 569쪽).
78) 『東亞日報』, 1931. 9. 19. 「亞峴里 土幕撤去를 命令」.

에서 제거되지 않으면 안 되는 문제가 되었다.79)

앞서 토막촌의 집단성을 조선민족의 비참한 삶으로 기표했던 민족주의 정치기획은 이제 개별적 빈민구제책이란 관점에서 토막촌을 다루기 시작했다. 『동아일보』는 "도시의 소위 슬럼, 빈민굴, 토막민 등은 실로 현대 문명의 암흑면의 하나로 …(중략)… 빈곤은 현대제도의 필수적인 부산물로 여기에 대해서는 근절의 책 보다 그냥 救急的 대책으로 **해 나가는 길이 있을 뿐이다. …(중략)… 불결과 빈곤과 질병과 **가 생기는 원인을 근본적으로 탐구하면 빈곤자 그 자체에 있다는 것보다 사회의 책임이라 아니할 수 없으니"라고 하여 민간의 사회사업을 촉구하는 한편 행정당국의 대책이 필요함을 주장했다.80) 이러한 요청은 경성부 도시계획의 법제화가 가시화될수록 경성의 경제발전에 대한 기대와 연결되었는데 『동아일보』는 경성의 발달이 조선인 부민의 발달이 되려면 조선인 사업을 일으키고, 보호하여 각각 직업을 갖게 하는 것이라고 주장했다.81)

여기에 1933년 경성의 경관을 정비하려는 풍치계획이 추진되고 풍치위원회가 결성되면서82) 쾌적한 도시 경관에 대한 욕망은 토막촌을 제

---

79) 당시 경성은 훼손된 경관 보다 주택난이 훨씬 시급한 문제였다고 할 수 있다. 주택난은 주택가격의 상승과 임대가격의 상승으로 연결되었고, 차주의 횡포가 심각했다. 여기에 대해 『東亞日報』(1929. 11. 18. 「日本의 各 都市보담 物價비싼 大京城, 전긔 수도 까스 집세 어느 것 하나 일본의 도시보담 아니 비싼 것이 업서 主要原因은 官吏加俸」)는 일본인 관리의 가봉에 따른 예산 난으로 도시개발이 쉽지 않다고 진단하기도 했다. 한편, 일본인 신문이었던 『京城日報』(1931. 12. 3. 「ルンペン層を行く」)는 서울의 토막민을 "택지개척의 선각자"라고 하면서 도시경관상 위생상 좋지 못한 곳이기는 하지만 그들이 거주한 곳이 주택지로서 가장 좋은 입지를 갖고 있다고 하면서 경성의 주택난을 해결하기 위해 그들을 처리하고 그 곳에 택지를 조성할 것을 주장했다.

80) 『東亞日報』, 1931. 11. 22. 「社說-京城府와 土幕民問題 일정한 對策 樹立이 必要」.

81) 『東亞日報』, 1932. 10. 26. 「大京城과 朝鮮人 그 繁榮策은 如何오」.

거하는 것에 암묵적 동의로 작용했다. 1933년 6월 경기도지사를 중심으로 한 풍치계획은 "내지와 만주를 연결하는 경성은 중요한 중심점-여객의 왕래가 점차 많아지고, 근래 외인관광단의 수가 증가하여 …(중략)… 이번 경기도에서 경성부 계획과는 별개로 마츠모토(松本) 지사의 제창으로 경성풍치계획을 추진하게 되었다 …(중략)… 관민합심의 일환으로 경성풍치계획위원회가 설립되어 모던 도시 경성의 주변을 정비하고 산림을 배경으로 밝고 환한 유람도시로서 약진시키려고 하니 각 방면에서 매우 주목을 하고 있다"라고 하여83) 경성도시계획과 무관하게 경성부 도심과 그 주변을 관광도시로 정비하려는 것이었다.

풍치위원회는 보안림으로 편입되었던 17,600평의 국유림에 100만원을 투자하여 관광시설과 자연환경을 정비할 계획을 갖고 서울에 산재한 숲에 녹화사업을 진행하면서 도시경관을 해치는 토막촌을 경기도로 이주시킬 것을 첫 번째 의제로 상정했다.84) 총독부와 교섭하여 은평면 홍제리 소유림을 양여 받아 和光敎園에 토막만 이주와 관리를 맡겼다.85) 풍치위원회는 남산, 백악산, 인왕산, 모악산, 낙타산의 5개 지역을 풍치지구로 선정하고 이 지역에 대한 개발 및 벌목을 금지시키는 한편, 풍치 지구 내 민가를 매입하여 자연녹지로 만들 계획을 실행하고 있었다.86) 파고다 공원을 제외한 서울의 6개 공원에 나무를 심고 정자와 산

---

82) 위원회는 경기도지사, 경성부윤을 중심으로 민간에서 조선인과 일본인 그리고 도청과 부청의 산림과장 등 30여명으로 구성되었다.

83) 『京城日報』, 1933. 6. 21. 「遊覽大都市として-京城の風致計劃」.

84) 『京城日報』, 1933. 6. 16. 「土幕を整理し公園を新說」.

85) 『東亞日報』, 1935. 6. 16. 「府內外 2千餘戶 土幕 集團 部落으로 移住시켜」, 이미 경기도에 설치된 토막민 수용시설은 화광교원이 운영하는 아현동(1931년 개설), 돈암동(1925년 개설) 그리고 대곡파 본원사가 운영하는 홍제외리(1925년 개설)에 있었다(박현숙 옮김, 앞의 책 25쪽).

책로를 만들어 개방하고, 청계천의 정화를 위해 부녀자의 세탁을 금지
시키고 동대문 근처에 공동세탁장을 설립했다. 여기에 대해『동아일보』
는 '大京城保綠運動'으로 풍치계획의 성과를 보도했다.[87] 또한 동대문
주변 개발과[88] 오염된 청계천에 대한 정비 사업에 대한 요청이 제기되
면서『동아일보』는 청계천의 수질오염, 추락 사고에 대한 기사를 자주
거론하면서 '살인도로'라는 세간의 호칭을 재현했고,[89] 청계천 수축지
연에 대해 비판적 입장을 취했다.[90] 경성의 정비와 개발이란 관점에서
그리고 경성부 조선인 공간의 발전이란 관점에서 토막촌의 해체는 기정
사실화 되어 있었다.[91]

　빈민에 대한 개별구제책 또는 이주를 통해 토막촌 문제를 해결하려
고 했던 것은 토막촌이 갖는 집단성-무산자의 잠재적 힘을 제거하는 것
이었다. 앞서 언급했듯이 토막촌은 통치의 위협요소로서 집단성을 갖고
있으며, 사적소유를 토대로 하는 시장의 운영원리 그리고 도시민의 공
공적 이해와도 대립하는 하는 것이다. 따라서 그것의 공론화는 토막민
을 중심으로 한 의사결정구조를 조선인 사회로 확장시켜 조선인의 생존

---

86)『東亞日報』, 1935. 6. 12.「風致林委員會, 散策路, 小公園, 土幕整理 등 15日 道廳에
　　開催」.
87)『東亞日報』, 1935. 1. 19.「大京城保綠運動-風致計劃의 成果一面」, 1935. 6. 16.「부
　　내외 2천여호 토막 집단 부락으로 이주시켜」.
88)『東亞日報』, 1933. 1. 1.「東部로 躍進하는 大京城, 東大門 남기고 周圍面目一新」
89)『東亞日報』, 1936. 10. 30.「殺人道路稱號받는 淸溪川의 暗渠化 多年의 懸案이 비로
　　소 具體化 不遠間工事에 着手」
90)『東亞日報』, 1936. 8. 27.「淸溪川 修築遲延은 東部發展에 支障, 漢水逆流와 下水不通
　　等으로 浸水 騷動 每年 反復」.
91)『東亞日報』에서는 토막민을 경성에 산포된 여러 극빈층 중의 하나로 보고, 그들
　　을 매우 부정적으로 다루고 있다. (『東亞日報』1933. 11. 28.「大京城暗街의 行進
　　(三) 비뚤어진 人生觀에서 下水溝哲學의 꿈, 빛을 등진 불량자 각쟁이 땅꾼은 都市
　　文明의 大癌腫」).

권 문제를 보장할 수 있는 다양한 형태의 결정 전망-사회적 태도의 형성과 생존권 보장을 위한 사회적 안전망의 제도화 등등-을 확장할 수 있는 가능성을 내포하는 것이었다. 그러나 민족주의 정치기획은 이들의 생존권을 확장하기보다는 '민족'의 이름으로 '발전'을 추동하는 근대적 기획을 실행했다. 그들이 만든 민족적 대립각은 '뿌리 뽑힌' 조선인의 생존권을 보장하고 확장하기보다는 경성부의 행정적 조치의 강화를 통해 식민통치의 유효성을 제고하는 방향으로 작동되고 있었다.

경성부의 민간불하로 인해 토막촌의 소유자가 달라지고 있었고, 도시계획의 법제화 과정에서 토막촌 토지의 용도 역시 달라지는 상황이었다. 여기에 토막민의 생활조건 역시 다양화 되어 있었다.[92] 이러한 상황에서 곧바로 행정력의 투입을 요청하는 것은 이들을 집단적으로 이주시켜 도시민의 가시거리에서 제거하는 방법을 승인하는 것이었다. 또한 개별 지역의 토막촌에 개입하여 토막촌 간의 연대 가능성을 차단하면서 위협요소를 분산시키는 방법을 승인하는 것이었다.

토막민 중에서 비교적 경제상태가 양호했던 신당리 533명의 토막민은 기성회를 조직하여 토지소유자로부터 토지를 매수하려는 방향으로 문제를 해결하려 했는데[93] 여기에 대해『동아일보』는 토막민이 원가로 토지를 매수할 수 있도록 해야 한다고 주장했다.[94] 이 요청은 기사 내용에서도 언급하고 있듯이 일본인 소유자의 재산권을 침해하는 일이었기에 '人道上'이란 도덕적 태도를 언급하면서 원 소유자인 행정당국이 원가매입이 가능하도록 압력을 행사해야 한다고 주장했다. 토막거주지

---

92) 강만길, 앞의 글, 112~153쪽.
93)『東亞日報』, 1933. 12. 18. 「新堂里 三百住民 大會 最後的 對策으로 決議」.
94)『東亞日報』, 1933. 11. 11. 「新堂里土幕 撤毁 問題 - 原價대로 賣買하는 것이 至當」.

땅값이 상승하고 있는 상황에서 이러한 해결방식은 '善處'의 방식일 수밖에 없는 것이었고, 공론화된 토막촌 문제에 대한 의사결정전망을 협소하게 하는 것이었다.

이후 신당리 기성회는 소유자인 우치다 겐지로(內田元治郞)와 협의를 진행했고, 기성회의 매입에 우치다가 동의하는 것으로 마무리 되는 듯했다.95) 그러나 매입가격을 둘러싼 이견이 좁혀지지 못한 가운데 우치다가 집달리에 대한 폭행으로 토막민을 고소하고, 기성회가 우치다를 상대로 '토지소유권 이전 등기 수속 이행 청구'를 제기 하는 등 개인 간의 법적문제로 다루어지기 시작했다.96) 결국 우치다는 이 땅을 제3자에게 다시 매도했다.97) 이 과정에서 신당리 토막촌은 크고 작은 화재로 이재민이 발생하면서 사실상 해체되어 갔다.98) 이후 토막촌 철거는 1936년 경성부의 행정구역 확대가 결정되면서 경성부로 이관되었고, 행정구역 확장으로 부외 토막촌 철거문제가 전면적으로 등장했다. 그러나 토막촌은 이미 빈민의 생활 안정이란 개별구호 차원에서 처리의 결정 방향이 확정되어 있었다.99) 그리고 도시의 쾌적한 자연경관을 위해

---

95) 『朝鮮中央日報』, 1933. 12. 20. 「新堂里 土地問題 逐 解決, 雙方 安協 成立되어, 기성회에서 매입키로」.

96) 「京高特秘 第295號 新堂里162番地土地問題ニ關スル件」 1935. 6. 10, 「京高特秘 第1676號の4 新堂里162番地土地問題ニ關スル件」 1935. 7. 19. (김경일편, 『한국독립운동사자료집』 3, 영진문화사, 1993).

97) 『東亞日報』, 1937. 7. 1. 「新堂里五百住民이 登記抹消 請求訴訟 覆審에서 係爭中인 土地를 第三者에게 賣買契約」.

98) 대표적인 큰 화재는 1936년 2월에 발생한 것으로 100여명의 이재민이 발생했고, 여기에 대한 구호성금이 잇따랐다(『朝鮮中央日報』, 1936. 2. 2. 「新堂里 火災一斑 詳報, 이재민 1백여명 두 곳에 수용, 원인은 失火로 판명」, 4일 「新堂里大火罹災民에 各方面同情翕然 금품의 기승이 뒤이어 답지중 兩處에 나누어 收容」).

99) 경성부는 집단 이주가 아닌 도시계획지구내 세민지구를 설정하는 방향으로 선회했지만, 세민지구의 설정은 시장 원리의 관철 그리고 전쟁으로 인한 예산의 확보

경성부 외곽으로 풍치지구가 설정되고『동아일보』는 "경성인의 오아시
스－300만평의 풍치지구계획완료"을 보도했다.[100]

1920년대 민족주의 정치기획은 토막촌의 기표를 활용해서 '민족발전'
이란 기치아래 식민통치의 실행들과 대립각을 형성하려 했다. 그러나
제한적이지만 식민통치가 '발전'과 '위험관리'란 유효성의 실천들을 행하
면서 민족주의 정치기획의 대립각은 그 전제가 희석되고 와해와 마주하
게 되었다. 또한 '뿌리 뽑힌' 무산자의 집단성을 해체하면서 사회적 의
사결정의 전망을 확대할 수 있는 가능성을 차단하는데 동의했다.

4. 나오기

이상으로 개인과 사회의 생산성을 위협하는 것으로 간주되었던 '풍기
문란'과 '빈곤'의 문제가 민족주의 정치기획 속에서 공론화되면서 식민
통치의 유효성과 어떻게 연결되고 있었는지를 고찰했다. 여기서는 시론
적 탐색이란 의도에 맞게 관점을 다시 정리하고 전망의 문제를 언급하
는 것으로 갈음하고자 한다.

조선민족의 승인을 받지 못한 그래서 '정당성이 결핍된 식민지배에는

문제 등으로 제대로 시행될 수 없었다(염복규, 「일제말 경성지역의 빈민주거문제
와 '시가지계획'」, 『역사문제연구』 8, 2002, 132-152쪽).

100)『東亞日報』, 1938년 8월 24일 「京城人의 오아시스- 三百萬坪의 風致地區計劃完了」,
풍치지구에 대한 제한이 강화되면서 설정지구 내 재산권 행사가 제한되었다. 특
히 주택건설이 활성화되면서 석재와 목재 수요가 증가하는 상황이 초래되는 가
운데 이 지구 내 소규모 석재와 목재 채굴업자들은 채굴과 벌채 제한을 풀어줄
것을 행정당국에 요청하기 시작했다(『東亞日報』 1939. 10. 28. 「採石場에 異變, 京
城風致區指定으로 採石못한다고 말성」).

통치의 유효성이 작동하지 않았다.'는 관점은 이미 식민지 근대성에 대한 연구를 통해 조정되고 있다. 감시와 통제라는 유효성의 실행들이 작동되고 있었을 뿐만 아니라 교환가치의 격차로 위계화된 일상생활의 조건이 생산성을 위협하지 못하도록 사회사업 등을 통한 '관리'에까지 미치고 있었기 때문에 통치의 유효성은 정도가 문제이지 그 자체를 부정할 수는 없게 되었다. 그래서 통치의 유효성이 식민지배의 정당성 결핍과 어떻게 연결되는가? 하는 문제가 제기될 수밖에 없다.

통치 유효성이 작동되는 일상생활의 모습을 통해 포착된 조선인의 내면은 그래서 분열적일 수밖에 없다. 식민지배의 정당성 결핍을 代充할 '민족'을 다양한 방식으로 소환하는 것은 시장과 사회라는 사적 자율성의 영역에 깊숙이 개입할수록 식민통치의 유효성을 승인해야 하는 상황에 대한 반대급부라고 할 수 있다. 1920년대 제한적이지만 사적 자율성의 공간이 확장되면서 등장한 민족주의 정치기획이 '시민'의 공공적 이해를 포획할수록 식민통치의 유효성을 승인해야 하는 순환회로에 갇히게 된 것은 통치의 유효성이 발휘되기 시작했기 때문일 것이다.

그렇다면 식민지배는 어떻게 기입되어 있는가? 민족적, 공간적 차이와 차별은 교환가치의 격차와 위계를 심화시키며 시장의 원리에 기입되어 있다. 생산성 평가, 비용의 산정, 투자가치, 경영의 효율성이라는 자본가적 잣대가 관철되면서 식민지는 자본주의의 폭력성에 그대로 노출된다. 조선인 공동체들의 승인절차를 무시한 그래서 '과도한' 자본주의적 폭력성의 관철이 식민지배가 조선인에게 기입되는 양식이다. 그리고 그것이 생산성을 위협하는 정도에 이를 때 통치의 유효성이 발휘된다. 식민지배와 통치의 유효성은 서로를 보완하며 제국의 이해에 기여한다. 그리고 식민지배가 종식되더라도 통치의 유효성은 그대로 작동한다. 교환가치의 격차가 주권국가의 내부에서 재정렬되고 새로운 위계를 만들기 때문이다.

그래서 이글에서 문제시하는 것은 통치의 유효성이다. 위험관리를 위해 작동되는 통치의 유효성은 식민지배와 대립각을 형성하려했던 민족주의 정치기획의 전략과 연결되었다. 그들이 표방했던 조선인의 생활조건 개선은 통치의 유효성과 직접적으로 관계하기 때문이다. 그러나 근대 통치의 유효성은 푸코가 지적했듯이 '유일하게 이해관계의 현상적인 얇은 막에만 영향력을 행사한다.' 그래서 '뿌리 뽑힌 자'의 생존권을 보장하고 확장하는 방향으로 작동하지 않는다. 생산성이란 교환가치가 관철되는 영역에만 개입하기 때문이다.

민족주의 정치기획은 위험의 공론화를 통해 식민지배와 대립각을 형성하려 했지만, 생산성의 제고를 통한 '발전'이라는 근대적 기획은 식민통치의 유효성을 승인하는 방향으로 작동했다. 생존권은 개인과 사회의 생산성을 위협하는 요소가 통제, 관리, 해체, 제거되는 비민주적 처리과정에서 시장의 폭력성에 그대로 노출되었고, 민족주의 정치기획은 생존권을 보장하고 확장할 수 있는 의사결정 전망을 축소시키고 있었다.

그렇다면 일상생활의 조건을 구조화하는 생존권은 역사적으로 어떻게 다루어져 왔는가? 생존권의 보장과 확장을 위한 사회적 의사결정 전망의 가능성에 대해 다양하고 새로운 탐색이 다시 시도되어야 하지 않을까?

(김윤희)

III. 빈민 관리의 정치성

1. 들어가기

1918년 일본의 '쌀소동'과 1919년 3·1운동은 일본 제국 통치의 균열 상을 드러내는 사건이었다. 제1차 세계대전 기간 급격히 진행된 일본의 산업화는 빈부격차를 심화시켰고, 중류층 이하의 생활난을 가중시켰다. 만주진출을 위한 급격한 통화 팽창으로 조선과 일본에서 쌀 투기가 발생했고, 자본축적과 구성원의 생활안정 사이의 비대칭적 균형이 깨지기 시작했다.[1] 제국 통치에 대한 광범한 대중적 저항은 통합의 정치를 요청하는 사회적 담론의 등장과 함께 계급혁명론이 등장하는 계기가 되었다.

일본의 다이쇼데모크라시와 사회사업의 확대는 저항의 파괴력을 완화하고 계급 통합과 체제로의 포섭을 시도한 것이었다. 조선총독부 역시 문화통치를 표방함과 동시에 식민지의 통합과 포섭을 위한 정책으로서 조선의 경제개발과 사회사업을 제시했다. 이것은 조선 내 자본가를 제국의 이해에 통합시켜내고, 조선의 무산계급을 체제내로 포섭하기 위한 것이라고 할 수 있다.

1921년 총독부 내무부 내무국에 신설된 사회과는 민간에서 진행해왔

---

1) 일례로 일본의 경우, 1912년의 물가와 임금 지수를 100으로 할 때 1916년까지는 109와 104로 차이가 크지 않았다 그러나 1917년에는 145와 120, 1918년에는 200과 157로 격차가 벌어졌다(富田愛二郎, 『日本社會事業の發展』, 東京, 巖松堂書店, 1942, 312-313쪽; 송치호, 『일제시기 조선사회사업협의회 성격에 대한 실증분석-식민지배 도구적 성격을 중심으로』, 서울대 사회복지학과 석사학위논문, 2006, 31쪽 재인용.

던 사회사업을 지원, 관리하고, 공설시장, 공익질옥, 노동숙박, 직업소
개소 등 사회사업을 확장해 나아갔다. 또한 사회사업관련 조사와 연구
기관으로 조선사회사업연구회가 신설되는 등 일본 본국의 사회사업 실
시 내용과 유사한 것들이 실행되기 시작했다.

　식민지시기 사회사업에 대한 기존 연구는 총독부의 사회사업 정책,
일본 불교계의 사회사업활동, 그리고 1920년대 민간 사회사업을 추동
했던 담론 등을 고찰해 왔다.[2] 또한 1927년대 경성에서 시작되어 주요
도시로 확대된 방면위원제도에 대한 연구가 진행되어왔다.[3] 이들 연구
는 1920년 일본에서 제기된 사회연대론과 사회사업의 실시가 식민지
조선에서 연쇄적으로 제기되었다는 점, 총독부의 사회사업은 1920년대
교화사업에 집중되었다가 1927년 방면위원제도의 도입 이후 점차 구빈,
방민 사업 등으로 확대되었다는 점, 그리고 1933 일본은 구호법이라는
사회입법을 제정한 반면 조선에서는 태평양전쟁 기간인 1944년 조선
구호령이 총독부제령으로 제정되었다는 점 등을 지적하여 조선에서 전
개된 사회사업의 정책과 내용에 대한 대체적인 이해에 기여했다. 그러
나 조선인 사회 또는 조선인이 주도하는 공론장에서 총독부의 사회정책
과 관련된 문제들이 어떻게 제기되고 다루어졌는지에 대해서는 거의 주
목되지 않았다.[4] 사회정책과 공론장의 관계는 사회정책과 그 실행들이

---

2) 尹晸郁, 『近代日本の植民地朝鮮に於ける社會事業政策研究』, 同志社大學大學院 박사학
　위논문, 1995; 조성은, 『근대 사회사업 개념과 담론에 관한 연구-1920년대와 1930
　년대를 중심으로-』, 서울대사회복지학 박사학위논문, 2011.
3) 愼英弘, 『近代朝鮮社會事業史研究』, 東京, 綠蔭書房, 1984; 박세훈, 「구제(救濟)와 교화
　(敎化):일제 시기 경성부의 방면 위원 제도 연구」, 『사회와 역사』 61, 2002,
　125-155쪽.
4) 조성은의 연구(앞의 글)는 1920년대 조선인 공론장에서 붐처럼 일어났던 사회사업
　담론을 다루고 있지만, 이와 관련한 총독부의 실행들이 조선인 공론장에서 어떻게

구성원에 의해 승인되는 과정을 고찰할 수 있는 유효한 대상이라고 할
수 있다.

1920년대 제한적으로 열린 공론장을 통해 등장한 민족주의 정치세력
은 사회주의 세력의 계급혁명론을 경계하면서 이전에 비해 열린 공론장
의 주도권을 장악해가고 있었다. 1920년대는 경기불황으로 조선인 생
존문제가 최초로 공론화되기 시작했으며, 사회사업의 실시 내용이 시장
에서 개인의 사적이윤 추구 활동과 마찰을 빚기 시작한 시기였다. 더욱
이 분산적이고 산발적으로 진행된 사회 조사 지식이 유통되면서 공론장
의 주도권을 장악하기 위한 정치세력들이 이 문제에 개입하기 시작했던
시기였다. 이에 본 논문에서는 경성부를 중심으로 전개된 사회사업의
내용, 그리고 그 과정에서 파생적으로 산출된 빈민, 주택 조사 지식의
해석방향을 고찰하고자 한다.

일반적으로 체제위기를 완화하기 위해 시행되는 각종 사회 조사 지
식은 객관적 지표로 받아들여지기 때문에 사회적 의사결정에 합리적 근
거를 제시한다고 본다.5) 조사지식이 공론장을 통해 유통되는 과정에서
생산된 담론은 문제의 해결 방향을 둘러싼 갈등을 촉발하지만, 지식의
객관성을 전제로 하는 만큼 그 문제에 대한 '합리적 결정'을 승인하도록
하는 효과를 발생시킨다.6)

해석되었는지에 대해서는 구체적으로 다루고 있지 않았다.

5) 쉐보르스키는 국가가 창출하는 공적 지식이 어떻게 계급타협을 주도하는가에 주
목하여 계급대립의 조정자로서의 국가의 역할에 주목했다. 그가 개념화한 지식국
가론은 국가가 공공지식의 생산자로서 등장하고, 그 지식을 의표화함으로써 계급
사이의 합리적 조정을 이끌어낸다는 것이다(최장집, (서평)「지식국가론-영국, 프랑
스, 미국에서의 노동통계발달의 정치적 의미」, 『한국정치학회보』 26-1, 1992,
451-457쪽).

6) 자본주의 성장위기는 행정체제를 통해 처리되고, 정치적 영역을 경유해서 단계적

최근 '지식국가론'적 관점에서 1930년대 총독부의 광범한 사회조사와 그 효과에 주목한 연구는 1930년대 농촌에 대한 조사지식을 둘러싼 해석의 갈등이 반복적으로 재현되는 과정에서 담론을 생산했던 주체들 역시 공공지식에 의해 구성된 논의 틀을 벗어날 수 없었다는 점을 지적하고 있다.[7] 그러나 '지식국가론'이란 개념은 공리주의적 통치성의 관철 과정을 국가의 목적행위로 치환시킴으로서 공론장에서 발생하는 '결정'의 승인과 동시에 해결되지 않는 잉여의 문제를 간과할 우려가 있다. 따라서 본 논문에서는 근대 지식이 공론장을 통해 유통되면서 '통치의 결정'을 승인하게 되는 효과와 동시에 아포리아로 남게 되는 생존권 문제에 주목하고자 한다. 1920년대 조선인 주도 공론장이 이 문제를 어떻게 다루고 있었는지를 고찰하는 것은 생존권 문제와 공공적 이해. 민족주의 정치세력과 식민통치의 관계성을 탐색하는 데 의미를 갖는다고 할 수 있다.

으로 사회, 문화적 영역으로 이전한다. 이로써 체제 통합의 문제는 사회 통합의 위기로 나타나게 되는 조건이 창출된다. 따라서 체제위기는 자본축적으로 심화된 격차에 대한 보상으로 일시적으로 완화되지만, 사회통합의 위기는 지속적으로 재생산되고, 공론영역은 '(헤게모니가 개입된) 공공적 이익'이 수렴되는 것 이상의 기능을 갖지 못한 채 탈정치화된다(홍기주, 『하버마스와 현대철학』, 서울, UUP, 1999, 158쪽).

7) 김인수의 연구(「식민지 지식국가론: 1930년대 '조선사회성격논쟁'에 대한 재고」, 『한국사회학회 사회학대회 논문집』 12, 2012, 289-315쪽)는 쉐보르스키의 '지식국가론'에 푸코의 '지식-권력' 개념을 접맥시켜 국가에 의해 창출된 공공지식이 헤게모니로 전환되어 갈등의 주체들이 스스로 '합리적 선택'의 논리를 따르도록 하는 기능에 주목했던 최정운의 연구(『지식국가론: 영국, 프랑스, 미국에서의 노동통계발달의 정치적 의미』, 서울, 삼성출판사, 1992) 관점에 기초하고 있는 것으로 보인다. 그러나 '지식국가'란 용어의 사용은 자칫 그 용어에 내포된 국가의 합목적성(갈등의 조정)을 그대로 승인하고 있다는 점에서 그리고 근대 통치성을 국가권력의 문제로만 한정시킬 우려가 있다는 점에서 논의가 좀 더 필요하다.

2. 1910년대 빈민구제 사업

경성부는 1910년 일본천황의 은사금 17,398,000 원 중 100만원을 배부 받고, 授産, 교육, 흉렴구제라는 3가지의 사회사업을 시작했다. 경성 배분금은 경기도 배분금과 함께 운영되었고, 배분된 기금에서 발생하는 이자의 60%는 수산에 30%는 교육에, 나머지 10%는 흉렴구제에 충당한다는 방침을 세웠다.

수산사업은 양반유생과 같이 恒産이 없는 자가 산업에 종사하여 생계를 꾸릴 수 있도록 지원하는 것을 목적으로 하였고, 대표적인 지원 사업으로 양잠과 漉紙(한지생산)가 지목되었다. 교육 사업은 보통학교설립을 지원하는 것으로, 사립학교의 경우 보통학교로의 전환을 전제로 보조금이 지원되었다. 흉렴구제는 부득이한 경우 생업부조 또는 현물급여 등을 할 수 있도록 했다. 은사금은 지방 장관이 관리하고, 기금은 원칙적으로 소비하지 못하도록 했다.[8]

경성부 은사금 기금운영에서 가장 많은 액수가 지불된 것은 수산사업이다. 양잠부, 제사부의 설치, 과수재배, 양잠, 양계 장려. 농업실습원양성위탁사업, 稲扱전습 등의 수산사업은 사실상 경기부흥 정책이라고 할 수 있다.

---

8) 「朝鮮各道府郡 臨時恩賜金由來及其の事業概要」, 『식민지사회사업관계자료집. 조선편』1, 30-36쪽. 배분 원칙은 경성부 이외 부군은 평균 5만원으로 하고 그 중 2만5천원은 평균분할, 나머지 2만 5천원은 인구비율로 정했다. 12부 317군에 배분되었다.

<표 1> 1916년 경기도 은사금 예산지출표

단위: 엔

지출항목	경기도	사업항목비중	항목비중	전국	경기도비중
수산업	175,704	72.7	53.1	757,693	23.2
교육보조	39,668	16.4	12.0	271,161	14.6
흉렴구제	26,445	10.9	8.0	110,722	23.9
소계	241,817	100.0			
은사금취급비	900		0.3	7,668	11.7
기금편입금	59,502		18.0	127,810	46.6
잡지출	1,569		0.5	1,614	97.2
예비비	27,099		8.2	195,417	13.9
합계	330,884		100.0	1,424,603	23.2

출전: 조선총독부 내무부, 「大正午年度臨時恩賜金像算及社業槪要」, 『식민지사회사업관계자료집.조선편』 1, 250쪽.

1916년 은사금 지출 상황을 보면(<표 1> 참조), 경성을 포함하는 경기도의 은사금배분은 23.2%이다. 이는 당시 경기도 인구비중(전국대비) 10.5%와 비교해 볼 때 매우 높은 비중을 점하는 것이다. 3개의 사업항목에서 수산이 차지하는 비중은 73%에 육박했고, 흉렴구제는 10.9%로 운영방침에 규정된 10%를 약간 상회했다. 교육보조는 운영방침에 규정된 30%에 훨씬 못 미치는 16.4%에 달했다. 당시 제1차 세계대전에 따른 경기 호황 속에서 수산사업에 대한 지원이 크게 증가했다고 볼 수 있다. 수산부분에서 중점을 두고 있었던 것이 양잠업이었는데, 이는 제1차 세계대전에 따른 일본수출의 증대에 편승하여 대일 수출이 크게 증가했던 부분이기도 하다.[9] 양잠업의 장려는 1912년 경성에 은사수산장

---

9) 조선무역수지 개선과 경제개발에서 양잠업의 성장이 대표적인 사례로 언급되었다 (『第40回 貴族院 日本興業銀行法中 改正法律案 外 1健 特別委員會議事速記錄 弟1號』 1918년 3월 25일) 그러나 김인호의 연구(「합방의 콩고물, 임시은사금」, 『인간과 문

을 설치하여 양잠지원자에게 기술을 전수하고,[10] 상원을 설치하고, 양성한 상묘를 배부 하는 등 적극적인 장려 정책을 실시했다.[11] 조선귀족은 이에 부응하여 양잠장을 개설하고, 보조를 받기도 했다.[12]

흥렴구제사업은 경기도 빈민에 대한 식량비와 생업보조비로 각각 50%가 지출되었고, 순수한 흥렴구제 명목지출은 0엔이었다. 경기도는 다른 지역과 달리 농업용구 및 농사재료에 대한 지출이 없었다.[13] 식량비와 생업보조비는 1910년 이전 한성부 경무청에서 실시하던 5서 빈민에 대한 생계보조 방식과 유사하게 진행되었다. 경성 5부장이 빈민구제를 위해 은사금의 사용을 협의하고, 각부 빈민을 조사하여 극빈자에 대한 생계보조를 실시했다.[14] 전국 흥렴구제사업 지출액에서 경기도가 차지하는 비중은 23.9%로 높았다. 은사금 운영은 1916년 지방비로 편입되어 지방행정기구의 사회사업비용으로 지출되었다.[15]

천황의 은사금에 의해 진행된 사회사업은 경기부흥에 집중되어 있었고, 빈민구제와 같은 생활안정 사업은 1910년 이전 한성부의 빈민구제 사업과 크게 다르지 않았다. 그러나 1910년대 일본의 급격한 산업화에

화연구』 17, 2010, 32쪽)에 따르면 1915년에서 1919년까지 조선인공장은 15배, 자본금은 12배 증가했지만, 이것은 1차 세계대전의 영향일 뿐 관료자본이나 은사금에 의한 발흥과는 거리가 멀다고 지적하고 있다.

10) 「양잠지원자에게, 경성은사수산장에서」, 『每日申報』, 1912. 8. 7.
11) 「양잠사업 장려」, 『每日申報』, 1913. 1. 12.; 「경성 은사 수산장 사업개요(1)」. 1913. 3. 29.
12) 「귀족과 양잠」, 『每日申報』, 1913. 4. 20.
13) 조선총독부내무부, 「大正午年度臨時恩賜金豫算及社業槪要」, 『식민지사회사업관계자료집.조선편』 1, 290쪽.
14) 『每日申報』, 1912. 8. 6. 「各郡의 協同實行, 5부장의 협동으로 빈민 구휼을 하고자」, 1912. 9. 1. 「貧民救恤協議, 빈민을 구휼하려는 협의」.
15) 배민재, 『1910년대 조선총독부 임시은사금사업의 운영방향과 그 실제』, 서울대학교 석사학위논문, 2008.

따른 경기호황과 금융유동성 확대는 경성부민의 생활안정을 크게 위협하기 시작했고, 은사금에 의존한 사회사업만으로는 통치의 안정을 유지하기 어려운 상황에 직면하기 시작했다.

1914년 제1차 세계대전이 발발한 이후 일본은 산동 반도 독일조차지를 점령한 이후 적극적인 중국진출을 시도했고, 만주지역에 자본투자를 증대시켜 나아갔다. 그러나 1917년 러시아혁명으로 만주시장의 투자환경이 위축되었고, 조선은행의 만주 대출금이 조선으로 다시 유입되기 시작했다. 만주에서 유입된 자본은 조선의 쌀과 경성 주택으로 투자되었고, 이로 인해 쌀값과 주택가격의 상승이 급격하게 진행되기 시작했다.[16] 특히 미가의 상승으로 하층민의 생활은 매우 심각한 상황에 놓여 있었다.[17] 그러나 총독부는 미가 상승에 대한 정책적 대응 보다는 경성 미곡상의 부정을 적발하여 쌀값인하를 압박하는 미봉책을 실시했다.[18]

1910년대 빈민의 생계부조를 실시하고 있었던 민간의 구제단체는 1916년에 설립된 사루타레루(サルタレル)재단,[19] 1917년에 설립된 경성불교 慈濟會,[20]에 불과했다. 이 단체는 모두 불교계에서 운영하는 민간

---

16) 김윤희, 「1910년대 일본제국의회 속기록에 나타난 조선은행(권)의 성격, 팽창과 위험의 연쇄」, 『한일관계사연구』 47, 2014, 158-159쪽.

17) 『每日申報』, 1918. 8. 2. 「米價高騰과 최급문제(1): 참혹한 하류의 생활, 노동사회의 생활이 더욱이 참혹」, 1918. 8. 3. 「米價高騰과 최급문제(2): 전율할 幾多惡影響, 전염병의 염려, 좀도적의 근심」.

18) 「미상대표는 무엇을 말하는가, 부정한 미곡상과 조합장의 변명」, 『每日申報』, 1918. 8. 9.

19) 관리자는 大塚常三郎고, 총독부 내무국 내에 위치하고 있었다. 일본 불교인의 유지에 의해 설립된 재단법인이었다. 평안북도 창성광산 광업권 수익 금액의 30%를 기부 받아 설립되었고, 매년 1만원을 조성했다. 사업단체 전국적으로 260여 개 소가 있었다. 빈민, 아동 등의 구휼사업을 했다(京城府, 『京城府內社會事業槪況』, 1923).

20) 경성부 元町에 위치. 관리인 溪內弌惠은 향상회관의 관리자이기도 하다. 본원사경성별원내 별원으로 일본인 행려명자의 구호를 시작하면서 설립되었다가 1917년

기구로 기부금, 구호보조금, 지방보조금 등에 의존하여 빈민에 대한 부
조 사업을 실시하고 있었다. 따라서 1918년 발생한 빈민생활의 급격한
위기를 효과적으로 관리하기에는 매우 불충분한 것이었다. 이에 경성부
는 일본의 쌀소동 발생 직후 경성구제회를 설립했다.[21]

8월 3일 일본 도야마현 부인들이 쌀의 염가판매를 주장하면서 소요
를 일으켰고, 9일에는 부산 滑川町에서 어부의 아내 400명이 자산가의
집에 몰려가 위협하는 민요가 발생하기도 했다.[22] 8월 13일 도쿄 히비
야 공원에서 대규모 집회가 발생하면서 '쌀소동'은 정점에 이르렀다.[23]
1918년 상반기부터 경성을 비롯한 주요 도시에서 쌀 투기가 발생하고
쌀값이 급격히 상승하고 있었기 때문에 일본의 '쌀소동'이 조선에도 영
향을 미칠 가능성은 매우 컸다.

8월 15일 경성부, 경성상업회의소, 본정과 종로 경찰서, 조선신문사,
경성일보사, 매일신보사 그리고 경성 유지들이 연합하여 세민구제를 목
적으로 구제회를 설립했다.[24] 구제회는 한 되 당 시세보다 10전을 인
하하여 30전으로 하고 9곳의 염매소를 설치하여 판매를 시작했다.[25]
염매미를 사려는 인파가 몰려들면서 일시적으로 경성부 미곡상점의 거
래가 두절되기도 했다. 그리고 이 와중에도 염매미를 다량 구입하여 소

경영주체가 경성불교각종연합회로 바뀌었고, 일본인조선인 행려병자 구호 및 일
반 공중의료 사업으로 확장했다. 운영은 보조금, 회비, 의료수입 등으로 충당했
다(京城府, 『京城府內社會事業槪況』, 1923).

21) 일본 쌀소동에 대한 『每日申報』의 최초 보도는 8월 10일자 「내지의 여민요, 형세
가 점점 심하여 진다」란 제목으로 이었다.

22) 「米價高騰으로 女民擾, 사백여 명이 재산가를 위협해」, 『每日申報』, 1918. 8. 9.

23) 「內地米價騷動: 京都에도 米價民擾」, 『每日申報』, 1918. 8. 13.

24) 「경성에 구제회 발기, 본사의 기획도 此에 병합함」, 『每日申報』, 1918. 8. 15.

25) 「구조방법의 결정, 구조는 금일부터 염매는 명일부터」, 『每日申報』, 1918. 8. 17.

매상에 파는 행위가 발생했고,[26] 심지어 3천석의 부자가 하인을 시켜 염매미를 사들이는 경우도 발생했다.[27] 그러나 시중의 미곡 가격은 계속 상승했고, 염매소는 판매 하루 만에 쌀값을 추가로 3전 인상했다. 당시 소매상의 경우 한 되에 55~56전을 받고 있었다.[28] 8월 22일에는 안남미가 수입되어 염매소에서 판매되었다. 그러나 미곡의 염매가 지속될수록 미곡상의 손해가 현실화되기 시작했다.[29]

염매미 판매가 시장 미곡상의 이익에 영향을 미치는 상황이 발생하는 한편에서는 5되 표의 부활, 판매시간의 연장, 판매소의 증설 등에 대한 요구가 거세졌다.[30] 이에 경성부에서는 구제회 평의회를 개최하여 개선 방안을 논의했고, 저녁 7시까지 판매시간 연장, 쌀표는 경찰서와 각 町의 총대가 배포, 염매미 일부를 미곡상에 위탁 판매할 것을 결정했다.[31] 이 조치는 염매소의 운영으로 손해를 입는 경성 미곡상의 이익을 어느 정도 보완하는 조치이기도 했다.

그러나 염매미에 대한 수요가 급증하고, 구입과정의 피로가 누적되면서 8월 28일에는 종로소학교 염매소에서 폭동이 일어나기도 했다. 염

---

26) 「성황, 성황을 過하여 처참한 광경, 미곡을 염매하던 첫날의 광경, 사백석을 거의 다 팔고 말았다, 구름같이 밀리는 사람들, 뒤를 이어 처량한 희극 비극」, 『每日申報』, 1918. 8. 20.

27) 「근 3천석 추수를 하는 부자가 염매하는 미곡을 하인시켜서 사들여」, 『每日申報』, 1918. 8. 23.

28) 「일일에 兩次사 하락 도매쌀 값은 자꾸 떨어져도 소매가격은 떨어지지 않는 것은 무슨 경위」, 『每日申報』, 1918. 8. 18.

29) 「미곡 염매와 米商의 타격, 파산자가 나리라고」, 『每日申報』, 1918. 8. 22. 동대문 미곡상점에는 매매가 두절되다 시피 했다.

30) 「懇望하는 3개조, 구제회에 대한 일반 희망과 불평」, 『每日申報』, 1918. 8. 25.

31) 『每日申報』, 1918. 8. 28. 「당국에서 구제회에 제의한 4개조의 요건, 속히 실행하기를 일반이 희망」, 1918. 8. 29. 「염매방법 개정乎, 지금까지의 폐해를 짐작하여 쌀파는 것은 백미소매상에게 위탁하여 구월 일일부터 실행」.

매미가 동이 나자 항의하는 군중들이 경찰과 무력충돌을 빚었고, 그 중 100여명이 연행되었다.32) 쌀값이 오르는 상황에서 품절로 인한 구매정지는 소요를 발생시키는 요인이었다.

염매소에 몰려드는 인파가 줄지 않는 가운데 구제회에 기부되는 쌀의 양도 점차 줄어들기 시작했다. 이에 경성부는 염매방식을 변경하여 빈민들에게 쌀표를 나눠주기로 했고, 쌀표 배포를 위해 각 정 빈민에 대한 조사를 총대에게 위임했다.33) 염매 방식이 각 정 빈민들을 대상으로 한정되면서 염매를 사기 위한 소동은 사그라들기 시작했다. 염매소의 활동은 일본 '쌀소동'의 영향을 차단하는데 일시적 효과가 있었다. 또한 염매 매입대상을 크게 제한함으로서 미곡상의 불만과 염매미 조달 문제를 어느 정도 해결할 수 있었다.

그러나 9월 잠시 하락했던 미가는 곡물출하시기 이후에도 계속 상승하기 시작했고, 1919년 1월과 2월에는 더욱 폭등하는 현상이 발생했다.34) 그 원인은 금융의 유동성 증가로 자본이 미곡 취인소에 유입되고 있었고, 일본 '쌀소동'의 여파로 쌀의 수요가 증가되었기 때문이었다. 구제소의 염매미 판매로는 경성부민의 추락하는 생활난을 완화시킬 수 없는 것이었다.

제1차 세계대전 기간 금융 유동성 확대가 초래한 쌀값의 폭등은 일본과 조선의 하층민의 생활안정을 크게 위협했고, 경성부는 일시적으로

---

32) 「米廉賣所의 폭동, 경관에게 저항하던 사나운 노파가 군중에게 밀려 넘어진 까닭으로 군중에게 밀려 넘어진 까닭으로 군중과 경관이 충돌되어 소동」, 『每日申報』, 1918. 8. 30.
33) 『每日申報』, 1918. 9. 6. 「京城町洞總代協議」, 1918. 9. 8. 「염매방법 다시 개정」.
34) 『每日申報』, 1919. 1. 20. 「日復日高騰, 陰曆歲末의 可恐할 米價」, 1919. 2. 4. 「百兩에 三昇의 米價, 사람을 죽일 요새 쌀 시세」, 1919. 2. 26. 「過去 一年의 米價는 이모양으로 올라갈 줄만 알았다」.

구제회를 통해 일본 '쌀소동'의 영향을 축소시킬 수 있었다. 그러나 쌀 염매를 통해 시장에 직접 개입했던 구제회의 활동은 미곡상의 이해와 상충되는 것이었기 때문에 판매방식이 조정되기도 했다.

총독부는 조선쌀의 이출금지, 취인소와 미곡상의 부당 거래를 적발하는 등의 수단을 동원했지만, 곡물가격의 안정에는 효과가 없었다. 1919년 3.1 운동은 일본의 급격한 산업화와 금융유동성 확대가 가져온 생활의 위기를 관리할 시스템의 부재를 극명하게 드러낸 것이었다. 더욱이 지배의 정당성이 결핍된 식민지에서 통치 유효성의 문제는 일본에서 보다 더 큰 위기를 불러올 가능성이 높았다.

3. 1920년대 사회사업의 제한성

3·1운동 직후 총독부는 1921년 내무부 내무국 산하에 사회과를 신설하여 추락한 통치효율성을 제고하기 시작했다. 경성부는 1916년 지방비에 편입된 기존 은사금 지출을 확대하고 필요한 사회사업의 내용을 결정하기에 앞서 경성부 주도로 경기도평의회와 경성부협의회를 소집했다. 이 회의에 참석한 일본과 조선 의원들은 사회사업 조사실행 위임기관, 사회사업연구회, 위생혁신연구 시설 등을 설립할 것, 기왕의 사회사업에 대한 보조 확대와 사회조사를 통해 계속사업을 결정할 것을 건의했다. 이외에 공공질옥, 직업소개소, 노동숙박, 공설주택사업, 순회진료소 등 신설사업을 제안하는 한편 극장, 공연장, 도서관 건립을 건의했다.[35] 이때 건의안은 대부분 '쌀소동' 이후 일본에서 제기된 것이었다. 이후 경성부는 조선사회사업연구회(1921년), 경기도사회사업조사위

원회(1921년), 사회사업교화위원회(1922년) 등 사회사업 연구 및 관리 기구를 설립하고 은사금과 민간에서 운영하는 사회사업기구에 대한 보조금 지급을 확대했다. 여기에 부흥하여 韓鎭達재단, 向上會館 등 민간의 구제단체가 결성되기도 했다.[36] 또한 1923년 내무과의 조사계를 사회과로 독립시킬 계획을 수립하기도 했다.[37] 그러나 이 계획은 다시 조정되었고, 내무과 내무계 내에 사회계를 설치했다.[38]

1923년 경성부가 운영하거나 보조금을 지급하는 사회사업기구는 1910년대 12개에서 총 40개로 증가했다(<부표 1> 참조). 1920년 이후 새롭게 신설된 사회사업기구를 그 기능별로 나누어 보면, 사회사업연구 및 관리기관 4개, 교화사업기구 2개, 인사상담 및 숙박소 3개, 공설시장 8개, 주택공급사업기관 4개, 수양기관(도서관) 3개였다. 기존 사업에 추가로 증설된 것은 사회사업의 보조기구 1, 교육사업기구 3개, 수산사업 1개였다. 새롭게 신설된 기구로 볼 때 1920년대 초 사회사업 확대의 주요 내용은 정책와 실시를 위한 전문가 집단의 구성 그리고 긴급하게 제기되었던 빈민의 생존위기를 완화하는 것이었다고 할 수 있다. 이점은 경성부 지방비 지출상황으로도 확인된다.

예를 들어, 경성부 인사상담, 공설시장, 경성부 한강통 공설주택, 봉래정 공설장옥, 훈련원 공설장옥의 사업비는 경성부 지방비에서 지출되었다. 조선사회사업연구회는 상시적으로 보조금을 받았으며, 1924년의

---

35) 『每日申報』, 1921. 2. 6. 「사회사업 회답, 大垣丈夫氏의 회답」, 1921. 2. 19. 「사회사업에 대한 道府議員 의견, 京城府恩賜金使途」.

36) 京城府, 『京城府內社會事業槪況』, 1923.

37) 「京城에 兒童公園, 경성부 사회과에서 계획 中」, 『東亞日報』, 1923. 1. 29.

38) 경성부 사회과 설치는 1931년 경성부 직제개편과정에서 다시 논의되었고, 1932년 신설되었다(『東亞日報』, 1931. 7. 7. 「庶務課廢止 社會課設置, 京城府職制變更」, 1932. 6. 5. 「京城府廳 內에 社會課 新設」.

경우 총독부로부터 700엔, 경기도로부터 400엔, 경성부로부터 200엔 등 총 1500엔의 보조금을 받았다.[39] 반면 민간의 사회사업기구는 총독부, 경성부, 경기도 등으로부터 보조금과 회원의 회비와 기부금으로 경비를 마련했다.

그러나 총독부가 표방한 사회사업 의제에 걸 맞는 내용이 갖추어지지는 못했던 것으로 보인다. 예를 들어 공설시장은 1924년 이후 사설시장과 물가수준이 비슷해지면서 물가안정에 거의 기여하지 못하고 있었다. 이는 경성부가 공설시장에 대한 수수료와 임대료 등을 징수하기 시작했으며, 불경기에 따른 물가하락이 발생하고 있었기 때문이었다.[40] 또한 경성부 인사상담소의 경우 광공업, 토목건축, 상점, 농림업, 통신운수, 잡업에 취업한 조선인 구직자의 비율은 1926년 30%(일본인 25% 내외) 내외에 불과했다. 반면 가사도우미의 경우만 78%(일본인 48%)로 높았다.[41]

1920년대 초기 경성부 사회사업의 효과가 발휘되지 못하고 있었던 주요 원인으로는, 첫째, 1920년부터 심화되기 시작한 경기불황과 총독부의 재정부족에 기인하는 것이었다. 은사금의 지출 역시 크게 확대되지는 못했는데, 전체 은사금 지출에서 빈민구제를 위해 사용된 금액은 1920년 10만엔에서 1926년 20만엔으로 7년간 두 배 증가하는데 그쳤다.[42] 둘째, 1920년 예정된 국세조사의 연기로 조선인의 생활실태 조

---

39) 김상균, 앞의 글, 46쪽.

40) 박이택, 「식민지 조선의 공설일용품시장과 가격규제체계」, 『경제발전연구』 17, 2011, 211-244쪽.

41) 김상균, 앞의 글, 24쪽.

42) 尹晸郁, 앞의 책, 161쪽. 궁민구제에 사용된 은사금지불액은 1927년부터 급격하게 상승하여 1930년에 이르면 110만엔으로 증가했다.

사가 전면적으로 실시되지 못함으로서 사회사업 정책수립의 토대가 충분히 마련되지 못했기 때문이었다.43) 따라서 경성부민의 생활실태 조사는 이전부터 진행했던 5서의 경찰서와 각 町 총대의 분산적인 빈민조사에 의존하고 있었다. 그리고 이 조사는 체계적으로 집적되는 것이 아니었기 때문에 경성부 차원의 빈민구제사업 역시 急救의 성격을 띨 수밖에 없는 것이었다.

한편 경성부 물가대책 사업이었던 공설시장은 경기불황이 가속화되면서 영업곤란이 지속되고 있었고, 여기에 경성부가 빈민을 위해 염매소를 증설하고 있었기 때문에 공설시장의 영업은 더욱 어려운 상황이 발생했다.44) 빈민구제를 위한 염매소와 공설시장 사이의 경합이 발생하면서 시장개입의 사회사업 정책이 도전받는 상황이 발생하고 있었다.45) 또한 도시로의 인구 집중으로 인해 주택난이 발생했다.

1929년 경성부 사회사업기구는 외형적으로는 4개 증가했을 뿐이다. 1929년 경성부가 관리하고 있었던 사회사업기구는 총 44개인데, 1923년에서 1929년 사이에 새롭게 신설된 기관 중 가장 많은 것은 도서관, 체육회 등의 기타기관이었다(〈부표 1〉 참조). 이들 기관은 1923년과 24년에 집중적으로 설립되었다. 반면 빈민부조와 관련한 새로운 사업기구는

---

43) 1920년 국세조사가 연기되고 임시호구조사로 대체되었다. 호구조사 내용은 원적, 가족, 성명, 생년월일, 배우자, 직업(종류 및 직업상 신분, 농업의 경우 자작, 소작 등 구별), 수입종류(은급, 수당, 소작료, 이자 등) 등이었고 개인이 10월 1일부터 호구조사신고서를 작성하는 것이었다. 따라서 조선인 생활상태에 대한 정보가 제대로 확보될 수 없었다. 또한 연이은 재해와 총독부의 재정부족으로 1925년 계획된 간이국세조사도 임시호구조사로 대체되었다.
44) 「苦境에 陷한 공설시장, 염매소로 以하여」, 『每日申報』, 1924. 7. 28.
45) 따라서 1924년 이후 공설시장은 물가안정의 기능을 거의 상실한 채 가격관리모델로서 기능했다(박이택, 앞의 글, 236-240쪽).

1927년 방면위원, 경성양로원, 그리고 1928년 광희주택(1921년 공설주택 사업의 중단되었다가 다시 재개) 등이 설립되었다.

그러나 사회사업기구의 체계적 관리란 측면에서는 1923년에 비해 한층 진전된 것이었다. 1923년 경성부는 실질 내용을 중심으로 사회사업을 분류하여 지원하고 있었던 반면, 1929년에는 사업의 성격에 초점을 맞추어 분류의 체계성을 갖추기 시작했다. 1923년 연구기관과 보조기구는 1929년에는 일반적 기관으로, 수산사업, 인사상담 및 숙박소, 공설시장, 주택공급사업은 경제보호사업으로 통합 분류되었으며, 구호사업은 궁민구호사업과 의료보호사업으로 분리되어 직접적인 구호와 의료구호를 구분했다. 또한 8개의 공설시장은 공설일용품시장 3개와 공설시탄소채시장 4개로 구분되었다.

1920년대 후반 사회사업기구의 변화에서 주목할 점은 폐지되었던 주택공급사업이 다시 재개된 것 그리고 빈민의 생활실태를 조사하고 관리할 수 있는 방면위원회제도가 도입된 것이었다. 특히 방면위원제도는 조선인 거주 지역인 동부방면과 북부방면을 시작으로 1931년 서부방면, 남부와 용산 방면으로 확대되었고, 방면위원들은 빈민을 궁민(제1종 카드)과 세민(제2종 카드)로 분류하는 생활조사를 실시했다.46) 이는 빈민생활 실태에 대한 구체적인 자료의 집적을 의미했고, 1930년대 이후 경성부 빈민 정책의 지표가 확보될 수 있었다는 점에서 빈민구제 사업을 구체적으로 실시할 수 있는 동력을 확보한 것이라고 할 수 있다.

방면위원의 활동으로 경성빈민의 생활실태에 대한 조사가 면밀히 진행되고, 1930년대 국세조사 결과가 적극적으로 반영되기 시작하면서

---

46) 박세훈, 앞의 글, 132-135쪽.

1930년대 경성부의 사회사업은 형식과 내용면에서 크게 확대되었다. 1932년 경성부 사회사업 기구는 육아사업 5개, 아동보건사업 3개, 빈아교육사업 2개, 특수교육사업 1개, 감화사업 1개, 사회교화사업 5개, 직업소개사업 3개, 인사상담사업 2개, 수산사업 5개, 간이숙박소 2개, 공설시장 9개, 공익질옥 2개, 공설주택 2개, 궁민구조사업 1개, 양로사업 2개, 인보사업 2개, 석방자보호사업 1개, 방면위원 5개, 동물애호사업 2개, 조성연합기관 3개 등 총 76개였다.[47]

1920년대 사회사업 정책이 표류하고 있었던 상황은 일본도 비슷했다. 그러나 일본은 1926년 설치된 사회사업조사회의 활동, 1929년 구호법 실시 기성동맹회의 결성 등의 활동으로 1933년 1월 구호법이 실시될 수 있었다. 이를 계기로 국가와 민간 영역에 모호하게 걸쳐져 있는 사회사업을 국가화함으로써 사회사업 실시 요청에 대한 정치적 부담을 덜어냄과 동시에 민간 영역의 활성화를 통해 국가의 재정 부담을 경감할 수 있는 조건을 마련했다.[48] 그렇다면 총독부가 의제로 제출한 사회사업 정책 실시가 표류하고 있었던 1920년대 조선인 공론장은 이 문제를 어떻게 다루고 있었을까?

4. 빈민, 주택조사 지식의 정치적 효과

1) 빈민조사와 경제발전 담론

경성 빈민에 대한 조사가 각 정의 총대와 경찰서에 위임된 채, 빈민

---

47) 京城府, 『京城府社會事業要覽』, 1932
48) 조성은, 앞의 글, 128-129쪽.

구제는 경성의 5서와 각 町의 일상적인 구호 활동의 영역에서 이루어졌다. 그러다가 1923년 경성부조사계가 집계한 통계가 최초로 언론에 공개되었다. 5인 가족으로 한 달에 30원 미만으로 생활하는 빈민인구는 15,048명으로 당시 경성인구 대비 약 5.75%에 달했다.[49] 이 통계는 5서 경찰서가 종전대로 집계해 온 것으로 빈민생활 실태에 대한 면밀한 조사라고 보기는 충분하지 않다. 다만, 빈민 가구수와 소득 수준에 대한 집계는 경성부민의 생활 상태를 가늠할 수 있는 지표로 받아들여지기에 충분했다.

『매일신보』는 빈민 비율이 도쿄 3.41%, 뉴욕 9.97%라는 점을 들어 경성 도시 번영책을 강구해야 할 때임을 주장했다.[50] 여기에는 당시 재일조선인 사이에서 일고 있었던 경성도시계획에 대한 요청이 반영된 것이라고 할 수 있다. 반면 『동아일보』는 "현대 물질문명이 가장 발달한 미국(중략), 영국도(중략) 다수에 달함은 특히 주목할 현상이라 우리 조선의 장래는 엇지나 될는지 뜻있는 자는 이에 주의할 문제라고 하겠다."라고 하여 문제해결에 대한 직접적인 방향을 제시하지 않았다. 대신 하루 전 기사를 통해 조선물산장려운동의 촉진을 위해 면밀한 경제 상태조사를 실시할 것을 주장했고, 뒤이어 자본주의 경제의 폐단을 지적하면서 하층민이 필요한 생필품의 생산 확대를 주장했다.[51] 이는 생산

---

49) 「부내 빈민굴은 何處, 광희정과 그 다음 삼청동, 도시 번영책을 강구하라」, 『每日申報』, 1923. 1. 25.; 「萬五千의 貧民, 경성시내의 가난한 사람, 부청의 조사한 통계대로, 人口로 百分五, 戶數로 百分六//光熙町을 筆頭로 빈민의 부락은 본뎡관내에 만타고//米國이 最多, 빈민의 비례는 부자나라에 만타고」, 『東亞日報』, 1923. 1. 25.
50) 경성도시계획에 대한 논의는 1921년 결성된 '경성도시계획연구회'에 의해 제기되었고, 1922년에는 경성부가 이 연구회의 도시계획안을 수용하려는 움직임을 보이기도 했다(김백영, 「식민지 도시계획을 둘러싼 식민권력의 균열과 갈등-1920년대 '대경성(大京城)계획'을 중심으로」, 『사회와 역사』 67, 2005, 84-128쪽).

증대를 통해 빈민의 생활난을 완화시킬 수 있다는 경제성장주의적 입장
이라고 볼 수 있다.[52] 경성부 빈민의 존재와 낮은 소득은 '조선인 경제'
의 낙후를 확인시켜주는 근거일
뿐이었다. 빈민조사 통계에 대한
이러한 해석은 이후에도 반복적
으로 재현되었다.

1925년 경성부 토막민에 대한
조사통계 결과(<표 2> 참조), 토막
호는 수입이 하루 최저 15전에

<표 2> 1925년 경성 토막촌 호구

5서	호수	인구수
본정	166	752
종로	53	218
동대문	237	965
서대문	71	282
용산	105	403
합계	632	2,620

출전: 『每日申報』 1925. 7. 9.

서 1엔이고, 한사람 당 생활비는 5전에서 13전으로 하루 한 끼도 해결
하기 어려운 상황에 놓여 있었다. 『매일신보』는 경제공황이 심각해지
는 상황에서 토막호는 갈수록 증가할 수밖에 없는 것이고 "문명도시 경
성의 체면상, 인도상 그대로 둘 수 없는 문제"라고 지적함으로써 도시개
발을 통한 문제 해결이란 관점에서 접근했다. 반면 『동아일보』는 이들
의 참상을 전하면서 식민통치의 유효성 문제를 거론했다. 이 통계의 보
도 이전인 1924년도부터 『동아일보』는 토막촌의 탐방 기사를 특집으로
구성했으며, 이들의 참상과 더불어 이들 중 일본인이 거의 없다는 사실
은 조선인경제발전을 총독부에 요청할 있는 근거로 활용되었다.[53]

---

51) 「조선물산장려운동의 단서」, 「자본주의생산조직의 해부(5) 생활필수품의 생산제
    한(속)」, 『東亞日報』, 1923. 1. 24.
52) 전성현의 연구(「1920년 전후 조선 상업회의소와 조선 산업정책의 확립」, 『역사
    와 경제』 58, 2006, 167-202쪽)를 통해 1920년대 초기 재조일본인 자본가와 조선
    인 자본가들은 총독부의 경제발전 정책에 대해 구체적으로 이해관계가 달랐음을
    확인할 수 있다. 그러나 양자 모두는 경제를 성장주의적 관점에서 바라보고 있었
    고, 하층민 또는 빈민의 생존권 문제를 도외시 했다는 점에서는 동일하다.
53) 김윤희, 「근대 서울의 숲, 위험관리와 민족주의정치기획」, 『사학연구』 111호,

공론장의 주도권을 장악해갔던 민족주의 정치세력은 1920년 초 총독부의 경제개발과 사회사업 실시 방침이 경기불황과 긴축정책으로 제대로 실시되지 못하고 있고, 일본인 중심의 개발만 진행됨으로써 조선인의 생활난을 더욱 심화시켰다고 주장했다. 총독부 통치의 유효성 문제를 둘러싼 총독부와 민족주의 정치세력의 대립각 속에서 빈민조사 결과는 곧바로 조선인경제의 저발전을 증거하는 것으로 해석되었다.

1927년 8월 경성부가 실시한 방면위원제도의 도입으로 1928년 경성부 빈민의 생활실태에 대한 전체적 조사결과가 공개되었다. 방면위원들이 경성부 극빈자를 호별 방문하여 극빈자 카드를 작성하고 이 조사결과를 통해 이후 방면위원활동의 방침을 확정하기 위한 방면위원총회가 개최되었다. 총회에서 공개된 통계조사 결과에 따르면, 경성부에서 한 달 20원 이하의 수입으로 생계를 유지하는 호구수(평균 6~7인 구성)는 약 12만 2천명에 달했다. 조사된 빈민 숫자는 경성부 조선인 인구 24만 명의 50%에 달하는 것이었다. 12만 여명의 극빈자는 대부분 비지를 주식으로 하고 있었고, 서속, 보리, 감자는 이에 비하면 매우 양질의 식사일 정도였다. 이들은 하루 최하 3전에서 최고 5전으로 생활하고 있었다. 이들의 상태가 영양부족상태라는 방면위원 총회의 보고는 '조선인본위'의 경제개발에 대한 필요성을 각인시키는 매우 강력한 근거였다.[54] 조선인 극빈자 수는 경성 발전의 불균형을 상징적으로 드러내는 것이었고, 『동아일보』는 이를 적극적으로 활용하여 경성부 개발의 기준이 조선인이 되어야 한다고 주장했다.

생존 위기의 사회적 공론화는 분명 통치의 유효성 문제를 제기하면

2013, 108쪽.
54) 「1일 1식의 극빈자, 1만7천호 10만여명」, 『東亞日報』, 1928. 8. 2.

서 정치적 대립각을 형성할 수 있는 좋은 소재였다. 그러나 문제는 해결의 방향이 사회적 안정망을 확보하려는 방향으로 진행되지 않았다는 점이다. 공론장의 권력관계는 공공적 이해의 내용을 새롭게 구성하면서 제기된 문제에 대한 해결을 다른 방향으로 이끌어가고 있었다.[55]

반면. 조사를 마친 방면위원은 1929년 5월 조사 빈민을 1종과 2종으로 나누어 구호내용을 세분화했다. 1종은 궁민으로 생계보조가 시급한 경우로 상시적인 부조사업 대상으로 구분되었고, 2종은 세민으로 상시 구호보다는 의료지원, 직업소개, 빈민아동교육기관 등과 연계해 주는 대상으로 구분되었다. 이러한 구분은 이제까지 급구의 차원에서 진행된 빈민구제사업이 체계성과 효율성을 갖게 하는 것이었다.[56] 그리고 그것의 사회적 효과는 민족주의정치세력이 만들어 놓은 대립각의 근거들을 해체시키는 것이었다.

경성부 빈민조사는 경찰서와 총대가 중심이 되어 경성부 빈민구호사업의 효율적 집행을 위해 상시적으로 실시되었다. 그러나 1920년대 후반 경제상황의 악화로 빈민의 수가 증가하고 생활상태가 악화되면서 빈민에 대한 경성부 전체 차원의 부조사업 필요성이 다시 대두되었고, 방면위원 제도를 실시하고, 구체적인 빈민생활 조사를 통해 구제사업의 효율성을 제고해 나아갔다. 반면 당시 조선인 공론장을 장악했던 민족주의 정치기획은 빈민조사 결과를 활용하여 경성도시계획 또는 조선인 본위의 경제개발을 추동했고, 조사통계에 대한 분석과 빈민구제에 대한

55)「경성부의 시설, 표준점은 무엇인가」,『東亞日報』, 1928. 10. 7.
56)「京城府方面委員 管內極貧者調査 貧民을 第一 第二 兩種으로 區分 北部三洞의 統計」,『毎日申報』, 1929. 5. 14.;「도시 시설의 발달과 정비례하는 빈민군, 방면위원이 조사한 바에 의하면 경성에 느는 것은 빈민들뿐이다, 제1ㆍ제2종의 구별」,『중외일보』, 1929. 5. 14.

대안적 입안을 제시하지 못했다. 이로 인해 빈민구제에 대한 요청은 경성부 사회사업의 틀 내에서 구제재원 확대를 요청하는 것에 그치거나 민간 유산자의 각성과 기부를 촉구하는 것 이상으로 진행되지 못했다.

한편 빈민의 생활 상태에 대한 조사 결과가 공론장을 통해 유통될수록 빈민에 대해서는 비위생, 나태와 무식, 잠재적 범죄자라는 부정적인 인식이 형성되어 갔다. 그리고 경성부 개발계획이 현실화되었던 1930년대에 접어들면서, 빈민에 대한 부정적 인식은 더욱 강화되었고, 빈민구제 문제는 도시생활이란 시민의 공공적 이해와 분리, 대립되어 갔다.57) 그리고 그 과정에서 빈민 조사 통계는 경성부에서 실시하고자 하는 사회사업의 내용을 확장하고 법제화를 촉구 근거로 활용하기보다는 오히려 경성의 경제개발을 촉구하는데 활용되었다.

2) 주택조사와 경성 도시개발

주택난은 1921년 3월 처음 신문을 통해 공론화되기 시작했다.58) 경성 시구개정으로 철거된 가옥이 발생하고, 경성인구가 증가하면서 공설가옥제도의 실시 주장이 제기되었다. 주택부족 현상은 동년 5월 5일 박영효를 회장으로 하는 주택구제회 설립에 배경이 되었다.59) 주택구제회는 1922년 독립문 부근에 2칸짜리 신 주택 100여 간을 건축하여 매달 2엔의 임대료를 받는 조건으로 추첨을 통해 빈민에게 분양했다. 신

---

57) 김윤희, 앞의 글(2013), 102-117쪽.
58) 「社說: 京城에 住宅難, 將來 善後策 如何」, 『每日申報』, 1921. 3. 31.
59) 주택구제회는 경성부 수송동에 사무실을 두고, 朴泳孝(후작, 京城住宅救濟會 회장), 劉文煥(京城住宅救濟會 부회장), 李圭桓(京城住宅救濟會 이사), 池錫永(京城住宅救濟會 이사), 徐光前(京城住宅救濟會 이사), 辛龍夏(京城住宅救濟會 이사), 金教聲(京城住宅救濟會 通常理事) 등이 임원이었다(「주택구제회」, 『每日申報』, 1921. 5. 5.).

청자가 몰리면서 추첨은 대성황을 이루었다.[60]

　『매일신보』와『동아일보』는 주택난의 해결을 위해 경성 내 국·부유지에 주택건설을 촉구하고 나섰다.[61] 1921년 9월 경성부가 발표한 주택조사결과는 주택난을 확인시켜주는 것이었다. 경성시내 가옥은 39,208호, 거주가구는 54,341호이고 15,133호가 세입가구였다.[62] 이조사에 따르면 주택 부족율은 27.8%로 매우 높다고 할 수 있다. 조사결과는 주택 신축을 요청하는 중요한 근거였고, 경성도시계획연구회의 결성과 함께 경성도시개발을 촉구할 수 있는 지식으로 활용되었다.

　그러나 『총독부통계연보』를 통해 확인되는 1920년대 초대 경성인구는 크게 증가되지 않았고, 이로 인해 기존 연구에서는 이시기 경성 주택난이 다소 과장된 것일 수 있다는 의문을 제기하기도 한다. 『총독부통계연보』를 보면, 1915년을 100으로 할 때 1921년까지 경성인구 증가지수는 109에 불과하다

<표 3> 경성 인구 현황 1

연도	호수	인구수	인구증감
1911	65,098	292,667	100.0
1912	65,800	302,686	103.4
1914	55,421	248,260	82.0
1915	55,367	241,085	97.1
1916	58,082	253,068	105.0
1917	58,063	253,154	100.0
1918	57,381	250,942	99.1
1919	57,026	248,644	99.1
1921	57,029	261,698	105.3
1922	59,686	271,414	103.7
1923	63,863	288,260	106.2
1924	66,151	297,465	103.2

출전: 『총독부통계연보』(http://kosis.kr/statisticsList/)

(<표 3> 참조). 반면 1919년 작성된 渡邊彰의 논문에서 제시한 1916년의

---

60) 「二間 二圓의 新主宅」,『每日申報』, 1922. 6. 25.,「簡便 住宅 抽籤」 7. 19.

61) 「京城都市의 住宅難, 市民의 輿論을 促함」,『每日申報』, 1921. 6. 21.;「社說: 住宅難問題의 善後策, 根本的 解決方法」, 1921. 6. 24.;「住宅難을 實地調査, 세상에 큰 문데인 집난리를 京城부청에서 실디로 조사하여」,『東亞日報』, 1921. 6. 8.

62) 「住宅難의 活證據」,『東亞日報』, 1921. 9. 10.

통계를 기준으로 하면(〈표 3〉 참조), 1921년까지 경성 인구는 약 142%
증가했다. 양자 모두 정확한 통계를 반영하고 있다고 볼 수 없지만,
1914년 경성행정구역이 사대문 안으로 크게 축소되었다는 점을 상기해
보면 후자의 인구증가 경향이 좀 더 타당해 보인다. 『총독부통계연보』
의 1914년과 1915년 인구차이는 단지 7,175명에 불과한 반면, <표 4>
에 제시된 1911~1917년 사이의 경성인구 통계는 1911년 24만 여명에

<표 4> 경성 인구 현황 2

연도	호수	인구	증가율
1911년	51,128	249,680	
1916년	39,823	183,866	100.0
1917년	39,929	187,502	102.0
1921년	54,341	261,698	142.3
1922년	59,688	271,414	147.6

출전: 1916년과 1917은 渡邊彰의 연구(「京城人口에 關한 研究」, 『朝鮮佛
敎叢報』 15, 1919, 64쪽)., 1921년과 1922년은 <표 3>과 동일.

서 1916년 18만 여
명으로 크게 감소했
다. 후자의 통계가
행정구역의 축소로
인한 인구 감소 현
상을 분명하게 보여
주고 있다. 1920년
대 초반 공론장에서 제기된 경성 주택난의 원인은 인구압에 의한 것이
라고 할 만하다.

그러나 제기된 주택난을 둘러싸고 언론매체와 총독부 사이에는 이견
이 존재했다. 『매일신보』에서는 주택난이 공급부족에 기인하기 때문에
가옥공급을 늘려야 한다고 주장했다. 반면, 경성부는 복덕방을 찾는 수
요자의 중복과 함께 집주인의 폭리가 주택난을 가중시키고 있다고 보았
고, 경기도 경찰부에서는 폭리를 취하는 가주 조사를 실시하기도 했
다.[63] 『동아일보』는 임대차 갈등을 조정하기 위해 일본에서 실시하고
있었던 '借家借地규칙'을 간단히 소개하기도 했다.[64] 그러나 경찰서에서

---

63) 「住宅難의 餘弊로 暴利를 貪하는 家主團束, 경긔도 경찰부에서 各署에 엄명하야 방
금 사실 조사중」, 『東亞日報』, 1921. 9. 10.

임대가격을 조사하고, 복덕방 단속을 실시하여 임대기간의 자의적 단축, 임대료의 자의적 인상을 단속하면서 차가규칙 문제는 더 이상 언론에 등장하지 않았다.

주택난에 대한 총독부의 입장은 1922년 10월 경성부 조사에 의하여 수정되었다. 이 조사에 따르면, 조선인 호구수 37,120여 호 중 가옥 소유주는 20,380여 호로 약 45%가 임대가구였으며, 일본인 17,300여 호 중 가옥소유주는 3,850여 호(그 중 자기소유에 거주하는 자 570여 호뿐)로 88% 이상이 임대가구였다. 일본인 임대가구의 압도적 비중은 경성의 일본인들이 주택공급을 요청하는 원인이 되기도 했다.[65] 주택난이 조사를 통해 확인되자 주택 신축에 대한 요구는 더욱 커졌고, 경성부 외곽 부유지에 주택신축이 진행되기 시작했다. 또한 임대료의 상승으로 빈민을 위한 임대주택 사업의 필요성도 제기되었다. 이에 경성부는 남대문 봉래정과 동대문 훈련원에 부영주택을 신축하여 빈민에게 임대하는 사업을 실시했다.[66]

1923년 들어서는 주택공급이 증가하면서 주택난이 다소 완화되는 듯했다.[67] 그러나 주택의 신축은 경성뿐만 아니라 동대문 밖과 서대문 밖의 지가를 급격히 상승시키고 있었고,[68] 이와 함께 임대가격의 상승이 발생했다. 임대가구의 증가는 주택공급의 부족에 기인하는 것이기는 했지만, 그 해결은 주택 공급만으로 이루어질 수 없는 것이었다.

---

64) 「借家借地紛爭 調定裁判開始」, 『東亞日報』, 1922. 9. 21.
65) 「住宅難과 借家人數」, 『東亞日報』, 1922. 10. 19.
66) 「府營住宅基地(부영주택기지) 두곳을다완뎡」, 『東亞日報』, 1921. 5. 11.
67) 「家屋建築狀況, 住宅難 緩和乎」, 『東亞日報』, 1922. 11. 4.
68) 유승희, 「1920년대~1930년대 경성부 주택문제의 전개와 대책」, 『아태연구』 19, 2012, 143-145쪽.

1923년 7월 경성부 조사계의 빈집 조사에 따르면 월세 10엔 이하 5
채, 20엔 이하 24채, 30엔 이하 46채, 40엔 이하 6채, 40엔 이상 10채,
가격이 분명하지 않는 것이 23채로 총 134채였다.[69] 1928년 빈민조사
에서 한 달 20엔 이하로 생활하는 자를 세민으로 분류했고, 경성부 인
구의 50%가 세민이었다는 점을 고려하면, 1922년 월세 10엔 이상을 부
담할 수 있는 가구가 많지 않았을 것임은 자명하다. 또한 이 조사에서
빈집이 가장 많은 구간은 임대료 10엔에서 30엔 사이(70채)였는데, 이는
중위소득자의 임대주택수요도 줄어들었을 가능성을 시사한다. 또한 임
대료 상승으로 인한 자살시도가 발생하는 상황이었음을 볼 때,[70] 이시
기 주택시장은 신축과 매매시장의 활성화에 수반하여 주택가격과 임대
주택이 동시에 상승했고, 이로 인해 임대가구 소득 수준에 적정한 임대
주택은 감소하는 현상이 발생했다고 볼 수 있다.

그러나 문제는 '주택난'이란 기표가 주택공급을 위한 신축에 방점을
두도록 하는 효과였다. 앞서 임대주택난의 문제를 언급한 『매일신보』
역시 "집을 짓고 세는 주는 것은 일종의 사회사업이다. 결코 고리대금업
자나 청류의 부자같이 자기의 사리만을 채우는 것은 아니다"라고[71] 하
여 주택신축을 통해 임대주택의 공급을 확대해야 한다고 주장했다. 반
면 『동아일보』는 『매일신보』와 달리 빈집의 발생은 가옥의 신축으로
공급이 과잉되었기 때문이며 이로 인해 임대료는 하락하고 주택난이 완
화될 것이라고 보도했다.[72] 나아가 경성 공황의 여파가 심각하게 전개
되어 임대료가 하락하고 임대업에도 불황이 닥쳤다고 보도하는 등[73]

---

69) 「緩和된 府內의 住宅難; 일백삼십여채의 빈집이 잇다」, 『東亞日報』, 1923. 7. 4.
70) 「住宅難으로 自殺코자, 서슬을 먹었으나」, 『每日申報』, 1923. 9. 4.
71) 「解放欄 투고 환영, 京城의 주택난 있는 자들이여」, 『每日申報』, 1923. 9. 11.
72) 「家屋建築旺盛 家賃低落傾向」, 『東亞日報』, 1923. 1. 19.

주택공급자, 임대업자 등의 입장의 시각을 드러냈다.

1924년 불경기 심화로 물가의 하락이 발생하면서 주택수요 역시 줄어드는 경향이 나타나기 시작하면서 빈집이 증가했고, 1924년 11월에는 3천호의 공가가 발생했다.[74] 이로 인해 시장에서는 임대료가 2엔 정도 인하되는 경향이 있었고, 세입자를 구하기 위해 가구 등을 갖추어 임대를 내놓은 경우도 발생했다. 그러나 저렴한 경성부영주택의 수요는 꾸준히 증가하여 신청자가 쇄도하는 양상이었다.[75] 빈집이 확대되고 임대료가 하락하는 상황에서도 여전히 값싼 주택에 대한 수요가 많았다는 점은 이미 발생한 경성부 주택시장의 문제가 전혀 완화되지 않았다는 것을 보여준다. 이 시기 경성의 주택시장은 매매 중심에 따른 가격 상승으로 임대시장에서 심각한 수급 불균형이 발생하고 있었다.[76]

한편, 빈집의 증대는 민간 임대사업자의 이익에 타격을 입히는 것이었다. 이에 경성부에서는 부영주택의 임대료를 당분간 인하하지 않을 것이며, 부영주택을 신축하지 않겠다고 선언했다.[77] 이처럼 빈민 임대주택사업이 민간임대업자의 이익과 상충되는 현상이 공론장을 통해 확산되면서 경성부의 부영주택신축 중단을 승인하도록 하는 효과가 나타났다.

---

73) 「最近京城市況 極度로 沈衰」, 『東亞日報』, 1923. 11. 13.
74) 「京城市內에 空家三千」, 『東亞日報』, 1924. 12. 30.
75) 「市內家賃減下와 府營住宅狀況」, 『東亞日報』, 1924. 11. 16.
76) 경성의 부영주택은 일본인이 주로 거주하는 용산과 조선인이 주로 거주하는 남대문 봉래정과 동대문 훈련원에 있었다. 흔히 조선인 거주 부영주택을 부영장옥이라고 일컬었는데, 여기에는 빈민뿐만 아니라 중류 월급 생활자들이 거주했다(「府營長屋의 悲慘한 生活(上)」, 『東亞日報』, 1923년 12월 11일, 「府營長屋의 生活內面二」, 1923. 12. 14.).
77) 「市內家賃減下와 府營住宅狀況」, 『東亞日報』, 1924. 11. 16.

1920년대 초 경성부는 공론장이 제기하는 주택난에 대해 주택수요를 조사하기 시작했고, 경찰서를 중심으로 공가조사를 상시적으로 행하고 있었지만, 주택시장의 수급 불균형의 문제를 파악하기 위해 주택임대료, 주거실태 조사를 전면적으로 실시하지 않았다. 또한 공론장에서도 가옥임대료와 주거실태 조사에 대한 요청은 등장하지 않았다.

1920년대 후반에 들어 불경기는 더욱 심화되었고, 경성의 인구는 더욱 증가했다. 인구압에 다른 주택부족 현상이 다시 한 번 공론장에 등장하기 시작했고, 주택신축 건설이 활성화되기 시작했다. 1924년 총독부 재정악화로 관유재산정리를 실시하기 시작하면서 경성부근의 관유지에 대한 민간불하 방침이 확정되었다.[78] 이후 조선토지신탁이 1925년과 1927년 두 차례에 걸쳐 서울역에서 한강통으로 가는 지역에 주택지를 개발했다.[79] 토지신탁의 주택지 개발 성과는 조선인 거주지역의 저발전과 대비되었고, 1927년 이후 공론장에서는 동대문, 신당리 등 조선인 거주구역의 가옥신축에 대한 요청이 제기되었다.[80] 여기에 경성박람회 개최의 결정 등으로 경성개발에 대한 기대가 겹쳐지면, 경성 주택난이 다시 공론장에 등장했다.

경제공황의 영향으로 물가는 하락하는데 주택가격과 임대료는 상승하는 상황이 빚어지면서 경성부민의 생활에서 주택임대료 문제가 크게 대두되고 있었다. 임대료가 다른 도시에 비해 2배에 달한다는 조사통계의 발표와 일본에서 진행되고 있었던 임대료 감하 운동의 영향으로 경성 신간회지부는 차가인 총회를 개최하고 적극적인 주택임대료 감하운

---

78) 「관유재산정리 특히 시가지부터」, 『東亞日報』, 1924. 9. 8.
79) 유승희, 앞의 글, 144쪽.
80) 「사설, 京城府의 住宅經營」, 『每日申報』, 1927. 11. 5.

동을 전개했다.[81] 그러나 이러한 움직임에 대해『동아일보』는 1929년 경성부민 50%가 월세 생활자라는 조사결과를 주택공급과 시가지 확장을 추동하는 근거로 활용했다.[82] 그리고 주택임대료는 물가의 하락으로 곧 하락할 것이라는 낙관적 전망을 내놓았다.[83] 한편 경성부는 세민의 주택난 완화를 위해 금융조합을 통해 초가를 담보로 한 대출을 실시하는 등 대출 기준을 완화시켰다.[84]

다시 제기된 주택난과 그것을 확인하는 조사결과의 발표는 한편에서는 임대료 인하 운동을 다른 한편에서는 경성개발과 시가지 확장을 추동하는 근거가 되고 있었다. 그러나 1930년대 들어 경성부의 동대문 부근 개발사업과 시가지 확장이 가시화되면서 신주택지의 개발 등 주택건설 문제가 공론장에 대두되었다.

5. 나오기

제1차 세계대전 기간 일본의 급격한 산업화는 조선의 경제상황에도 영향을 미쳤다. 1916년부터 쌀값은 급격히 상승하기 시작했으며, 1918

---

81) 「여론은 구체화하여 점차 실행에 착수, 각 사회단체도 해결책 강구, 경성 가임 감하 운동」,『中外日報』, 1929년 11월 16일
82) 「대경성 면목이 安在 3만호가 월세 세민, 총 호수 4만 9천호 속에, 주택난 중의 경성(1)」,『東亞日報』, 1929. 11. 8.; 「地域은 狹窄한데 人口는 飽和狀態, 다라서 주택난 이생기는것 住宅難中의京城(二)」, 1929. 11. 9.; 「保健衛生에도 不適한 每人當 十三坪半, 밀도가심한것으로는고위 住宅難中의京城(三)」, 1929. 11. 10.
83) 「家賃減下運動漸次로 具體化, 경성의 집세도 차차 나린다, 自進減下家主績出」,『東亞日報』, 1929. 11. 20.
84) 「住宅難緩和方針 金組가 積極的으로 活躍」,『每日申報』, 1929. 6. 6.

년 일본의 금융긴축 정책과 상반된 조선은행권의 유통증대는 조선에서 쌀투기를 발생시키면서 경성부민의 생활난를 가중시켰다. 1918년 경성구제회의 염매소 설치는 일본 '쌀폭동'의 영향을 차단하는데 일시적인 효과가 있었을 뿐, 쌀값 상승으로 인한 생활위기를 관리하는 데 역부족이었다.

3·1운동 직후 총독부는 산업개발과 사회사업의 실시를 정책적 의제로 상정했고, 경성부 역시 지방비 지출을 통해 경성 조선인 생활고를 완화시키기 위한 조치들을 실시했다. 또한 민간 사회사업 기구에 대한 보조금지급을 통해 사회사업의 확산을 추동하기도 했다. 그러나 1920년대 경기불황과 공황, 일본 긴축재정 실시 등으로 경성부의 사회사업 정책은 크게 확대되지 못했다. 또한 국세조사의 연기로 사회사업의 정책적 지표가 될 정보가 충분히 집적되지 못함으로 인해 사회사업의 체계성과 효율성을 담보하는데 제한적 요인이 되고 있었다. 또한 경성부가 실시했던 염매소, 공설시장, 주택공급사업 등은 시장의 민간사업자의 이해와 갈등을 빚으면서 조정, 축소되거나, 폐지되기도 했다.

1920년대 경성부 사회사업이 유효성을 담보하지 못하는 가운데 경성부 공론장에서 주도권을 행사하기 시작했던 민족주의 정치세력은 경성 조선인의 생존권 문제를 제기했다. 민족주의 정치세력은 빈민의 증가, 주택난, 임대료 상승 등 조선인 생활위기를 조선인 경제와 조선인 사회의 낙후를 증거하는 것으로 해석했으며, 동시에 그것을 방치하고 있는 식민통치는 조선인의 이해와 조선인 경제의 발전에 부합하지 못하는 것이라고 비판했다. 그러면서 빈민의 증가는 생산적 노동자로의 전환을 위한 경제발전을, 주택난과 임대가격의 상승은 주택건설시장의 확대와 경성의 발전을 추동하는 근거로 활용되기 시작했다. 이들은 자본축적의 위기로 파생된 생존권 문제를 해결하기 위해서는 조선인경제가 발전되어야 한다는 인식을 공론장에 확산시키고 있었다. 또한 경성부 사회사업의 실시 과정에서 빚어지는 민간사업자와의 마찰을 그대로 보도함으로써 시민의 자율적 영역인 시장의 원리를 승인하고 있었다.

그렇다면 '조선인의 사회적 생존권 보장을 위해 자치권을 확보할 필요가 있다'는 자치운동의 담론과 빈민과 주택난 등 생존권 문제의 해결은 어떠한 관계를 갖는 것일까? 생존권보장을 위해 정치권력을 가져야 한다는 주장은 현재의 권력정치(상위 의사결정에 개입 또는 장악하기 위한 정치행위)를 바라보는 일반적 이해와 동일하다. 그러나 양자의 관계가 이러한 일반적 이해에 부합하는지의 문제는 매우 논쟁적일 수밖에 있다.

1920년대 민족주의 정치세력이 생존권 보장의 법제화를 강력하게 요구하지 않은 채, 생존권의 위기를 권력정치의 존립을 위한 근거로 활용하고 있었다는 점은 – 다시 말해 생존권 문제를 경제발전으로 치환함으로써 '시민'의 공공적 이해에 복무하고 있었다는 점은 공공적 이해에 기초한 권력정치가 생존권 문제의 해결에 명확한 한계가 있음을 시사한다.

(김윤희)

IV. 재해 조사의 정치성
── 식민지 통치권력 가뭄 조사를 둘러싼 일반과 특수의 간극 ──

1. 들어가기

식민지기 재해가 어떻게 파악되고 있었는가라는 질문은 식민통치 권력이 식민지 재해를 어떻게 파악하고자 했는가라는 질문과 동시에 그런 식민 통치 권력의 재해 조사와 대책에 대해 당시 식민지 조선인들은 어떻게 인식하고 있었는가라는 두 가지 질문으로 나누어 생각해 볼 수 있다. 이 논문에서는 사회경제 조사로서의 재해 조사를 둘러싼 '식민통치 권력과 재해'라는 문제군을 '사회경제조사의 일반과 특수'라는 측면에서 주목해보고자 한다. 그 한 사례로서 1928년 경북지방 한해에 직면한 식민권력의 재해 조사통계와 조선인 기자 송기찬의 실지조사 사이의 간극 문제를 살펴보고자 한다.

식민지기 재해 문제를 민족차별 문제와의 관련 속에서 파악한 박철하는 조선총독부의 재해 대책에서의 한계성과 그 바탕에 깔린 민족 차별 문제를 부각시켰다.[1] 히구치 유이치(樋口雄一)는 자연재해와 농민이동 문제를 포착하여, 일제하 조선의 농민이동이 기본적으로 제국 일본과 조선총독부의 농업정책에 의해 초래되었다는 입장을 표명했다.[2] 한편, 김종근은 정치생태학적 입장에서 식민지 재해의 특징으로 자연재해

---

1) 박철하, 「1925년 서울 지역 수해이재민 구제활동과 수해대책」, 『서울학연구』 13, 1999.
2) 樋口雄一, 「植民地下における自然災害と農民移動」, 『法學新報』 109-1·2, 2002.

의 대규모적 피해는 사회경제적 시스템에 기인한다는 점을 지적하면서, 그러한 시스템이 안정적인 식민지배를 목적으로 했다는 점을 부각하여, 식민지 재해 문제 속에서 조선인에 대한 차별적·폭력적 성격을 드러내 주었다.[3] 자연재해를 근대적 성격을 갖는 것으로 파악한 고태우는 식민권력의 재해대책 추이를 분석하면서, 재해대책의 기본 구조와 시기별 재해대책의 특징을 드러내 주었고, 식민당국자의 재해대책 인식문제를 분석하면서, 재해대책이 자본과의 결합관계 속에서 이재민을 산업개발에 활용했던 측면도 입체적으로 부각하였다.[4] 하지만 기존의 연구성과에도 불구하고 재해 당사자인 식민지 조선인이 식민권력의 재해조사와 대책에 어떤 목소리를 냈는가라는 미시적 측면은 여전히 분석할 여지가 존재한다.

한편, 일제하 통치당국에 의한 사회경제조사의 일반과 특수 문제에 대한 문제는 당시에도 인식되었던 문제였는데, 『숫자조선연구』(1931~1935) 서언에서 다음과 같이 명확하게 표현되었다.[5]

　▲조선인으로 조선의 실사정을 밝게 알아야 할 것은 무조건하고 필요한 일이다. 거기에는 구구한 이유설명도 군말이 되고 만다. 그러면 조선의 실사정을 밝게 알고저 하는데 잇서서 엇더한 방법 수단을

---

3) 김종근, 「일제하 경성의 홍수에 대한 식민정부의 대응 양상 분석-정치생태학적 관점에서」, 『한국사연구』 157, 2012.
4) 고태우, 「일제 식민권력의 재해대책 추이와 성격」, 『역사문제연구』 31, 2014.
5) 물론 『숫자조선 연구』 시리즈가 민간 조선인이 자체적으로 조사, 수집하여 간행한 독자적인 통계자료는 아니었고, 조선총독부가 조사, 수집한 각종 통계자료가 식민권력에 독점되어 있는 상황에서 이를 민간에 우리말로 공개하고 그것을 새롭게 해석하는데 의의를 가진다는 점을 지적한 박명규·서호철의 분석은 타당하다(박명규·서호철, 『식민권력과 통계-조선총독부의 통계 체계와 센서스』, 서울대학교 출판부, 2003, 125쪽).

선택해야 할 것인가 혹은 여론을 만들어서 어느 정도까지 확실성 잇게 아는 경우도 잇고 쪼 卽接으로 사물의 一斑을 보아 전모를 짐작할 경우도 반드시 업슬수 업는 일이지만은 그보다도 더 확실성 잇게 사정을 통찰코자함에는 당해사물의 질량을 표시하는 숫자의 행렬과 밋 그 변화의 족적을 표시한 통계적 기록을 차저보는 것이 가장 첩경일 것을 밋는다.

▲그러나 조선은 정치적 특수지역인 것만큼 조사통계에도 이중성이 잇서서 어느 정도 이상은 公然히 발표치 안는 것이 원칙이며 사회문제에 繫關된 그것도 쪼한 그러한 관계가 잇슴으로 우리의『숫자조선연구』에는 스사로 그 자료가 한정되여 잇는 것이 큰 유감이다. (중략)

▲『숫자조선연구』는 요컨대 조선의 실사정을 밝게 알고저 하는 노력을 가르친 말임으로 반드시 숫자만의 나열 분석을 의미하는 것이 안이오 설명으로서 사정을 소개할 경우도 허다히 잇슬 것을 미리 말하여 둔다. (중략)

▲수집한 통계 중 우리들의 특수 환경으로 발표치 못한 것과 쪼 수록 통계라도 엄정, 자유한 설명을 가하지 못한 것에 대하야 독자의 양해가 잇서야 하겟다.6)

一. 본서는 사물의 현상을 밝게 알기 위하야 그 數字的 靜的 大量 現狀을 기본적으로 表述하고 또 그 동태를 설명키 위하여는 그 數字的 動的 大量 現狀을 가능한 한도까지 追溯하고저 하였으되

二. 본서는 특수한 정치적, 사회적 처지에서 사물의 숫자적 정적 대량 현상을 관찰코자 한 것이므로 통계학적 관찰 즉 숫자 자체의 규칙성 쏘는 법칙성을 발견코저 하는 노력은 일체로 덜어 버리고 말었다. (중략)

五. 본서는 어디까지 조선 내 제 통계 숫자를 우리의 濾過池에 집어 넣도록 힘썻다. (중략) 본서는 통계집이 아니요 통계에 의거한 우

---

6) 李如星 · 金世鎔,『數字朝鮮研究』第1輯, 京城, 世光社, 1931, 1-3쪽.

리의『숫자조선연구』그것이다.

　六, 본서는 사물이 특징을 숫자적으로 파악하는 동시에 그것과 생
활과의 유기적 관계를 연계시키고저 노력하여 왔다.[7]

　이 두 가지 인용문을 통해 당시 조선에서도 숫자 즉 통계에 기반한
조사가 사회의 총제적 인식을 가능하게 해줄 사회경제 조사 방식으로서
의 명료한 일반성을 확보할 수 있다는 장점과 함께 이것이 개별적인 특
수를 은폐하거나 왜곡할 수 있다는 위험성에 대해서도 주의하고 있었다
는 점을 알 수 있다. 이에 대해서는 박명규・서호철의 연구도 주목하고
있는데, 일제하 공개된 통계자료들이 외관상으로는 객관적이고 중립적
인 숫자와 표, 그래프라는 형태를 취함으로써, 조선에 대한 침략 의도
나 특별히 조선사회를 근대 이전의 미개한 타자로 간주하려는 의도를
노골적으로 드러내지 않았다는 점에서, 그러한 통계자료들이 식민권력
이 식민지 사회를 조사하여 생산한 지식/정보라는 사실이 흔히 간과되
고 있다고 한 점은 중요한 지적이다. 즉, 이런 통계자료들 역시 식민지
조선사회를 통계장치와 통계조사라는 '근대적' 시선을 통해 바라본 결과
물일 뿐 아니라, 어디까지나 '식민권력'의 시선의 산물이라는 점을 고려
해야 한다는 것이다.[8] 이런 속성은 이들 통계 자료 속에 포함된 재해
조사 통계자료들도 마찬가지였다. 고태우에 따르면, 식민 통치권력은
이재민 피해에 대처하면서 자신의 통치성을 증명해야 했던 것으로, 재
해는 식민지민과 통치권력이 조우하는 장이기도 했고, 재해대책은 식민
권력에 제국의 이해관계를 추구하고 통치 안정화를 실현하는 수단의 하

---

7) 李如星・金世鎔,『數字朝鮮研究』第5輯, 京城, 世光社, 1935, 3-4쪽.
8) 박명규・서호철, 앞의 책, 123쪽.

나였다는 것이다.[9]

이 글은 식민지 조선인의 목소리가 재해 상황 속에서 어떻게 발화되었고 식민권력의 재해 조사와 대책을 어떻게 바라보고 있었는지를 살펴봄으로써, 식민권력의 통계가 가진 일반성 확보를 위해 재해 조사과정에서 나타나는 문제와 재해 식민지 조선인의 목소리를 통해 구체적인 재해 상황을 드러냄으로써 식민권력의 통치성의 균열 지점을 찾아보고자 한다.

2. 식민지 통치 권력의 재해 조사

식민통치 당국이 식민지 조선의 사회경제 통계 조사를 거의 독점적으로 주도하고, 또한 그 목적이 통치행위를 위한 업무통계를 확보하는 것에 있었다는 점에서 '국가중심적 성격'을 가진 것으로 파악할 수 있고, 특히 이런 점은 일본 제국에서 수행했던 공식통계 조사와 본질적으로 동일한 것이었다. 오히려 통치 권력이 민간사회를 압도적으로 지배하는 식민지 조선의 상황은 일본 '내지'보다도 더욱 강한 '국가중심성'을 보유하였다고 할 수 있다.[10] 조선총독부가 조사하고 수집한 통계는 수치와 그래프로 계량화되어 객관적이고 일반적인 모양새를 갖추면서 "성장, 발전, 진보라는 근대적 방향을 드러내 주는 역할"을 수행하였다.[11]

---

9) 고태우, 앞의 글, 378쪽.
10) 박명규·서호철, 앞의 책, 125쪽. 식민지 조선에는 민간 통계 전문가가 거의 없었고, 새로 대두되는 각종 '사회문제'들에 대응하는 이른바 '사회통계'도 총독부 권력에 의해 행정상의 필요와 편의에 따라 부분적으로 수행되는 형편이었다고 한다.

조선총독부가 수행했던 통상적인 중앙통계기구 업무는 문서수발과 보고를 통해 집계되는 '업무통계'가 중심을 이루고 있었다. 이 업무통계에 필요한 보고 양식으로 '보고례'가 사용되었다. 보고례에 의한 보고는 원칙적으로 記述的인 것과 통계표 작성으로 나뉘어 있었으나 주를 이룬 것은 통계표 쪽이었다고 한다.12) 이 보고례 형식에 따라 실제 인민과 접촉하는 행정말단에서 조사가 어떻게 이루어졌고, 그 결과 수집된 업무 조사 보고들이 상부에 보고되고 결국 총독부 중앙 통계 담당 부서에서 집계되어 『조선총독부 통계연보』 등과 같은 형태로 간행되었다.13) 이렇게 수집된 통계 자체는 "총독부가 조선에 대해 가지는 숫자로 기록된 지식과 정보의 결합체"로서 개관적 실체를 드러내는 이기도 하지만, 다른 한편으로는 총독부의 '시정'과 그 성과의 과시라는 측면도 중요했던 것이다."14)

한편, 식민지 행정당국의 재해 조사 방식은 재해가 발생시, 조선총독부에서는 재해대책위원회를 설치하여 결정한 재해구제 방침을 각도 등 지방관청에 하달하고, 각 지방 관청에서는 재해지로 출장을 나가 피해 상황을 조사하여 그 결과를 종합하는 것이었다.15) 재해 피해상황의 조사과정에서 위에서 언급한 '보고례'과 같은 형식을 통해 수집하여 그 결과를 전국적인 레벨에서 종합했을 것으로 추정할 수 있다.

거의 매년 재해가 발생했던 것으로 파악되는 일제하 조선에서도, 이 논문에서 다루는 1928년 경북지방의 旱災는 53년 전인 1876년 이래 처

---

11) 박명규・서호철, 위의 책, 59쪽.
12) 박명규・서호철, 위의 책, 47-50쪽.
13) 박명규・서호철, 위의 책, 51-52쪽.
14) 박명규・서호철, 위의 책 125쪽.
15) 고태우, 앞의 글, 400-403쪽.

음 있는 한재라고 할 정도로 극심한 재해로 기록되었다. 재해 조사 통계의 작성프로세스는 경상북도 각 군/면 단위 피해 현황 조사를 통일된 항목으로 정리하여 비교가능토록 일반화하였는데, 피해 지역에 대한 전수 조사 작업은 면/군 단위의 말단 식민 행정 당국이 수행하였다. 군/면 단위에서는 가뭄의 현황을 조사하여 보고하고, 이를 근거로 상부기관에서 재해 대책을 강구하겠다는 것이었을 것이다. 당시 1876년은 旱魃보다는 旱霜의 해가 심하여 대흉년으로 이름이 높았는데, 단순한 한발이 오래 계속됨으로서 농작물의 피해가 극심했던 1928년의 한해는 1853년의 한발[16]과 유사하여 경상북도 관내 총 22군중 4~5군 정도를 제외한 대부분의 군에 걸쳐 발생한 76년 만에 초유의 대재앙이었다는 것이 당시의 인식이었다.[17]

　한재는 재해 발생 빈도에서 풍수해, 화재에 이어 세 번째 발생빈도를 보이기는 하지만, 재해별 규모에서는 가장 큰 비중을 차지했던 것으로 파악되었다. 그중 큰 피해를 주었던 한해만 거론해도 1919년, 1924~1925년, 1928~1929년, 1935년, 1939~40년, 1942년 발생한 한

---

16) "하교하기를, "돌아보건대, 내가 菲德한 몸으로 외람되게 왕업을 이어받아, 밤낮으로 근심하고 두려워하여 감히 편안하게 지낼 겨를이 없었는데, 이제 이 심한 旱災는 어찌하여 이에 이르렀는가?" (『철종실록』 5권, 철종4년(1853년, 계축년) 7월 8일)
　"황해 감사 李根弼이 (중략) 올해 농사가 처음에는 심한 가뭄을 만났는데 또다시 이른 서리를 만나서 경기와 삼남은 피해가 가장 혹심하였으니 재해 상황을 조사하고 饑民을 뽑는 정사를 착실하게 하라는 내용으로 이미 筵席에서 전하가 신칙하시어 지방에 行會하였습니다." (『고종실록』 13권, 고종 13년(1876년, 병자년) 9월 10일)
　두 사료 인용은 http://sillok.history.go.kr.(검색일: 2015년 9월 10일).
17) 송기찬, 「旱災의 慶北 (1)」『동아일보』, 1928. 9. 18. 이하 신문기사는 한국사데이터베이스에서 http://db.history.go.kr (검색일: 2015년 8월 5일).

해는 그 규모가 엄청났다.

『조선총독부통계연보』를 통해서도 그 심각성은 드러나는데, 본고에서 거론할 1928년 한재는 旱魃 항목에서 이재구조인원 기준 역대 2위로 40만 7,024 명의 이재민을 내었고, 이재민 구조 금액 기준 역대 4위로 25만 3,717엔의 구조금액을 투여한 것으로 기록(1915-1942)되었는데,[18] 이는 1928년 이전까지 한재 기록 중에 가장 큰 이재민 피해와 구조금액을 발생시킨 재해로 파악된 것이었다.

1928년 한재의 자금출처별 이재민 구조비를 살펴보면, 국비는 없으나 지방비가 33만 8,310엔(89.3%)을 차지한 반면, 임시은사금과 하사금을 합쳐도 4만 370엔(10.7%)에 불과하였다. 즉, 이재민에 대한 직접적인 구제를 위해 사용된 이재민 구제비는 식민지배 초기에 시혜성이 강했던 임시은사금과 하사금의 비중이 현저하게 줄고, 지방비 즉 식민지인의 세금에서 이재민 구조비가 지출되는 상황이 나타났다는 것이다.[19] 한편, 이재민 구조비에 비해 재해비 비율이 압도적인 비율를 보이고 있다. 1928년도 이재구조비 결산액은 37만 8,680엔(7.0%)에 비해 재해비 결산액은 290만 413엔(93.0%)으로 압도적임을 알 수 있다. 이런 경향은 일제하를 통틀어 이재구조비(12.1%)보다 시설복구적 성격이 두드러지는 재해비(87.9%)가 압도적인 비율를 차지하고 있어 일관된 성격을 드러내고 있다고 할 수 있다.[20]

한편 재해비(국고) 예산 내역을 살펴보면, 1928년도 예산(290만 413엔)은 수해복구비(233만 1423엔, 80.4%)과 화재복구비(52만 4,990엔, 18.1%)

---

18) 고태우, 앞의 글, 381-382쪽.
19) 고태우, 위의 글, 386쪽.
20) 고태우, 위의 글, 387, 389-390쪽.

로 구성되어, 한재복구비가 계상되어 있지 않았고, 1929년도 한재복
구비 예산은 단지 24만 7,797엔(14.5%)가 계상되어 있을 뿐으로, 수해
복구비(135만 7,430엔, 79.3%), 화재복구(10만 5,858엔, 6.2%)로 구성되어 있
었다.21)

3. 송기찬 기자의 경북지역 한재 취재

1928년 경북지방의 한재 실상에 대해서는, 당시 동아일보 대구지국
기자였던 宋箕賛이 1928년 「旱災의 慶北」 기획 취재를 총 36회에 걸친
기사를 2개월여에 걸쳐 연재하여 구체적일 실상을 알렸다.22) 송기찬
은 1899년경 대구에서 출생하여,23) 4년제 보통학교를 졸업한 후,24)
언론활동, 소비조합운동, 소작조합운동 등 사회운동, 실업계에서 활동
했던 경력을 가지고 있다. 1921년 동아일보 대구지국 기자25)를 시작

---

21) 고태우, 위의 글, 416쪽을 재구성.
22) 「旱災의 慶北」 (1)-(완), 『동아일보』, 1928. 9. 18.-10. 24.
23) 1949년 당시 50세로 기록되어 있는 것으로 보아 1899년경에 출생했을 것으로 추
    측된다. 『대한민국인사록』 80. http://db.history.go.kr (검색일: 2015년 9월 10일).
24) "(大邱 宋箕賛) 나는 4년制의 普通學校를 마친 이외에 그 이상의 學校 구경을 못한
    사람이니 학교선택에 대답할 資格을 가지지 못하엿습니다. 그러나 구태여 지금
    네가 學校에 들려하면 어느 學校로 가겟느냐 할 때에는 나는 서슴지 안코 農林學
    校를 가르칠 것이며 앞으로 내 동생이나 子息에게도 그들의 성격상 큰 懸隔이 없
    는 한에는 그리로 넣겟습니다. 그 理由는 아주 간단합니다. 무어라든지 朝鮮은 農業國
    이니 앞으로 興하는 것도 이 우에 더 亡하는 것도 오로지 農村問題의 解決 如何에 잇
    기 때문입니다." 「학교선택체험담」, 『동광』 제18호, 1931. 2. 1., http://db.history.go.kr
    (검색일: 2015년 9월 10일).
25) 1921년 3월 11일 대구지국 기자로 채용되어 같은 해 12월 29일 퇴사했는데,
    1922년 9월 8일 대구지국 기자로 다시 채용되었다는 기사를 확인할 수 있다. 『동
    아일보』, 1921. 3. 11.; 1921. 12. 29.; 1922. 9. 8.

으로, 1922년부터 조선노동공제회 대구지회 간사[26]를 역임하였다. 1923년에는 북성회 계열의 사상단체였던 尙微會 창립과 함께 멤버로 참여하였으며, 대구 최초의 사회단체였던 대구청년회(1920년 1월 창립) 멤버였음이 확인되고 있다.[27] 1924년에 대구노동공제회 제5차 정기총회에서 위원에 임명되었다.[28] 1927년에는 신간회 대구지회에서 활동하기도 했다.[29] 1928년에는 연쇄조합 대구신세계 廉賣場 평의원,[30] 1929년에는 대구염매시장 평의원[31] 등으로 활동하여 소비조합 운동에도 관여하였다. 1938년까지는 동아일보 대구지국 기자로서 활동했던 기록을 확인할 수 있다.[32] 이시기 송기찬은 대구지역 사회운동 단체를

---

26) 1924년 1월 대구노동공제회 제5차 정기총회에서 의원으로 선출되었다. 김일수, 「일제강점기 대구노동공제회의 활동과 성격」, 『대구사학』70, 2003, 95, 106쪽.

27) 대구청년회, 상미회는 대구노동공제회와 그 성원 상당수가 중복되었고, 이를 기반으로 북성회 계열이 대구지역 사회주의 계열을 주도했다고 한다. 송기찬은 이 세 단체에 모두 가입하고 있었다. 한편 『數字朝鮮硏究』의 공저자중 한명인 이여성은 경북 왜관 출신으로 북성회 계열로, 상미회 멤버이기도 했다. 김일수, 위의 글, 89-90, 95쪽.

28) 『동아일보』, 1924. 1. 30. 대구노동공제회의 전신인 조선노동공제회 대구지회는 중앙본회 창립직후인 1920년 6월 6일에 지부로서는 처음으로 창립총회를 개최했다. 발족 초기부터 중앙본회에 대구/경북 출신이 다수 포진했던 관계로 중앙집행부와 밀접한 관계를 형성했다고 한다. 1922년 2월 소비조합 및 지역단위 직업별 노동단체 결성운동을 전개하였고, 4월 제3회 정기총회를 개최한 후 농민문제로 관심을 확대하였다. 1924년부터 조선노동공제회가 실질적 해체과정에 들어가자 대구지회는 독자적 활동을 도모하고자 1923년 1월 28일에 대구노동공제회로 조직 개편하고, 기존의 회장 중심 체제를 집단지도체제인 위원제로 변경하였다. 3월 9일에 농민대회 개최를 계기로 농민문제를 주요 활동 방침으로 설정하였다. 이후 달성군을 시작으로 면단위 소작조합 결성운동 개시하는 등 소작 조건 개선 및 소작인의 경제적 이해 실현을 위한 소작인 조합 활동에 역점을 두었다. 김일수, 위의 논문, 75-84, 95쪽.

29) 『중외일보』, 1927. 7. 26.

30) 『동아일보』, 1928. 5. 3.

31) 『중외일보』, 1929. 10. 17.

32) 『동아일보』, 1938. 7. 2.

주도한 상미회, 대구청년회, 대구노동공제회 등 사회주의 계열 사회운동 단체에 적극적으로 참여하면서, 이 단체들이 관심을 기울이고 있던 농민운동 및 소작조합 결성운동에 깊숙이 관여하였다. 1940년 8월에 동아일보가 폐간될 때까지 기자로 활동했을 것으로 추정된다. 전시체제기 경력은 확인할 수 없었으나, 해방 후인 1949년에 경상북도 물자운영조합 상무이사를 역임하였고,33) 이후 정당 활동에도 관여하여 1963년 김준연·소선규 등이 중심이 되어 창당한 보수정당인 자유민주당에 발기인으로 참여하였다.34) 1973년 대구에서 사망했다는 부고 기사를 확인할 수 있다.35)

宋箕賛

現大邱記者

『동아일보』 1935. 4. 1. 석간

송기찬은 경북지역 사회운동의 중심에서 활동하면서, 그 경험과 네트워크를 자신의 취재활동에 적극적으로 활용하였을 것으로 생각된다. 그가 취재한 내역을 살펴보면, 밀양군청 이전 반대운동(1927. 5. 7.-5. 8)36)과 같은 지역 사회 문제에 대한 취재나, 전조선모범농촌조사(1929. 1. 4.)37)나 경남 진영 迫間農場 소작쟁의(1932. 2. 9.~2. 14.)38)처럼 농촌문제에 대한 기획 취재와 같이 자신의 사회활동과 깊은 연관속에서 기사 작성

33) 『대한민국인사록』 80. http://db.history.go.kr (검색일: 2015년 9월 10일).
34) 『동아일보』, 1963. 6. 15.; 한국민족문화대백과사전 http://encykorea.aks.ac.kr (검색일: 2015년 8월 10일).
35) 『동아일보』, 1973. 12. 21.
36) 『동아일보』, 1927. 5. 7.-5. 8.
37) 『동아일보』, 1929. 1. 4.
38) 『동아일보』, 1932. 2. 9.-2. 14.

이 이루어졌음을 알 수 있다. 또한 송기찬은 재해문제에 대한 기획취재에도 정력적이었다. 1934년 초와 말에 발생한 울릉도 설해 현장과[39] 같은 해 8월에 발생한 밀양지역 홍수 피해 현장[40] 등 재해현장을 취재하였다. 이런 일련의 언론활동은 식민통치권력과 일정정도의 긴장관계를 유지하고 있었다고 이해할 수 있다. 이후 1936년 이후 사방공사·녹화사업(1936. 5. 6.~5. 7.)[41]과 같은 재해예방 관련 취재에나, 산업용 광궤철도 시승기(1938. 7. 1.~7. 2.)[42]와 같은 산업시찰 취재기사 등에서는 식민 통치권력에 대해 유지되었던 긴장관계의 축이 일그러지는 모습도 보인다.

본고에서 다루고 있는 36회에 걸친 「旱災의 慶北」 기획 취재도 2개월여에 걸쳐 한재 현장을 각 군별로 면/동 단위까지 직접 취재하여 이를 동아일보에 연재된 것이었는데, 그 일정은 다음과 같았다. 취재는 크게 3차에 걸쳐 이루어졌다. 먼저 1928년 9월 18일에서 9월 29일에 걸쳐 열흘간 안동군내에 들어가 9회에 걸쳐 취재하여 이를 송고하였다. 안동군 취재와 이후 10월 16일부터 재개되는 취재 사이에는 17일간의 간격이 존재했다. 안동군 마지막 송고기사를 보면 "安東郡完"이라고 기재되어 있다. 따라서 향후 다른 군에 대한 취재도 예정되어 있었던 것으로 추정할 수 있으므로, 기획 자체는 처음부터 경북지역 전체로 예정되어 있었을 것이지만, 어째서 17일 이후에나 취재가 재개되었는지에 대해서는 명확하게 알 수 없다. 취재를 재개한 송기찬은 10월 16일부터 10월 30

---

39) 『동아일보』, 1934. 1. 31. 석간-2. 18. 석간; 『동아일보』, 1934. 11. 29. 석간-12. 15. 석간.
40) 『동아일보』, 1934. 8. 1.-8. 4.
41) 『동아일보』, 1936. 5. 6.-5. 7.
42) 『동아일보』, 1938. 7. 1. 석간-7. 2. 석간.

일에 걸쳐 보름간 의성군의 한재 상황을 직접 다루었으며, 곧이어 군위
군(11월 1일~11월 2일), 예천군(11월 3일) 선산군(11월 4일)을 취재하였다.
이후 11월 5일과 11월 7일에 안동군과 의성군의 한재 상황을 재차 정리
하고, 3차 취재로 돌입하였다. 11월 8일에서 11월 13일에 걸쳐 6일간
달성군을 현지 취재한 후, 11월 15일에는 칠곡군, 고령군, 경산군에 대
한 현지 취재 후 달성에서 기사를 송고하였다. 이후 11월 17일(달성군),
11월 22일(칠곡군), 11월 23일(경산군)에는 각 군단위로 한재상황을 달성
에서 재정리하였고, 역시 달성에서 작성된 경북지역 전체의 총정리 기
사는 11월 24일에 게재되었다.

4. 식민통치 당국의 재해조사와 실지 조사의 간극

식민통치 당국에서는 면 및 군 단위 행정당국이 가뭄 피해의 정도를
조사 작성하여 통계 수치로 제시하고 있었다. 평년 수확량과 代播로 인
한 예산 수확량에 따른 소득을 일정한 도식에 의해 계산하였고, 한재에
대한 조사는 생산재해 부분에 집중되고, 인간재해 부분에 대해서는 소
극적 구제책으로 일관하는 모습을 보여주었다. 이는 1919년 가뭄 이후
일본으로의 조선산 미곡 수급 차질에 대처하기 위해서였다는 사실을 보
여준다.43)

송기찬의 기사에도 식민통치 당국이 통계 조사에 이용했던 위와 같
은 '보고례' 형식에 포함되어 있었을 것으로 생각되는 항목들이 포착되

---

43) 고태우, 앞의 글, 392쪽.

는데, 이 항목에 따라 경북 각 지역의 한해 피해 상황이 수집되고 있었던 것으로 보인다. 지역의 행정 말단에 해당하는 각 면단위에서 수합한 통계가 거의 동일한 항목으로 이루어지고 있으며, 면에서 군으로 군에서 도로 보고가 이루어지고 있다는 정황이 드러나고 있다. 다음 표는 송기찬의 취재 기사 속에서 확인되는 1928년 경북지방 한재를 파악하기 위해 식민통치 당국이 조사한 항목들을 생산재해와 인적재해로 분류하여 재작성한 것이다.

생산재해	현황	畓/田 총경지면적 / 이앙율 / 代播면적 米作收穫全無 / 田作收穫全無 / 收穫皆無 봄 麥作 작황
	예상	米作減收豫想高 / 田作(栗, 豆類, 棉作) 減收豫想高 代播作物收穫豫想高 / 한재피해 내역(엔, 석)
인간재해	현황	총호수 / 농가호수 / 자작농, 자작겸소작농, 소작농 호수 기아세농 호수 / 渡日出嫁者 현황 / 普通學校퇴학자 현황

한편, '보고례' 자체는 행정말단의 조사 담당자가 현지조사 때 사용하는 양식이 아니라, 지방 행정단위별로 그 결과를 모아 상부에 '보고'할 때 쓰는 양식이었다.[44] 따라서 현지조사 때에는 보고 양식보다 더 많은 항목들이 조사되었을 가능성도 무시할 수 없지만, 행정말단의 사정에 따라 조금씩 차이를 보이지만 요구받은 항목 이상으로는 더 조사하지 않았던 것으로 보인다. 실제로 송기찬 기자의 굶주리는 이재민의 존재여부를 문의하는 취재에 행정말단 직원이 "조사해 보지 않았다"라고 대답할 수 있었던 것은, 송기찬 기자의 질문 항목이 상부

---

44) 박명규·서호철, 위의 책, 56쪽.

에 '보고'할 보고례 항목에 포함되어 있지 않았을 가능성을 시사하는
것이다.

그러나 재해 통계 자체는 일정정도의 왜곡과 축소를 동반하였다 할
지라도 완전히 부정할 수 없는 재해 상황을 드러내 주는 것임에는 틀림
없었다. 재해 현장의 현지 취재 조사에 임했던 송기찬도 역시 이 통계
조사 내역을 바탕으로 취재 조사를 시작했던 것이었다. 송기찬은 '이 면
의 피해정도를 數字로 차저본다'45)거나 '구태여 물을 것도 업지마는 듣
기에 너무도 쓰린 數字나 들어보자'46)라고 하면서도, "면사무소에서 취
해주는 統計와 아울러 실지 답사에 나타나는 가지가지의 참상"47)을 통
해 가뭄 재해 현장을 조사하였다. 이렇듯 송기찬은 기본적인 흐름은 여
기에 의존하나 실지조사를 통해 군/면 전수조사 통계가 놓칠 수 있는
특수를 포착하고자 했을 것이다. 면/군 당국이 작성한 조사통계를 기초
데이터로 확보하면서도 여기에 자신의 실지 답사/인터뷰라는 방식을
사용하여 경북지역 재해 현장을 취재하였던 것이다. 이 양자를 결합하
여 대상 지역의 실재를 파악함과 동시에 전국 단위의 비교가능한 일반
성도 획득할 수 있도록 하기 위해, '일반화'에서 놓칠 수 있는 부분 특히
여기서는 가장 피해가 극심한 지역 즉 이앙율 50%이하 지역을 표본 선
정의 기준으로 삼아 실지 조사하고, 나머지는 군/면 단위 조사통계로
보완하는 방식을 취했다.

---

45) 송기찬, 「한재의 경북 (23)」 『동아일보』, 1928. 11. 2.
46) 송기찬, 「한재의 경북 (31), 『동아일보』, 1928. 11. 13.
47) 송기찬, 「한재의 경북 (1)」 『동아일보』, 1928. 9. 18.

의성군	의성면, 단촌면, 점곡면, 옥산면, 사곡면, 가음면, 산운면, 소문면, 봉양면, 비안면, 구천면, 단밀면, 단북면, 안계면, 다인면, 신평면, 안평면 (17개 면)
안동군	안동면, 와룡면, 풍산면, 풍북면, 풍남면, 풍서면, 일직면, 남선면, 남후면, 갑하면, 길안면, 임동면, 임북면, 동후면 (14개 면)
군위군	군위면, 석보면 (2개 면)
예천군	지보면, 풍양면 (2개 면)
선산군	도월면, 해평면 (2개 면)
칠곡군	칠곡면, 왜관면, 석적면, 동명면 (4개 면)
달성군	달서면, 월배면, 해안면, 하빈면, 다사면, 성사면 (6개 면)
고령군	다산면 (1개 면)
경산군	자인면, 안심면 (2개 면)

　실지 조사과정에서 송기찬은 한해 피해를 직접 감내하고 있는 현지 주민과 한해 현장의 행정 책임자 및 담당자들로 크게 두 부류의 집단으로 나누어 인터뷰를 진행하였다. 먼저, 현지농민 또는 현지주민을 7회에 걸쳐 인터뷰했다. 안동군 임하면 某氏, 풍산군 풍산소작인회 간부 李昌植, 李相鳳, 의성군 옥산면 주민 李晩鳳과 그의 소개로 만난 화전민 李鍾燮, 의성군 장춘면 주민 姜鳳秀, 의성군 신평면 주민 柳泰佑, 달성군 하빈면 대평동 아낙네, 달성군 해안면 면내 유지 謀씨가 그들이다.[48] 다음으로 현장 행정 책임자/담장자로 인터뷰한 인물들은 다음 6

---

48) 송기찬, 「한재의 경북 (5)」, 『동아일보』, 1928. 9. 23; 송기찬, 「한재의 경북 (6)」, 『동아일보』, 1928. 9. 25.; 송기찬, 「한재의 경북 (10)-(11)」, 『동아일보』, 1928. 10. 16.-10. 17.; 송기찬, 「한재의 경북 (12)」, 『동아일보』, 1928. 10. 18.; 송기찬, 「한재의 경북 (18)」, 『동아일보』, 1928. 10. 27.; 송기찬, 「한재의 경북 (29)」『동아일보』, 1928. 11. 9.; 송기찬, 「한재의 경북 (31)」『동아일보』, 1928. 11. 13.
　그 밖에 선산군 해평면 조사시 동아일보 대구지국장 金琇鎬와 함께 동행하였다. 송기찬, 「한재의 경북 (25)」, 『동아일보』, 1928. 11. 4.

명이었다. 이름을 밝히지 않은 안동군 행정 담당자와 경찰관, 의성군수
朴濟輪, 군위면장 金南洙, 이름을 밝히지 않은 예천군 풍양면 면서기,
선산군수 吳在淳[49] 등이 그들이다.[50] 이를 통해 재해통계를 수집해 상
부 기관에 보고하는 주체인 현지 행정 담당자들의 인식을 추정해 볼 수
있다. 두 그룹은 동일한 한해 현장에 있었지만, 그 인식 차는 상당히 넓
었다.

　송기찬의 기사에는 취재 중에 면단위까지 실지 조사하여 정경을 묘
사하거나 현지주민으로부터 들은 정보를 표현하는 경우가 다수 존재한
다. 먼저 안동군 임하면 면사정이 밝은 某氏는 극도의 절식 상황과 수
수죽, 나물밥 먹는 기아호수에 대해 증언하고 있다.[51] 의성군내 가장
가뭄이 심한 장춘면 주민 姜鳳秀의 한해 현지에서 "사는 양"을 농사면
적, 가족상황, 고용형태, 수입과 소비 실태, 세금납부 등을 직접 조사함
으로써, 지출을 감당하기 어려운 적은 수입 문제를 지적하였다.[52] 의성
군 신평면 "면일에 만히 애쓰고 잇는" 柳泰佑 등을 인터뷰하여 생업부조
중심으로 진행되는 한해 대책의 문제점을 지적하였는데, 해당 면은 생
업부조를 통한 구제가 불가능한 지역이라는 사정을 들어, 직접구제만이
향후 대책이 될 것이라는 목소리를 들려 주었다.[53] 밭 한가운데서 우연

---

49) 송기찬, 「한재의 경북 (25)」, 『동아일보』, 1928. 11. 4.에 취재한 "선산군수 吳"는
　　『조선총독부 및 소속관서 직원록』, 1928년도 부분에 吳在淳으로 확인된
　　다.(http://db.history.go.kr/ item/level.do?itemId=jw&types=1928-13-117-0796-00894
　　(검색일: 2015년 9월 10일))
50) 송기찬, 「한재의 경북 (1)」, 『동아일보』, 1928. 9. 18.; 송기찬, 「한재의 경북 (13)」,
　　『동아일보』, 1928. 10. 19.; 송기찬, 「한재의 경북 (23)」, 『동아일보』, 1928. 11. 2.;
　　송기찬, 「한재의 경북 (24)」, 『동아일보』, 1928. 11. 3.; 송기찬, 「한재의 경북 (25)」,
　　『동아일보』, 1928. 11. 4.
51) 송기찬, 「한재의 경북 (5)」, 『동아일보』, 1928. 9. 23.
52) 송기찬, 「한재의 경북 (12)」, 『동아일보』, 1928. 10. 18.

히 만나 취재한 달성군 하빈면 대평동 아낙네의 목소리는 더욱 처참아
여 송기찬의 표현대로 '목불인견'의 상황으로, 한재 걱정에 더해 이제
막 돌된 자식의 발육을 걱정하는 모습을 목격했던 것이다.54) 의성군 옥
산면에서는 주민 李晩鳳 인도로 화전민 李鍾燮을 인터뷰하여 화전민의
참담한 상황을 생생히 취재하였다.55) 계층별 민족별 재해 정도의 차이
에 대한 문제점도 현장 취재를 통해 생생히 드러났는데, 먼저 달성군
해안면 면내 유지 謀씨에 따르면, 일본인 농장은 옥토에 대농장을 보유
하고 있었으며, 능금 농사를 필두로 채소 기타의 농사상 패권을 가지고
있었는데, 한재에도 불구하고 별다른 피해가 없었다는 것이다. 다만 그
들이 '골라갈 대로 골라가고 남은' 척박한 땅을 부치는 조선인들에게 커
다란 피해가 발생했던 것이고, 이들 조선인 기아세농은 일본인 농장에
서 하루 12시간 노동하여 벌이를 확보하여 기아를 견디고 있다고 증언
하였다.56) 이런 한재 상황 속에서도 행정 당국은 소작농회의 통제에
나선 상황이 포착되었다. 송기찬은 그 자신이 가입했던 상미회, 대구
청년회, 노동공제회의 소작조합 결성운동 과정 중에 확보했을 풍산군
풍산소작인회 간부 李昌植, 李相鳳의 협력을 얻어 풍산일대의 가뭄사
정을 인터뷰 하는 한편, 이 와중에 소작쟁의에서 유일하게 승리했던
경력을 보유한 풍산소작인회 간부가 5명이나 연행중인 사실을 폭로하
기도 했다.57).

---

53) 송기찬, 「한재의 경북 (18)」, 『동아일보』, 1928. 10. 27.
54) 송기찬, 「한재의 경북 (29)」, 『동아일보』, 1928. 11. 9.
55) 송기찬, 「한재의 경북 (10)-(11)」, 『동아일보』, 1928. 10. 16.-10. 17.
56) 송기찬, 「한재의 경북 (31)」, 『동아일보』, 1928. 11. 13.
57) 송기찬, 「한재의 경북 (6)」, 『동아일보』 1928. 9. 25. 소작조합운동을 주요 운동의
하나로 추진했던 대구노동공제회 간사였던 송기찬과 지주를 상대로 소작쟁의를
성공적으로 이끌었던 풍산소작인회 관계자들과의 관계 등을 고려하면, 송기찬의

송기찬은 기사 작성과정에서 군/면 단위 조사통계 항목이 가진 일반
적 의미를 실지조사를 통해 구체적으로 재해석하는 모습도 보인다. 기
아세농을 '수수죽, 나물식으로 생계를 이어가는 자작겸소작농이나 소작
농58)으로 정의하거나, 자작겸소작농의 의미를 "토지가 너무 척박하여
'팔래야 팔수 없는 땅이고 잡힐래야 잡아주지 않는 땅'으로 통계상으로
는 '자작'이란 두글자가 첨부되어 있을 뿐" 으로 단순히 자작 우세지역으
로 일반화하여 파악할 수 없다며 비판하고 있다.59) 이런 해석은 세농을
소작농과 자작겸소작농을 포함시켜 설명하는 부분에서도 드러난다.60)
또한 소작관행에 대한 구체적 설명도 곁들이고 있다. 예를 들면 이앙된
미작 수확은 소작료의 대상이지만, 이앙 실패 후 代播한 작물에 대해서
는 통상적으로 소작료를 지불하지 않아도 된다는 대파와 소작료의 관계
를 설명하고 있는 대목이 그것이다.61)

한편, 현장 행정책임자나 담당자의 목소리는 한해 현장 주민의 목소
리와 사뭇 다른 내용을 들려주고 있었다. 이들은 한해 피해자 보다는
피해 상황 자체에 대한 관심이나 피해 조사에 대한 행정적인 절차에 관
심을 기울이거나 한해 대책에 대한 책임 회피에 급급한 모습을 보인다.
먼저, 안동군 행정 담당자는 다음해 봄까지 가기 전 이미 발행한 기아
호수 통계를 묻는 송기찬의 질문에 조사해 보지 않았다고 대답하였
다62). 추측컨대, 이 조사항목이 한해 조사를 위해 행정상 요구되는 보

경북 지역 한재 조사가 지속적으로 이루어질 수 있는 바탕을 추측가능하다.
58) 송기찬, 「한재의 경북 (3)」, 『동아일보』, 1928. 9. 21.
59) 송기찬, 「한재의 경북 (3)-(4)」, 『동아일보』, 1928. 9. 21.-9. 22.
60) 송기찬, 「한재의 경북 (5)」, 『동아일보』, 1928. 9. 23.
61) 송기찬, 「한재의 경북 (17)」, 『동아일보』, 1928. 10. 26.
62) 송기찬, 「한재의 경북 (1)」, 『동아일보』, 1928. 9. 18.

고례 등에 들어있지 않았을 확률이 높고 이에 따라 행정 말단의 관심 영역 밖에 존재했을 것이다. 안동군 어느 경찰관은 피재 빈민의 구제보다 오히려 피재 중산계급의 몰락을 사상의 '악화'라는 측면에서 걱정하고 있었다. 원래 가난한 궁민들은 궁핍한 생활에 일정정도 내성이 생겨 버텨낼 수 있겠지만, 소작료를 받아 빠듯하게 살고 있던 중산계급이 소작료 감소로 채무상황이 어려워져 불어나는 이자를 감당하지 못해 파산할 위험이 있으며 이들이 고등유민으로 전락하게 되면 사상의 '악화' 문제가 발생할 수 있다는 것이다.63) 의성군수 박제수의 경우에는 한해 대책으로 지출되는 면비가 걱정으로 그 결손분 만큼 군행정이 초래될 지장만을 걱정하고 있다.64) 군위군 군위면장 김남수는 재해 상황은 이미 조사된 통계만 살펴보면서, 세농 구제는 원래 상부의 위정당국이 해야 할 일이라면서 수수방관하는 모습을 보인다. 또한 내년 농사에 사용할 種穀 문제를 거론하며, 대지주가 작인에게 종곡문제를 해결해야 하며, 자작농 이상에게는 면 적립금으로 종곡 대여를 군에 요청중이라는 답변을 내놓는다.65) 심지어 풍양면 면서기는 인터뷰 중에 "우린 기아호수가 없다"며 재해 상황 자체를 부정하는 발언을 내어놓았고, 66) 선산군수 오재순은 엉뚱한 '민심 소동'으로 치부하며 재해 상황에 대한 문제제기에 코웃음 치는 모습을 보인다.67) 이렇듯 재해 현장 주민의 목소리는 행정 말단의 담당자도 목격했을 것이지만, 행정 당국에서 일원적으로 조사하는 보편적 항목 속에 이런 상황이 제대로 담겼는지는 의심의 여

---

63) 송기찬, 「한재의 경북 (1)」, 『동아일보』, 1928. 9. 18.
64) 송기찬, 「한재의 경북 (13)」, 『동아일보』, 1928. 10. 19.
65) 송기찬, 「한재의 경북 (23)」, 『동아일보』, 1928. 11. 2.
66) 송기찬, 「한재의 경북 (24)」, 『동아일보』, 1928. 11. 3.
67) 송기찬, 「한재의 경북 (25)」, 『동아일보』, 1928. 11. 4.

지가 있다는 점을 송기찬은 현장 인터뷰를 통해 제시했다고 할 수 있다. 이들이 담당하고 지휘하는 행정 말단에서 조사하여 수합한 한해 통계가 과연 얼마나 적실성을 보여줄지에 대해서는 의문이 들지 않을 수 없다. 지나치게 현실을 그대로 반영한 재해 통계는 재해 구제와 재해 재발 방지를 위해 쏟아야할 재원의 확대를 가져와 통치비용에 부담을 주는 것은 물론 총독부의 '시정'에 의문을 제기하는 불필요한 작업이기도 했던 것이다.[68]

그 결과 군/면 단위 조사통계에서 다음과 같은 내용들을 살펴볼 때 일반적인 조사 항목이 구체적인 상항을 은폐되거나 왜곡될 가능성이 존재했다. 먼저, 地力이 자작농, 자작겸소작농의 토지에 비해 척박한 소작지가 한재에 더 취약한 상황이 고려되지 않을 가능성,[69] 의성군 신평면과 같이 화전농 지역으로 재해 대책으로 제시되었던 수리 구제사업 자체가 불가능한 지역이 발생할 가능성[70]이 존재했다. 예천군 풍양면 면서기가 피재상의 축소·왜곡보고가 있었고,[71] 또한 재해 규모 분석에

---

68) "총독부의 근대적 통치가 한반도의 풍토(토지, 기상)와 인구를 자원으로 하여 농업, 상업, 광업, 제조업 등 각종 산업을 일으키고, 그것을 위해 철도와 전신을 비롯한 교통, 통신시설과 항만시설 등 하부구조를 건설하였으며, 이 땅의 주민들의 삶을 경찰하고 그 위생을 돌보는 한편, 각종 교육기관과 사회복지시설로써 그들을 교화하고 있다는 사실을 웅변하고 있는 것이다." 박명규·서호철, 위의 책, 59쪽.

69) 송기찬, 「한재의 경북 (4)」, 『동아일보』, 1928. 9. 22.

70) 송기찬, 「한재의 경북 (18)」, 『동아일보』, 1928. 10. 27.

71) "기아 호수에 잇서는 소위 면행정의 일을 보고 日給을 먹는다는 면사무소의 면서기니 하는 사람들이 무슨 심사의 수작인지 우리면에서는 나락을 여간 못 심은대는 잇서도 지난 금년 麥作이 풍작이어서 아즉 굶줄이는 빈농도 업다하며 무슨 外面 太平을 쑤미는 것 가튼 허튼 수작들은 그것을 소개하기에 지면이 더러울 만큼 차라리 一笑를 해버리는 것도 優遇하는 細씁이 되는 일종 골계적 짓걸임도 잇섯거니와 다른 곳에지지 아니할 씀洞에 잇는 기아에 싸진 호수는 마치 한가지 참담하기 그지업는 情狀일 짜름이다." 송기찬, 「한재의 경북 (24)」, 『동아일보』, 1928. 11. 3.

서 안동군 추정과 경북도 추정이 각각 1/4과 1/20로 갈렸던 안동군과 경상북도 당국의 논쟁을 통해 경상북도 당국이 道費 사용에 소극적이었던 상황이 존재했던 점을 확인할 수 있었다. 이는 재해가 크게 부각되면 도 행정당국의 失政의 지표가 되므로 책임 추궁을 피하고자 했던 정황을 포착할 수 있었다.[72]

송기찬은 경북지방 한재 피해조사의 최종 목표라고 할 수 있는 기아세농의 석출을 시도했다. 그는 미작감수율 10~30% 이하의 지역은 郡당국 조사에 의거하면서도, 행정 당국이 발표한 이앙율 50% 이하 지역에 대해서는 직접 취재를 통해 보완하면서, 기아호수 추정치를 아래와 같이 종합하였다.[73]

	미작예상량 (석)	전년대비 미작예상율(%)	전년대비 전작예상율(%)	기아호수 (호)
의성군	-106,465	-94.0	-34.9	6,179
안동군	-61,734	-83.0	-45.0	3,090
군위군	-32,295	-43.8	?	1,440
예천군	?	-85.0	-45.0	591
선산군	-55,475	-55.4	-50.0	1,695
칠곡군	-57,830	-69.9	-57.0	3,048
달성군	-58,646	-52.0	-51.0	3,228
고령군		-75.0	-40.0	297
경산군	-41,798	-40.0	-18.0	2,057
총 계	-424,784			23,328

이 모두를 결합한 결과, 송기찬이 조사한 도내 7개 군만으로도 미작감수량 42만 4,784석, 기아세농은 2만 1,328호로 추산되었다. 한편, 도

---

72) 송기찬, 「한재의 경북 (1)」, 『동아일보』, 1928. 9. 18.
73) 송기찬, 「한재의 경북 (완)」, 『동아일보』, 1928. 11. 24.

내 기아세농에 대한 통계가 제시되고 있지 않던 당시 상황에서도 경북 도 당국이 조사한 도내 전체 통계는 미작감수가 73만 여석으로 추산되 고 있다는 점을 들어 송기찬은 기아호수가 더 많이 존재할 것으로 추정 했던 것이다.74)

이런 왜곡이 발생하게 될 배경에는 행정 말단의 문제만이 아니라 보 다 구조적인 문제가 존재했다. 행정 당국의 기본방침이 재해 구제의 최 소화하고, 인보상조를 중심에 놓고자 하는 데 놓여있었다는 점을 들 수 있다.75) 수확기인 가을과 겨울에는 상대적으로 식량이 존재하므로 재 해 구제에 나설 필요가 없으며 본격적인 구제는 明春부터 시작할 것이 라는 행정당국의 방침이나,76) 군 당국에서 기아 세농 호수를 최종적으 로 확정하는 상황에서 隣保相助 부분을 제외하고자 하는 모습들77)이 그것이다. 이런 경향은 직접구제보다는 생업부조 중심으로 재해 대책을 강구하겠다는 후루하시 타쿠시로(古橋卓四郞) 경상북도 내무국장의 발언

---

74) 송기찬, 「한재의 경북 (완)」, 『동아일보』, 1928. 11. 24.
75) 구제의 최소화 경향에 대해서는 일본에서 유래한 '제한적 구조주의'와 재정 지출 부담을 축소하고자 하는 부분도 존재했으며, 친척이 서로 돕고 가족제도로 구제 할 수 없는 경우에는 隣保相扶의 방법으로 하며, 순차적으로 면, 군, 도, 총독부 단위로 나아가야 한다는 논리. 고태우, 앞의 글, 404쪽.
76) "(경북도)당국에서는 災民의 구조는 내년 窮春부터이라하야 수확의 가을을 지냇 는데도 거둘 것이 업섯고 벌서부터 債貸의 길이 막히인 罹災細民의 굶줄임에 허 이는 양은 뭇지조차 안하는 터이라 한다. 겨울은 자꾸 지터가는데 이를 罹災細民 에게 닥처올 것은 기한쑨일 것임에 어쩌랴? " 송기찬, 「한재의 경북 (완)」, 동아 일보』, 1928. 11. 24.
77) 의성군 기아호수 6,179호에 인보상조 2,000호를 제외한 4,000호가 구조를 필요로 한다는 조사보고에 대해 송기찬은 인보상조를 제외하여 발표하는 것은 기아호수 를 줄여보려는 허튼 수작이라며, "남의 기아를 구해줄 후한 인정이 어디서 생겨 날 자리가 있을까?"라고 의문을 제기하면서, '인보상조'라는 조사 통계를 제시한 당국의 진의를 해석하기 어렵다고 비판하고 있다. 송기찬, 「한재의 경북 (27)」, 『 동아일보』, 1928. 11. 7.

에서도 확인할 수 있다. 후루하시는 경상북도 관내 16군 군수가 모인 한해 대책 회의에서 "함부로 한해 구제라고 말하면 墮民을 양성할 염려가 잇는 고로 이점에 대하야 충분히 주의하도록 유시하야 두엇다. 만일 면세라든지 구제라고 말하면 사람이라는 동물은 기회만 잇스면 놀기를 조와하는 것임으로 도의 방침으로는 노동할 수 업는 노인과 아동들과 부양자가 업는 불구자의 일 소부류의 人을 제외한 외에는 직접으로 식량을 배급치 안코 될 수 잇는데까지 여러 가지 공사를 시작하야 일하는 기회를 주어 勞賃으로써 생활케하고저 한다"고 생업부조에 의한 구제책을 역설했다.78) 즉, 직접구제를 최소화 하면서 통치의 부담을 줄임과 동시에 이재민을 활용하여 토목공사 등을 통해 재해와 산업개발을 연계시키고자 하는 생업 부조 방식을 취하려는 경향이 드러나고 있는 것이다.79)

행정 당국의 재해대책 사업으로 응급구제 사업으로 생업부조 사업과 직접 구제사업이 존재했다. 응급구제사업 중 생업부조사업은 제언 등 수리공사, 철도공사, 도로공사 등으로, 지방비나 국고를 투여하여 각종 공사에 이재민을 동원하여 작업에 투입하고 임금을 지불하거나, 가마니 짜기나 죽세공품을 만드는 부업장려 방식이었다. 생업부조 방식이 불가능한 지역에 실시되는 직접구제로는 곡식이나 현금, 물품을 제공하는 방식을 들 수 있다. 한편, 재해예방대책으로는 사방사업, 조림사업, 하천개수 등 토목사업 등으로 구성되어 있었는데, 재해예방 대책은 재해예방이란 목적으로 생업부조 사업을 진행하였을 뿐이었다.80) 송기찬의 취재과정에서 확인된 통치 당국의 재해대책도 이런 인식의 연장선상에 있는 것이

---

78) 『동아일보』, 1928. 9. 14.
79) 고태우, 앞의 글, 410쪽.
80) 고태우, 앞의 글, 401-402쪽.

었다. 먼저 생업부조 사업은 각 군/면에서 경상북도에 신청 중인 기사가 다수 등장하고 있다. 예를 들면 의성군의 경우, 각 면 재해대책은 생업부조 방식으로 지방비, 국고로 공사비를 얻기 위해 다음과 같은 사업을 신청 중이며 아직 허가여부는 미정이라는 기사를 제시하고 있다.[81]

점곡면_수리사업 / 옥산면_수리사업, 등외도로[82]건설
사곡면_도로공사 / 가음면_등외도로공사
소문면_도로공사 / 봉양면_등외도로
다인면_제언확장공사 / 단밀면_수리공사, 등외공사
단북면_등외도로공사 / 구천면_저수지, 보 확장 공사
비안면_용수지(溜池) 확장 공사

한편, 이미 진행되고 있는 공사 즉 본래부터 실행하려던 사업들을 재해대책으로 전용하는 경우[83]도 찾아볼 수 있었다. 안동군 안동면의 경우, 마침 인근에서 진행 중이었던 예천-점촌간 철도공사에 면내 머슴, 장정이 모두 여기에서 출가노동에 종사하였다.[84]

직접구제 방식은 생업부조사업이 불가능한 지역에 대해 적용되었는데, 이에 대한 기사는 의성군 신평면의 경우로 생업부조사업 자체가 불가능한 벽지로서 직접구제 외에 달리 방도가 없는 상황을 전하고 있었다.[85]

---

81) 송기찬, 「한재의 경북 (16)」『동아일보』, 1928. 10. 25.
82) 일제강점기에는 도로의 등급을 경성으로부터 도청 소재지나 주요 철도역을 잇는 1등 도로, 도청 소재지 간 혹은 도청 소재지에서 군청에 이르는 2등 도로, 군청 소재지를 연결하는 3등 도로 그리고 등외 도로 등 4종으로 구분하였다.『향토문화전자사전』http://www.grandculture.net (검색일: 2015년 9월 12일).
83) 고태우, 앞의 글, 410쪽.
84) 송기찬, 「한재의 경북 (8)」,『동아일보』, 1928. 9. 27.
85) 송기찬, 「한재의 경북 (18)」,『동아일보』, 1928. 10. 27.

한편, 이런 재해대책의 전제는 인보상조의 논리였다. 다음해 농사의 관건인 種穀 문제에 대한 기사에서 형편이 나은 대지주에게는 소작인에게 종곡 문제를 해결해 줄 것을 종용하였고, 그 외 자·소작농에게 대해서는 면 적립금을 활용하여 무이자 종곡 대여 방식을 취했다.86) 의성군 기아호수 계산에서도 인보상조를 제외하여 발표하는 것은 기아호수를 줄이고 있는 모습을 목격하기도 했다.87) 또한 면당국의 권한 하에 식산계에 매년 추수시 매호 몇 되씩 貯穀을 분용하도록 한 부분도 인보상조의 한 예로 들 수 있을 것이다.88)

식민권력의 재해대책 문제에 대해서 송기찬은 그 적실성에 대해 소극적, 적극적으로 비판을 가하고 있다. 신평면의 존재처럼 직접구제 외에 달리 방도가 없는 경우나, 가마니 짜기 등도 효과를 볼 수 없는 상황 즉 벼가 발아조차 하지 못하거나 고사해 버린 결과 볏짚을 확보할 수조차 없어 가마니조차 짤 수 없는 상황89)을 들어 생업부조라는 총독부가 주안을 두고 있는 재해대책에 대해 문제를 제기하였다. 이런 부분은 후루하시 경상북도 내무부장이 언급한 墮民 즉 게으름의 소산이라고 비난할 수 없는 부분의 존재를 부각시켰다. 송기찬은 "남의 救함을 바라지 안코 제밥을 제가 끓여 먹을 집이 몃집이나 될 것이며, (…) 남의 기아

---

86) 송기찬, 「한재의 경북 (23)」, 『동아일보』, 1928. 11. 2.
87) 송기찬, 「한재의 경북 (27)」, 『동아일보』, 1928. 11. 7.
88) 송기찬, 「한재의 경북 (28)-(29)」, 『동아일보』, 1928. 11. 8.-11. 9.; 달성군 "기아호수에 대해서 지방비나 국고에서 상당한 구제가 잇슬 일이지마는 우선 응급책으로 달성군 전부에 亘하야 매년 추수시 每戶 幾升의 貯穀을 해오는 殖産契가 모여 잇는 것이 상당한 액수에 달해 잇다는 터이라는 바 此際 그러한 계의 재산을 분용해 쓴다면 幾分의 완화가 잇슬 것임에 불구하고 면군 당국에서 바로 豪華로운 이유를 내세우며 그대로 거머쥐고 잇는 것은 알기 어려운 짓들이라 하야 곳곳마다 비난의 소리가 들린다한다" 송기찬, 「한재의 경북 (28)」, 『동아일보』, 1928. 11. 8.
89) 송기찬, 「한재의 경북 (28)」, 『동아일보』, 1928. 11. 8.

를 구해줄 여유와 딸하서 후한 인정이 어디서 생겨날 자리가 있으랴? 이러함에도 불구하고 '인보상조'라 하야 조사한 당국의 진의를 해석하기 어렵다'며, 인보상조에 대해서는 특히 비판적이었다.[90]

최종적으로 피재민에게 남은 선택은 사회로부터의 보호를 포기하고 개인적인 대책을 강구하는 各自圖生 그것이었다. 머슴들은 자진해고를 요구하여 다른 살길을 찾거나, 농민들은 극도의 절식으로 그저 감내하거나 유민·표랑의 길로 나아가는 길 밖에는 없었을 것이다. 渡日出嫁 등 유랑 표랑에 대한 기사는 거론된 거의 모든 면단위에서 나타나고 있었다.

이에 대한 대책으로 송기찬은 사회의 근본적 개조문제를 거론하고 있었다. 통치 당국이 제시한 재해 대책의 방향성은, 가뭄으로 발생한 생산재해 문제 즉 미곡 수급문제로 인식하여 이에 대한 대책만을 강구하는 방향이었지만, 송기찬은 한재에 소작인 피해가 점점 더 밝혀지는 상황에서는 사회의 근본 개조 문제에 들어갈 수밖에 없다는 소작인 문제를 제기하면서 농업기구 자체의 문제로 파악하여, 이에 대한 사회정책을 강구하는 방향으로 나아갈 것을 주장하였다[91].

5. 나오기

식민통치 당국의 사회경제 통계와 그 대상이 되는 개별적 인간들의 목소리의 간극은 '선정'이라는 식민지 통치성에 근본적인 의문을 제기하고 있었다. 식민지 통치당국의 말단에서 작성된 군/면 단위 통계는 전

---

90) 송기찬, 「한재의 경북 (27)」, 『동아일보』, 1928. 11. 7.
91) 송기찬, 「한재의 경북 (30)」, 『동아일보』, 1928. 11. 10.

국 각지에 동일한 항목을 조사함으로써 비교가능한 객관성과 일반성을 확보할 수 있지만, 각 지역별 특수성을 파악하는 데는 실패할 가능성이 높다고 할 수 있다. 조선총독부의 재해 대책에 대한 기본 방침은 인간 구제 즉 직접구제를 최소화하고 생산구제 즉 생업부조를 우선하고자 하는 방향에 서 있었다. 이것은 식민지 통치권력의 재해에 대한 '소극적 구제주의'의 소산이기도 하다. 여기에는 재해 구제비 지출 확대를 막기 위한 재정적 차원과, '선정'의 실패를 호도하려는 정치적 의도도 숨어 있었다. 또한 지방 말단행정에서는 자신의 '실정'을 은폐하기 위한 조사 단계에서의 왜곡도 존재했다. 박명규·서호철의 지적대로 지나치게 현실을 반영한 통계는 조선총독부가 그동안 통치의 정당성 확보를 위해 내세웠던 '선정'이라는 통치성에 의문을 제기할 불필요한 작업이었던 것이다.92) 이것은 기아세농의 통계를 축소하려는 경향으로 이어졌다.

한편, 실지조사의 경우에는 대상 지역에 대한 주관적인 조사와 그 특수성에 집중함으로써 대상 지역의 실재에 가까운 파악이 가능할 수 있지만, 비교 가능한 일반성을 파악하는 데는 실패할 가능성이 높았다고 할 수 있다. 경북지역 사회운동에 깊숙이 간여하고 있었던 송기찬은 1928년 경북지방 재해 취재과정에서 행한 실지조사를 통해 군/면 행정 당국이 수집한 재해 통계 조사를 적극적으로 활용하면서도, 재해 현장의 조선인들의 개별적인 목소리들을 발굴해 내면서 일반 통계 속에서 배제된 지역 각각의 특수성을 들어 일반론에 대항함으로써 식민지 권력의 통치성에 대한 비판을 감행했던 것이다.

(송병권)

---

92) 박명규·서호철, 앞의 책, 59쪽.

제2부
민족의 외부

Ⅰ. 인천 거류지 일본인, 독점과 배제의 경제학

1. 들어가기

인천항은 19세기말 20세기 초 중국 상하이와 일본 나가사키, 오사카를 연결하는 경제네트워크의 한축을 담당했다. 1883년 개항 직후부터 조선, 일본, 중국 상인이 들어와 무역상품의 거래를 시작하였고, 1890년에는 부산항의 수출입무역액을 능가하면서 조선 제1의 무역항으로 등장했다. 1894년 이후 인천은 두개의 상품유통망을 연결하는 지위를 갖고 있었다. 하나는 나가사키, 오사카, 상하이, 지푸 등의 해외유통망이었고, 다른 하나는 평양, 군산, 목포 등을 연결하는 서해안 유통망이었다. 해외무역과 국내무역 중심지로서 인천항의 성장은 서울을 중심으로 하는 광범한 소비시장을 갖고 있었기 때문에 가능한 것이기도 했다. 이로 인해 1894년 이후 인천항은 조선 총 무역액의 60%를 점하는 최대무역항으로 등장하면서 국내 시장에 수입상품의 공급지로서 기능했다.

1894년에서 1905년까지 인천 대일무역의 특징은 무역액의 급증, 무역적자액의 증가라는 특징을 보였다. 주요 대일 수출 상품은 청일전쟁 이전과 마찬가지로 곡물이었지만, 대일 수입상품은 청일전쟁 이전 나가사키를 경유하는 서양면제품에서 일본산 면제품으로 변화했다. 또한 대일수입상품에 대한 한국인의 소비가 증가했다. 인천항 무역상황의 이러한 변동으로 인해 거류지 일본상인의 영업 역시 변화될 수밖에 없었다.

인천항 무역구조 변동에 대한 기존 연구는 米綿교환 또는 穀綿교환의 무역 구조가 농업과 織布 생산에 미친 영향을 설명하기 위한 것들이 대부분으로 무역구조의 변동이 거류지 일본상인의 영업에 어떠한 영향을 끼쳤는지에 대해서는 거의 관심을 두지 않았다.1) 거류지 일본인에 대한 연구는 한상의 상권침탈이라는 관점에서 진행된 연구와 거류지 일본인 사회의 형성과 구성에 초점을 두고 진행된 연구가 있다. 전자의 경우는 일본상인과 한국상인의 대립구도 속에서 일본상인의 약탈성에 주목하였기 때문에 이주 일본인의 경제활동의 전체상에 접근하는 데는 일정한 한계가 있었다.2) 후자의 경우는 이주 일본인 사회의 형성에 초점을 맞추어 이주의 사회경제적 배경, 거류지 공동체의 형성과 활동, 거류민 사회 내부의 갈등 등을 고찰하여 이주 일본인 사회의 전체상을 이해하는데 많은 기여를 했다. 그러나 다른 한편 거류지 내부 또는 거류지와 본국과의 관계에 집중함으로써 거류지와 거류지 밖 국내 지역과의 관계성을 고찰하는 데는 일정한 한계가 있다.3) 이주 일본인에 대한 양

1) 이병천, 『개항기 외국상인의 침입과 한국상인의 대응』, 서울대학교 박사학위논문, 1985; 金敬泰, 「大韓帝國時期의 米穀通商構造:帝國主義 形成期의 米穀問題」, 『大韓帝國研究』 4.1986; 權泰檍, 『韓國近代綿業史硏究』, 일조각, 1989; 崔泰鎬, 「開港期의 貿易構造와 貿易物價에관한 硏究 -開港期의 穀・綿交易體制를中心으로」, 『擇窩 許善道선생 정년기념 한국사학논총』, 1992; 하원호, 「개항후 인천의 대외무역과 그 영향」, 『한국민족운동사연구』 47, 2006.

2) 梶村秀樹, 「植民地と日本人」, 『日本生活文化史8 生活のなかの國家』, 河出書房新社, 1974; 孫禎睦, 「開港期 韓國居留 日本人의 職業과 賣春業・高利貸金業」, 『韓國學報』 18, 1980; 孫禎睦, 「開港期 日本人의 內地浸透・內地行商과 不法定着의 過程」, 『韓國學報』 21, 1980; 林承杓, 「開港場居留 日本人의 職業과 營業活動-1876~1895年 釜山 元山 仁川을 中心으로」, 『弘益史學』 8, 1990; 韓哲昊, 「鷄林獎業團(1896~1898)」, 『사학연구』 55・56, 1998; 박찬승, 「서울의 일본인 거류지 형성과정」, 『사회와 역사』 62, 2002; 박찬승, 「러일전쟁 이후 서울의 일본인 거류지 확장과정」, 『지방사와 지방문화』 5-2, 2002.

3) 木村健二, 『在朝日本人의 社會史』, 未來社, 1989; Peter duus, The Abacus and Sword - The Japanese penetration of Korea, (1895-1910), The University of California press, 1995; 木村健二, 「朝鮮進出日本人의 經營ネットワーク-龜谷愛介商店을 事例として」, 『近代アジアの流通ネットワーク』, 倉文社, 1999; 高崎宗司(이규수 역), 『식

자의 연구 사이에 존재하는 관점의 격차는 거류지와 거류지 외부의 관
계성에 대한 고찰을 통해 좁혀질 수 있을 것이다.

인천항은 앞서 언급했듯이 조선최대의 무역항으로 해외시장과 국내
시장을 연결하는 통로였고, 거류지 일본상인은 거류지에 거주하면서 거
류민 사회를 구성함과 동시에 무역상품의 매매를 통해 거류지 밖과도
관계를 맺는 존재다. 따라서 이들의 영업활동은 거류지 일본인의 경제
적 상태와 거류지 시장 환경을 보여줌과 동시에 거류지와 국내시장의
관계를 보여준다. 이에 이글에서는 무역항이란 인천의 특성에 걸맞게
무역과 상품거래에 종사하는 일본상인 특히 거류지 외부와 접촉면을 확
대해 갔던 상층 대자본상인의 활동을 고찰하고자 한다. 한편 1894년 이
후 이주 일본인 모두가 거류지 외부와 접촉면을 확대해갔지만, 자료의
한계로 이들의 활동 모두를 고찰할 수 없다. 특히 상층을 제외한 이주
일본인에 대한 기록은 매우 파편적으로 존재하기 때문에 이 부분에 대
한 고찰은 이후의 과제로 남겨두기로 하겠다.

2. 개항 초기 이주 일본상인

1883년 1월 인천이 개항하면서 최초로 일본 상인이 거류하기 시작한
것은 그해 4월 이었다. 일본 해군 물자수송선인 宿彌丸, 오사카 협상상
회 소속 기선 鎭西丸과 범선 第二同福丸편으로 일본 상인 7, 8명과 직공

민지조선의 일본인들』, 역사비평사, 2006; 박양신, 「통감정치와 재한일본인」,
『역사교육』90, 2004; 권숙인, 「도한(渡韓)의 권유-1900년대 초두 한국 이민론 속
의 한국과 일본」, 『사회와 역사』69, 2006.

7, 8명이 도착했고, 이들은 조선인 가옥 7채를 빌려 영업과 거주를 시
작했다.4) 1883년 9월 일본과 조선정부는 「仁川口租界約書」를 체결했
고, 이에 따라 제물포에 일본인 전관조계지가 설치되었다. 이어 조청상
민수륙무역장정에 따라 1884년 8월 「仁川口華商地界章程」에 체결되어
일본거류지 서쪽에 청국 전관조계지가 설정되었다. 이어 1884년 10월
미국, 영국, 청, 일본 등이 참여하여 각국조계지 설정 계약이 체결되었
고, 1888년 각국조계지가 일본과 청 전관조계지를 배후로 설정되었다.
일본은 이것을 거류지 부지 부족을 해결할 수 있는 대안으로 인식했고,
실제로 일본인 전관거류지에 거주하던 일본인이 각국 조계지에 대거 이
주하는 현상이 나타났다.5)

<표 1> 1883년 이주 일본인의 직업

성명	출신지	초기 직업	대표 직업	성명	출신지	초기 직업	대표 직업
屈力太郎	나가사키 (9명)	잡화	선박	中野谷秀雄	히로시마	목재	목재수입
郡金三郎		선박	선박	福岡利吉	도쿄	건축	숙박·요리
土肥福三郎		무역	무역	高杉昇	야마구치 (4명)	잡화	선박
久野勝平		무역	무역	水津イヨ			숙박
林市郎治		무역	무역	田中良助		잡화	양조·비료
平山末吉			잡화·무역	田中富之助			선박용품
原田金太郎			숙박	力武平八	사가 (2명)	철물점	무역
太田吉太郎			세탁	樋口平吾		도기점	잡화
高野周三郎			주조	浦岐善助	쓰시마	선상	선박
田中佐七郎	가고시마 (2명)	선박	무역	廣池亨四郎	오이타	선박	선박
慶田利吉		선박	선박	인원총수	21명		

출전: 이름과 출신지는 『仁川府史』(仁川府廳, 앞의 책, 298쪽)를 참조했다. 초기 직업은 『在韓人士
名鑑』(中田孝之介, 木浦新報社, 1908)과 『仁川開港二十五年史』(加瀬和三郎, 1908)에서 초기 영
업활동이 확인된 경우다.

---

4) 仁川府廳(역주 인천문화발전연구원), 『仁川府史』, 2004, 295-296쪽.
5) 仁川府廳, 앞의 책, 160쪽.

1883년 인천에 이주한 일본인은 대략 30여명 정도였다. 이들은 단기 도항자가 아니라 이주를 목적으로 한 자들로 직업, 출신지가 기록된 자는 21명이다.[6] 그 중 초기 직업이 확인되는 자는 15명으로 무역 3명, 선박 4명, 잡화 3명 그리고 철물, 도기, 선상, 목재, 건축 등이었다. 초기 이주자는 나가사키 출신이 9명으로 가장 많았고, 야마구치, 가고시마 순이었다. 나가사키 출신 상인의 비중이 높았던 것은 지리적으로 가까운 부산항 일본인의 이주[7]와 초기 인천항의 수입상품이 대부분 나가사키를 경유하여 유입되고 있었기 때문이라고 할 수 있다.[8]

부산을 거쳐 이주한 것으로 확인되는 상인은 도비 후쿠사부로(土肥福三郎), 구노 가츠헤이(久野勝平), 다나카 사시치로(田中佐七郎), 고오리 긴사부로(郡金三郎), 호리 리키타로(屈力太郎), 다카스기 노보루(高杉昇), 히구치 헤이고(樋口平吾), 우라키 젠스케(浦岐善助) 등 8명이다. 도기판매망을 확대한다는 분명한 목적의식을 갖고 인천으로 온 히구치를[9] 제외한 대부분은 부산에서 별다른 영업을 찾지 못하다가 인천항 개항 소식을 듣고 이주한 자다. 이들 중 나가사키 출신인 도비와 구노는 7, 8명의 무역상만 있었던 상황에서 거액의 무역 이익을 챙겼다.[10] 다나카는 게이다쿠미(慶田租)의 지점장으로 인천에 왔다가 1886년 독립하여 곡물, 우피, 사

---

6) 개항 초기 일본에서 부산, 인천, 원산 등지로 도항한자 중 이주한 자들의 비율은 높지 않았다. 1880년 부산의 경우는 도항자의 61.9%가 이주를 목적으로 했던 반면 1885년 부산, 인천, 원산으로 도항한 자 중 이주를 목적으로 한자는 약 11.8%로 크게 줄었다. 이후 이 비율은 1890년 21.9%, 1895년에는 다시 46.4%로 증가했다(임승표, 앞의 글, 146쪽)

7) 오미일, 「개항장과 이주상인」, 『한국근현대사연구』 47, 2008, 54쪽.

8) 하원호, 앞의 글, 13-14쪽.

9) 中田孝之介, 『在韓人士名鑑』, 木浦新報社, 1908, 124쪽.

10) 中田孝之介, 앞의 책, 100-101쪽; 加瀨和三郎(역주 인천광역시역사자료관), 『仁川開港二十五年史』, 2004, 183쪽.

금 등의 무역업으로 영업기반을 잡았다.11) 고오리)는 인천항 이주 초기 일본 우선회사 기선 취급을 대행한 점으로 보아 부산에서 인천으로 이주할 때 이 회사와 관련을 맺고 있었다고 보여진다.12) 호리와 다카스기는 서양인을 대상으로 하는 잡화점을 열었고13) 우라키는 인천항 이주 후에도 선상으로 활동했다.14) 부산에서 이주한 이들은 이제 막 개항한 인천에 발 빠르게 이주하여 인천항의 무역, 잡화, 선박업의 이익을 장악한 경우라고 할 수 있다. 그러나 이들 중 잡화업의 경우는 자본력이 매우 취약한 자들로 호리의 아버지 구타로(堀久太郎)는 빈손으로 인천에 왔다고 했다.15) 반면 무역업과 선박업 종사자는 다른 업종에 비해 자본력을 갖춘 자들이라고 할 수 있다.

일본 본국 회사의 업무 대행 및 지점원으로 이주한 상인은 게이다 리키치(慶田利吉), 히로이케 교시로(廣池亨四郎), 히구치, 후쿠오카 리키치(福岡利吉) 등 4명이다. 게이다구미를 창설한 케이다는 오사카 상선회사의 업무를 대행했고,16) 히로이케 교시로는 일본 조운회사 아카마구미(赤間組) 파원으로 인천에 와서 이후 독자적으로 하역, 보관업을 운영했다.17) 앞서 언급했던 히구치는 히젠(肥前)도기판매원으로 부산에 있다가 인천으로 와서 독자적인 판매점을 연 경우다. 후쿠오카는 원산에서 건축업을 하다가 일본해군에 물품을 조달하는 후쿠시마(福島)조합원으로 인천에 왔고, 영사관으로부터 거류지 토지를 불하받아 1891년 淺岡樓를 지

---

11) 中田孝之介, 앞의 책, 108쪽; 東亞經濟時報社, 『京城仁川職業明鑑』, 1926, 494쪽.
12) 中田孝之介, 앞의 책, 118-119쪽.
13) 仁川府廳, 앞의 책, 143쪽; 中田孝之介, 앞의 책, 107쪽.
14) 中田孝之介, 앞의 책, 111쪽.
15) 加瀨和三郎, 앞의 책, 181쪽.
16) 中田孝之介, 앞의 책, 117쪽; 東亞經濟時報社, 앞의 책, 509쪽.
17) 加瀨和三郎, 앞의 책, 188쪽.

어 요리집을 경영했다.[18] 이들은 본국 회사 또는 지점원으로 안정적으로 인천항에 정착할 수 있었고, 인천항의 시장상황의 변화에 대응하면서 독자적인 사업을 시작한 경우라고 할 수 있다.

초기 영업이 확인되는 15명 중 대표영업이 일치하는 경우는 7명이다. 초기부터 자신의 영업을 유지했던 자는 선박업자가 4명으로 가장 많다. 반면 잡화상의 경우는 대부분 업종을 바꾸었다. 초기 이주 일본상인의 업종 변경이 심한 것은 투자환경이 좋은 업종으로의 변화 또는 겸업을 통해 영업기반을 확장하고 있었던 상황을 반영한 것이라고 할 수 있다. 반면 초기 직업을 알 수 없었던 자들의 업종을 살펴보면, 히라야마 스에키치(平山末吉)는 1897년 잡화상에서 1905년 정미업으로 전업했고, 오카기치타로(太田吉太郎)는 1884년 대금업 1895년에는 따렌에서 맥주를 수입하여 한인들에게 판매했다.[19] 다카노 슈사부로(高野周三郎)는 1905년 마츠오(松尾) 상점의 주인으로 정미업을 겸업했고, 하라타 긴타로(原田金太郎), 스이즈 이요(水津イヨ)는 숙박업을, 다나카 도미노스케(田中富之助)는 선박용품점을 경영했다.[20] 이들 역시 업종에 변화가 컸는데 이는 인천항 초기 거류지 시장상황이 매우 유동적이었다는 점을 보여준다. 1884년에서 1887년 사이 이주한 일본인 중 1908년까지 영업을 지속하고 있었던 일본인은 14명에 불과했다.[21] 거류지 일본인의 영업기반이 안정적이지 못했다는 점은 1885년 창립된 인천상법회의소 임원진의 영업상황에서도 드러난다.

---

18) 加瀨和三郎, 앞의 책, 180쪽.
19) 加瀨和三郎, 앞의 책, 180쪽.
20) 外務省通商局,『在外本邦人農工商家漁業者人名錄-農商工業等ニ從事スル在外本房人營業狀態取調1件』, 1905년.
21) 仁川府廳, 앞의 책, 298-299쪽.

〈표 2〉 1885년~1892년 인천상업회의소 임원진과 영업상황

	1885년	영업상황	1887년	영업상황	1888년	영업상황	1892년	영업상황
회두	大橋半七郎		澤木安次郎		榊茂夫		佐竹甚三	
부회두	村井信晴		山本清記		澤木安次郎		郡金三郎	1905년 곡물수출
회두	淵上林兵衛		山口虎太郎		慶田利吉	1897년 서울잡화상, 1905년 인천화물업	田中佐七郎	1905년 곡물수출
	秋野彌左衛門		安田恒治		入田八郎	1897년 화물보관업	大谷正誠	
	上田豊作		上田豊作		小森虎吉	1897년 화물보관업	庄野嘉々藏	
상의원	富田陰平		富田重五郎		樋口平吾	1897년 잡좌, 1905년 도기수입	上田豊作	
의원	田中佐七郎	1905년 곡물수출	慶田利吉	1897년 서울잡화상, 1905년 인천화물업	向山茂平		三澤友輔	1897년 잡좌, 1905년 도기수입
	山口虎太郎		今戸弘七				樋口平吾	
의원	郡金三郎	1905년 곡물수출	郡金三郎	1905년 곡물수출	郡三三郎	1905년 곡물수출	富田進次	
	白山忠三	1897년 잡좌	白山忠三	1897년 잡좌	園田源助		松本清太郎	1897년 화물보관업
의원	山城建造		榊茂夫		富田近治		土肥福三郎	1905년 곡물수출
	奥村吉之助		濱田辰之助		河田直一		足立瀧二郎	1890년 이후 18은행지점장

이름	내용	이름	내용	이름	내용	이름	내용
樋口平吾	1897년 잡화, 1905년 도기수입	樋口平吾	1897년 잡화, 1905년 도기수입	鶴田權八		征木傳吉	
釘宮喜十郎	1905년 곡물수 출, 면사수입	釘宮喜十郎		釘宮喜十郎		三木雄一	1897년 무역상
久野勝平		田中順時		田中順時		奥田貞次郎	1897년 무역상, 1905년 곡물수출, 정미
木下政太郎		進藤鹿之助	1905년 곡물수출	芦川淩二郎	1897년 서울무역상	久野勝平	1905년 곡물수출, 면사수입
林連三		三木治治(作)	1897년 잡화	富田鈴吉		入田八郎	
永尾鬚輔		松本清太郎	1897년 화물보관업			向山茂平	
土肥臚三郎	1905년 곡물수출	土肥臚三郎				進藤鹿之助	
安川治右衛門		安川治右衛門				土井鯿太郎	
和田常一	1886년 서울이주 1897년 잡화 1905년 무역상	和田常一	1886년 서울이주 1897년 잡화 1905년 무역상			白山忠三	1897년 잡화
水田定七		三澤文輔				古妻康藏	
柳武貞	1897년 서울시양잡화상	平岡虎次郎	1897년 서울시양잡화상			釜谷總右衛門	

종수	釜谷穗右衛門					平岡虎次郎 山口虎太郎	1897년 서울서양잡화상
23명	7명	24명	9명	17명	5명	25명	11명

출전: 임원진 펴낸 『仁川商工會議所50年史』(仁川商業會議所, 1934), 영업 상황은 『在外本邦人店鋪調査集, 農商務省商工局臨時報告 第五冊』(1897년)와 『在外本邦人農工商家漁業者人名錄·農商工業等ニ從事スル在外本邦人營業狀態眠調査』(外務省 通商局, 1905)을 참조

1885년 인천상법회의소는 무역, 은행, 선박, 소상점 운영자를 회원으로 일본영사관의 인허를 받아 결성되었다.[22] 거류지 영업자의 이익을 옹호하고 한상과 청상에 대응하여 상권을 확대하려는 목적을 갖고 있었다. 특히 이시기 인천항 세관이 청국에 의해 장악되어있기 때문에 세관 업무에서 일본인이 불이익을 당하고 있다는 현실인식을 배경으로 일본 영사관과 함께 세관운영에 일정한 영향력을 행사하려는 의도가 존재했다.[23] 그러나 상법회의소 활동 기반인 회비를 제대로 확보할 수 없었기 때문에 많은 제약을 받았으며 가시적인 성과가 없었다. 그러다가 1889년 조선정부의 방곡령사건으로 원산, 서울, 부산, 인천 회의소간 연합이 이루어졌고, 1893년 방곡령배척 운동을 통해 상업회의소의 위상을 높여갔다. 또한 정부와 갈등의 여지가 있는 貢米의 암거래를 철저히 단속하는 대신 곡물무역 한상과 함께 방곡령을 금지시켜달라는 운동을 폈다[24] 방곡령배척 운동 과정에서 상업회의소는 거류지 일본인의 상품거래에 직접적으로 개입할 수 있었고, 상업회의소는 거류일본인 사회에서 영향력 높은 기관으로 등장할 수 있었다. 따라서 상업회의소 임원진은 당연히 거류일본인 사회에서 비교적 영업기반을 갖추고 영향력을 행사하는 인물들로 구성되었다고 볼 수 있다.

그러나 1885년에서 1892년까지 상업회의소 임원진의 영업기반이 안정적이었다고 보기 힘들다. 1885년에서 1892년까지 인천항 상업회의소 임원진 총 73명 중 1896년 이후 독립적인 상점을 갖고 있었거나 1905년 거래액 1만 원 이상을 기록했던 자들은 불과 16명에 불과했다. <표

---

22) 1885년 인천상법회의소는 1892년 일본의 상업회의소조례의 성립을 기점으로 인천상업회의소로 명칭을 개정했다.
23) 仁川商業會議所, 『仁川商工會議所50年史』, 1934, 7-8쪽.
24) 仁川商業會議所, 앞의 책, 1934, 9-10쪽.

3>에서 보는 바와 같이 1885년 23명의 임원진은 1887년 24명, 1888년 17명, 1892년에는 25명이었는데 1897년 이후 「農商務省商工局臨時報告」와 外務省 通商局 조사에 나타난 영업자는 각각 7명, 9명, 5명, 11명에 불과하다. 1885년에서 1892년까지 2번 이상 임원을 지낸 자 10명을 포함한 16명은 청일전쟁 이후에도 안정적인 영업기반을 확보한 자들이라고 할 수 있다. 이들 중 7명은 인천항 무역과 관련하여 선박, 무역, 화물의 보관 및 중개상이었다.

한편 16명 중 2명은 영업기반을 서울로 이전한 인물이다. 오이타 출신의 와다 츠네카즈(和田常一)는 부산과 원산을 거쳐 1883년 인천으로 와서 방적사 수입무역을 했던 무역상이었는데, 1886년 그의 형인 센지로(淺次郎)를 불러들여 인천항의 무역업을 맡기고 서울에 진출하여 면포, 면사, 성냥, 석유 등을 판매하는 와다상점을 열었고, 서울 상업계의 원로로 통할 정도로 크게 성공했다.[25] 그는 1885년과 1887년 인천상업회의소 의원을 지냈을 뿐이다. 히라오카 도라지로(平岡虎次郎)는 언제 인천을 떠났는지 알 수 없지만, 1897년 서울에서 서양 잡화를 판매하는 상점을 개설했는데 이후 영업상황은 알 수 없다.

개항 초기 거류지 일본인의 영업기반이 유동적이었던 점은 풍흉에 따라 곡물수출액의 증감이 컸고, 이로 인해 수입무역액의 변화에도 영향을 미치고 있었던 개항초기 무역특성에 일차적 원인이 있다고 할 수 있다.[26] 그러나 인천항 청상 거류지에 비해 일본 거류지 상황은 더 좋지 않았다. 임오군란과 갑신정변의 여파 그리고 1890년 콜레라가 유행

---

25) 김윤희, 「1880년~1910년 서울 거류 일본 상공업자의 영업실태와 활동」, 『역사교육』 106, 2008, 107-108쪽.
26) 하원호, 앞의 글, 5-38쪽.

해서 일본인들이 사람을 죽여 삶아 먹는다는 소문 등 일본인과의 거래를 꺼려하는 사회적 분위기가 존재했기 때문에 인천 거류지에서는 의용대가 조직되어 경계를 강화하는 등 조선인과의 거래가 위축되었던 상황이었다.[27]

1888년 각국조계지에 일본인이 거류하기 시작하면서 1893년에는 인천 거주 일본인 2504명 중 절반이 훨씬 넘는 1447명이 각국 조계지에 살고 있었다. 각국 조계지는 청과 일본인을 제외한 외국인 거류지로 조선정부는 1차로 이들과 임대계약을 체결했는데, 임대계약자인 이들이 다시 일본인에게 지대, 주택, 점포를 재임대하고 있었고, 일본인 거류지에 비해 임대료가 비쌌다. 1892년에는 지대임대료 1032원, 집세 3690원을 1893년에는 지대임대료 1596원, 집세 5454원을 수명의 외국인에게 지불했다.[28] 따라서 인천 일본 영사관은 이주하는 일본인의 정착을 위해서 일본 거류지를 확장해야 하는 요구에 직면했고, 1890년 일본인 거류지 앞바다의 매립에 나섰다. 그러나 이것 역시 독일 등의 반발로 여의치 않다가 매립지 해안 도로를 공용도로로 한다는 것에 합의하여 1899년 매립이 완료될 수 있다.

한편 인천 청국거류지의 상황은 조금 달랐다. 세관 뒤쪽 주변에 형성된 청국거류지는 개항과 동시에 5명의 중국인이 들어와 식료품, 잡화류의 수입과 해산물류의 수출을 담당하고 있었고, 영국, 미국, 러시아의 함선이 입항 할 때 그들에게 물건을 파는 등 영업기반을 일찍부터 마련하고 있었다. 청상도 초기에는 대규모 거래를 시작하지는 않았지만, 매월 1~3천원을 거래하여 일상보다 상황이 좋았다. 청상은 자딘 메디슨 기선회사가 운

---

27) 仁川府廳, 앞의 책, 396쪽.
28) 加瀬和三郎, 앞의 책, 41쪽.

행하는 정기선이 매월 2회 상해에서 들어왔고 운임이 저렴해서 상품가격 역시 일본인보다 약간 저렴했다. 그러나 이 기선회사가 일본 三菱회사에 정기선을 의뢰하면서 청상이 부담해야 하는 운임이 일본상인과 같아졌다.29) 청상은 초상국의 정기선이 운행할 때까지 상품수송에서 우위를 점할 수는 없었지만, 한인을 대상으로 하는 상품판매에서 일상보다 우위를 점하고 있었다. 특히 산뚱성 지푸 범선을 통한 청상의 무역활동이 증가하고 있었고,30) 일상에 비해 신용이 높았기 때문에 한상과의 상품거래에서 일상보다 유리한 지위에 있었다.

3. 청일전쟁 이후 거류지 일본 상인의 영업변동

1) 일본 상인의 업종 변화와 거래규모

청일전쟁 이후 인천항 이주 일본인의 숫자는 양적으로 크게 증가했다. 대일무역은 수입무역이 급증하였고, 일본상인이 취급하는 상품도 점차 자국산 비중이 높아져갔다. 이주민사회의 팽창과 일본산 수입상품의 소비 확대는 인천항 일본상인이 영업이익을 확대할 수 있는 환경을 제공했다. 1894년에서 1905년까지 인천항 일본상인의 업종변화와 영업실태를 알 수 있는 자료는 農商務省 商工局이 1897년에 해외 주

---

29) 仁川府廳, 앞의 책, 155쪽.

30) 인천항 세관에 신고된 지푸범선의 적재량은 1885년 1094톤, 1886년 716톤이었다가 1888년 초상국 기선의 운항으로 일시적으로 줄었다가 1890년 538톤, 1891년 835톤, 1892년 1433톤으로 다시 증가했다(『淸季中日韓關係史料』 1170-1775쪽). 1888년에서 1893년까지 인천에 입항했던 초상국 기선의 적재량은 매년 10만 만 톤 내외였고, 일본 우선회사의 경우는 1500만톤 정도였다(나애자, 『한국근대해운업사연구』, 국학자료원, 1998, 126-136쪽).

요 지역의 일본인 점포 개설 상황을 조사한 『在外本邦人店鋪調査書-農商務省商工局臨時報告 第五冊』과 1905년 外務省 通商局이 조사한 『在外本邦人農工商家漁業者人名錄-農商工業等二從事スル在外本房人營業狀態取調1件』이다.

1897년 조사에 기록된 인천항 일본인 영업장은 모두 65개이다. 이 중 일본우선주식회사와 오사카상선주식회사를 제외한 63개가 개인영업장이다. 개인사업장을 운영하는 일본인은 1897년 인천 거주 일본인 3904명의 1.6%에 해당할 정도로 소수에 불과하다. 이는 이주 일본인 대부분이 별다른 일거리를 찾지 못했던 자들로 거류지 사회의 하층을 점하고 있었기 때문이다. 반면 1897년에 63개의 사업장을 소유한 이들은 거류 일본인 중에 경제적으로 최상층이라고 할 만한 자들이다.

1905년에 조사된 인원은 104명이다. 이들은 1년 매출이 1만원 이상 되는 자로 직접수출입무역에 종사하는 자로서 점포를 가진 자, 점포를 구성하여 매매업을 하는 자, 1만 원 이상으로 인정되는 제조 생산량을 가진 제조업자 또는 이와 동액 이상의 수확량으로 인정되는 농업, 목축, 어업 영업자 등이었다. 조사기준이 1897년 독립상점 운영자에서 매출액 1만원 이상자로 변화된 것은 청일전쟁 이후 일본인의 이주가 급증하면서 독립 상점이 급격하게 증가했기 때문에 상점 개설만으로 이들의 자본력이 거류지 상인 중 상층을 점한다고 볼 수 없었던 상황이 반영된 것이라고 할 수 있다. 이는 일본인 영업상황이 크게 개선된 상황을 반영한 것임과 동시에 이들이 일본 거류민 사회에서 경제적 상층으로서 거류민 사회의 확대에 크게 기여할 수 있다는 판단이 전제되었다고 보는 것이 타당하다. 이 조사에 등장하는 104명은 당시 거주일본인 9484명의 1%에 해당하는 자들이다.

이들 중 미츠비시 물산회사 출장소 주임, 인천병원장, 제18은행과 제
58은행 지점을 제외한 개인사업장 운영자가 100명이다. 1897년 이후
이주 일본인의 급격한 증가 양상을 고려할 때 상층 자본가라 할 수 있
는 자의 수는 증가했지만, 일본인 거주자에 대한 비율은 1897년 1.6%
에서 1%로 감소했다. 이는 1910년 이전 거류지 일본인 사회 구성의 일
반적 특징, 극소수의 상층과 광범한 하층의 존재 그리고 불안정하고 유
동적인 상층의 구성이란 특징을 보여준다고 할 수 있다.[31]

<표 3> 1897년 인천의 독립 상점 개설 일본인 (단위: 명)

직종인원		출신지		직종		출신지	
무역상	24	나가사키	8	선박업	3	야마구치, 나가사키, 후쿠오카	
		효고	5				
		가고시마	2				
		오사카, 고지, 도쿄, 오이타, 사가, 후쿠오카 등 9명		포목상	4	오사카, 사카, 군마, 나가사키	
잡화상	20	나가사키	7	시계상	1	지바	
		오사카	4	비누제조	1	오사카	
		야마구치	2	중개매매	10	가고시마	3
		고베	2			야마구치	2
		사가	2			오사카	2
		동경 등	3			도쿄, 나가사키, 오이타 등 3	

출전: 『在外本邦人店鋪調査書, 農商務省商工局臨時報告 第五冊』, 1897.

---

31) 부산과 서울 거류지 일본인의 경제적 상황은 극소수의 상층과 광범한 하층으로
구성되었고, 상층을 구성하는 일본인의 영업변동이 매우컸다. 특히 서울 거류민사
회에서 상층을 구성하는 일본상인 중에는 1900년 전후 파산자가 속출하여 상층의
지위를 유지하기 어려운 상황이었다(木村建二, 앞의 책; 김윤희, 앞의 글 참조).

1897년에 조사된 일본인 상인은 개항 초기에 비해 출신지역이 다행했지만, 여전히 나가사키 출신이 가장 많았다. 무역상 8명, 잡화상 7명이 나가사키, 무역상 5명과 잡화상 2명이 효고와 고베출신이다. 반면 오사카 출신 상인은 잡화상 4명, 창고업 2명, 포목상 등을 경영했다. 직업 구성 역시 무역상, 잡화상, 창고업 종사자가 52명으로 인천을 통한 수출입무역과 상품보관업 그리고 수입상품의 소매업이 주류를 이루고 있다.

1905년에 조사의 업종 구분은 1897년 조사에 비해 매우 세분화되어 있는데 상인의 취급품목을 구분하고 있다. 예를 들어 곡물수출, 곡물수출 및 석유판매, 곡물수출, 잡화취급 등으로 기록되어 있다. <표 4>의 직종은 1897년과의 영업상황과 비교를 위해 <표 3>의 직종을 기준으로 구분했다. 1897년과 1905년 사이의 직종의 변화를 보면 무역상은 24명에서 22명, 잡화상은 20명에서 17명, 중개상은 10명에서 6명으로 줄었다. 반면 선박업은 3명에서 6명, 포목상은 4명에서 5명으로 증가했다. 새롭게 등장한 직종은 외환·대금업 6명, 숙박·음식업 10명, 토목·청부업 4명, 철물상, 목재상 5명 등이다. 이들의 거래액을 보면 다음과 같다.

<표 4> 1905년 인천의 거래액 1만 원 이상 일본인 (단위: 명)

직종		출신지		직종		출신지	
무역상	22	나가사키	5	선박 등 운송	6	가고시마, 나가사키, 야마구치 등	
		야마구치	4	숙박, 음식업	10	야마구치	3
		효고	4			나가사키	2
		오사카	2			도쿄, 도쿠시마, 히로시마, 등 5	
		쓰시마, 고베, 도쿠시마, 도쿄, 사가 등 7		토목청부	4	나가사키	4
잡화	17	나가사키	3	목재상	4	오이타	2
		야마구치	3			히로시마	2
		오사카	3	포목상	5	사가	
		도쿄	2			오사카, 야마구치, 후쿠오카 등 3	
		효고, 나라, 오이타, 와카야마 등 6		철물상	2	고베, 야마구치	
정미업	16	야마구치	6	연초재배	1	가고시마	
		나가사키	7	선박용품	1	야마구치	
		오이타	2	중개매매	6	오이타, 도쿠시마, 야마쿠치, 나가사키 등	
		시마네	1				
외환, 대금	6	나가사키	3				
		야마구치	2				
		에히메	1				

출전: 『在外本邦人農工商家漁業者人名錄-農商工業等ニ從事スル在外本房人營業狀態取調1件』, 外務省 通商局, 1905.

1905년 조사된 104명중 매출액을 알 수 있는 100명의 업종별 매출액을 보면, 무역상의 매출액이 여타의 업종에 비해 월등히 높았다. 5만원 미만 매출자는 없었던 반면 10만원 미만이 3명, 10~50만원이 13명, 50만원 이상자가 5명이었다. 선박운송업 6명 중 4명이 10만원에서 50만원의 거래액을 기록하여 무역업 다음으로 거래규모가 컸다. 반면 거래액 5만원 미만인 업종은 잡화상 12명, 외환대금, 포목상, 목재상, 음식업, 철재상, 토목청부업 등 주로 거류지 일본인을 대상으로 한 업종이다.

<표 5> 1905년 조사 일본상인의 매출규모 (단위: 명)

자본금	~5만	~10만	~50만	~100만 이상	합계
무역상	1	3	13	5	22
선박운송업	1	1	4	0	6
잡화상	13	3	1	0	17
중개상	5	0	0	1	6
토목청부	4	0	0	0	4
기타	34	9	2	0	50
합계	58	16	20	6	100

출전: 『在外本邦人農工商家漁業者人名錄-農商工業等ニ從事スル在外本房人營業狀態取調1件』,
外務省 通商局, 1905.

한편 1897년과 1905년 사이의 조사기록에 동시에 등장한 일본 상인은 14명이었다. 이들은 1897년 이후 상층자본가로서의 지위를 유지한 경우라고 할 수 있는데 14명중 10명이 업종을 변경했다. 특히 잡화상의 경우는 업종 변경을 통해 상층의 지위를 유지하며 성장하는 경우가 많았다.

1897년 잡화상 8명 중 2명만이 동일 업종의 영업을 하고 있었고, 6명이 1905년 업종을 변경했다. 잡화업을 유지한 2명 중 아카마츠 기치조(赤松吉造)는 잡화수입을 하는 무역업을 겸하고 있었다. 반면 잡화상에서 1905년 업종을 변경한 6명의 경우는 무역상 2명, 대출 및 전당포가 2명, 포목상과 정미업이 각 1명이었다. 무역업과 대출 및 전당포는 앞서 언급했듯이 인천항 대일무역액의 증가와 거류지 일본상인의 금융필요성 증가로 이익이 높아졌던 업종이었다. 또한 일본인 포목상(吳服太物商)은 서양 옷감도 같이 판매하는 경우가 많았는데 단발령 이후 한인의 양복수요 증대와도 관련을 맺고 있었다고 할 수 있다. 정미업 역시 이주 일본인 증가와 인천항 현미수출 증가로 영업기반이 확대된 업종이었다. 잡화상이 상층자본가의 지위를 유지하기 위해서는 업종을 변경하거나 이익이 많이 발생하는 무역업을 겸업해야 하는 상황이었다. 그렇지 않다면 서양 잡화를 취급했던 노부타 가메타로(延田龜太郎)와 같이 한인으로 소비시장이 확대되는 상품을 취급했던 경우다.

<표 6> 1897년~1905년 상층자본가의 지위를 유지했던 일본상인

1897년	1905년	이름	출신	첫도항지	도항년도	겸업상황	취급품목	매출액	상업회의소
잡화상	무역상	高杉昇	야마구치	부산	1882	중개매매	곡물,면제품	20~30	의원(1900.1901)
무역상	요리점	木村友吉	나가사키	인천		식재료판매상,선박업	식재료	6	
잡화상	잡화상	延田龜太郎	오사카			서양잡화상	서양잡화	1~2	
잡화상	대출전당포	友永藤市	나가사키			여관		1~1.5	
중매상	목재상	伊東岩五郎	오이타	인천	1885		목재,곡물,면제품	30	
무역상	무역상	林市郎治	나가사키			곡물면제품무역상	곡물,면제품	200	의원(1899,1900,1903,1905)
무역상	무역상	長富一之助	효고				곡물	25~35	
잡화상	잡화상	赤松吉造	고베	인천	1887	잡화수입	잡화	20~25	의원(1901~1905)
중매상	무역상	田中良助	야마구치	인천	1883	중개매매	곡물,주류	10~15	
잡화상	대출전당포	中上藤太郎	나가사키					1~1.5	
선박업	선구상	村谷吉藏	야마구치			선박업	선박용품	3~4	
잡화상	포목상	秋本直吉	야마구치			양복점	일본산 옷감 및 양복	1~2	
잡화상	무역상	樋口平吾	사가	부산	1879	중개매매,대금업	도기,곡물,면제품	1~5	의원,상의원(1885~1905)
잡화상	정미	平山末吉	나가사키					5~6	

출전: 『在外本邦人農工商家漁業者人名錄-農商工業等ニ從事スル在外本房人營業狀態取調1件』, 外務省通商局, 1905.

1897년 무역상 3명 중 1명은 1905년 조사에서 요리업으로 조사된 기무라 도모키치(木村友吉)였는데 그는 청일전쟁 이후 선박업으로 업종을 변경했고, 취급품목은 주로 식재료였다. 그는 요리점을 운영하면서 식재료판매를 겸업하고 있었다. 하야시 이치로지(林市郎治)는 1897년 이후 줄곧 무역업을 하면서 곡물, 면제품으로 취급했고, 1905년 매출액이 200만원으로 조사될 정도로 곡물과 면제품 무역에서 독점적인 지위를 누리고 있었다고 할 수 있다. 이에 비해 1897년 이후 곡물수출에만 종사했던 나가토미 이치노스케(長富一之助)는 인천항 곡물수출액의 증가로 안정적인 영업기반을 갖고 있었지만 매출액이 25만원에서 30만원으로 하야시에 비하면 상당히 적었다.

1897년 중개매매상 이토 이와고로(伊東岩五郎)는 1905년도에는 목재상으로 조사되었지만, 목재 뿐만 아니라 곡물, 면제품을 중개매매하고 있었으며, 다나카 료스케(田中良助) 역시 중개매매상이었지만, 1905년에는 주류 무역 뿐만 아니라 주류와 곡물의 중개매매를 겸업하고 있었다. 선박업자였던 무라타니 기치조(村谷吉藏)는 1905년 선박용품을 판매하는 선구상이지만, 여전히 선박업도 겸업하고 있었다.

이들 14명 중 업종을 변경한 자가 10명이고, 다른 업종을 겸업하고 있었던 자가 8명이었다는 점은 유동성이 컸던 거류지 시장 환경 속에서 일본인이 경제적으로 성공하기 위해서는 전업과 겸업을 통해 시장환경의 유동성으로 인한 영업기반의 취약성을 보완할 필요가 있었다.

2) 성공한 일본상인의 영업특징

청일전쟁 이후 인천항 거류지 시장 환경은 인천항 무역의 발달과 긴밀하게 관련되어 있다. 특히 일본 수입상품의 국내소비가 확대되면서 인천항 무역이윤이 크게 증대하였고, 무역이윤을 얻기 위한 일본인의 이주도 증가했다. 또한 일본인의 이주 증가는 거류지 시장 환경에 변화를 미쳤다. 따라서 1897년과 1905년 조사에 포착된 일본 상인의 영업은 조선 국내 시장과 거류지 시장 환경의 변화와 밀접한 관련을 갖는다고 할 수 있다.

1894년 이전과 달라진 인천항 대일 무역상황은 대일수입상품의 급증과 다양화에 있다. 일본 수입상품은 일본산 면제품뿐만 아니라 석유, 성냥, 담배, 양지, 도기, 등 잡품 수입의 비중이 크게 증가했다. 대일수입상품의 급증과 다양화는 이들 상품에 대한 한인의 소비가 크게 급증했기 때문이었다. 따라서 종래 곡물수출에 크게 영향을 받고 있었던 대일 수입무역액은 1894년 이후 대일 수출액(상품수출)은 크게 상회하면서 일본상인의 무역이윤을 확대시켰다. 또한 국내 개항장을 연결하는 기선이 도입되면서 인천항 수입무역은 국내개항장간 무역에 영향을 받는 경우도 발생했다. 즉 일본화폐에 대한 백동화 환율이 상승하여 수입상품의 가격이 상승하면 한상은 보다 값싼 국내 상품을 취급하였고, 수입액이 줄어드는 경우가 자주 발생하였다. 여기에 1897년 이후 일본이 금본위제를 실시하면서 정화를 확보하기 위해 조선에서 금을 매집했기 때문에 적자액은 금 수출에 의해 보전되고 있었다.[32]

청일전쟁 이후 이러한 변화는 인천항 거류지 삼국 상인 간 거래를 촉

---

32) 일본 수출입구조에서 대일무역적자는 1897년 이후 크게 벌어지기 시작했는데 1900년에는 수출액의 거의 두배가 수입되었으며, 1902년에는 수입액이 수출액의 2배를 크게 상회하였고, 1904년에는 거의 7배에 육박했고, 적자는 대부분 금수출에 의해 보전되고 있었다(김윤희, 『근대 동아시아와 한국자본주의-공생과 독점, 이중지향의 자본축적』, 고려대민족문화연구원, 2012, 149-194쪽).

진하면서 삼국 상인 간 신용거래를 확대시켰다. 종래 한상과 청상 간에 진행되었던 외상, 어음, 연불 거래에 일본상인이 참여하게 되었는데, 환율인상에 따른 수입무역가격의 상승으로 수입상품의 판로를 확대해야 하는 일본상인으로서는 국내시장에 영업망을 구축하고 있었던 한상·청상과 거래를 할 수 밖에 없었다. 따라서 대일수입상품은 한상, 청상, 일상의 중개매매를 거쳐 도매상, 소매상으로 유포되었는데, 이러한 거래 관계는 국적에 구별없이 진행되는 경우가 많았다. 특히 일본 무역상은 자본력에서 우위를 점하고 있었던 청상이나 한상과의 거래를 더 선호하는 경향이 나타나기도 했다.[33] 여기에 극심한 환율변동으로 인해 자본회전을 위한 외환 파트너십이 형성되면서 삼국 상인 간 신용거래의 확대는 연대파산의 공생관계를 형성하는 것이었다. 그러나 이주 일본인의 증가로 이윤을 둘러싼 경쟁은 가속화되고 있었다. 따라서 상층자본가로 성장하기 위해서는 거류지 밖 국내시장과의 네트워크뿐만 아니라 거류지 내부 시장의 거래조건을 자신에게 유리하게 만들 필요가 제기되고 있었다. 여기서는 1897년과 1905년 조사에 포착된 일본인의 영업특징을 크게 무역관련업과 거류지 내 소매업으로 나누어 고찰하고자 한다.

① 무역관련 업종

무역관련 업종은 무역상, 중개매매상, 선박업이다. 앞서 언급했듯이 1905년 조사에서 최고의 거래액을 보였던 업종이다. 무역이윤이 가장 큰 만큼 일본인의 경쟁이 치열했던 업종이기도 하다. 수입상품 중 잡품

---

33) 김윤희, 앞의 책, 196-207쪽.

의 수입이 증가하면서 일본산 면제품 수입의 비중이 줄어들기는 했지
만, 여전히 단일품목으로 가장 많이 수입되는 것은 일본산 면제품이었
다. 일본산 면제품은 한인들 사이에서 가장 많이 소비되는 제품이었기
때문에 수입액은 매년 증가하는 양상이었다. 그러나 일본산 면제품의
수입 양상은 조선의 소비경향과 조선인 면제품 생산에 영향을 받고 있
었다. 청상이 주로 수입하는 영국산 면 옷감이 상층소비상품이었다면
일본산 면옷감은 중류층의 소비상품이었다. 또한 오사카 지방에서 조선
시장만을 위해 소규모의 공장이 생산하는, 질감에서 조선산 土布와 비
슷한 목면은 주로 인천항 배후지 시장에 유통되는 하류층의 소비상품이
었다. 수입 방적사를 이용한 土布와 목면이 같은 소비층을 겨냥한 것으
로 방적사의 증가는 목면 수입의 감소를 야기하는 것이었다.[34] 또한 방
적사는 1903년에 일본산 면제품(和金巾)의 수입확대로 수입감소의 영향
을 입기도 했는데 이는 중류의 소비상품이었던 일본산 면제품이 하류소
비로 확대되어 있었던 경향이 반영된 것이기도 했다.[35] 방적사는 일본
산 목면에 의해 그리고 다음에는 일본산 씨이팅에 의해 판매에 영향을
받고 있었다. 따라서 일본은 의도적으로 방적사의 수입을 줄이고 일본
산 면제품의 수입을 늘리려 하였다.[36] 이는 방적사 최대 시장이었던 상
해에서 인도산 방적사와의 경쟁에서 점차 우위를 점하게 되었기 때문이
었다.[37]

---

34) 『通商彙纂』,「本年1,2月仁川商況」(明治32년) 제139호.
35) 『通商彙纂』,「明治37年中第3季仁川貿易」제19호.
36) Peter duus, 앞의 책, 245-288쪽.
37) 일본 방적사가 중국시장에서 인도산 방적사보다 경쟁력을 확보하기 시작한 것은
    1900년대 이후였던 것으로 생각된다. 그러나 1898년 일본 노동시장의 저임금을
    기초로 하여 면사 가격은 인도산에 비해 낮았다(安藤良雄, 『近代日本經濟史要覽(第
    2版)』, 東京大學出版會, 1979, 64쪽).

면제품시장에서 서양산 면제품과의 경쟁보다 자국산 면제품간의 경쟁이 치열해지자 일본상인은 상품판매 경쟁에서 오는 손실을 만회하고자 동업조합을 결성하여 동업자간의 경쟁을 줄여나갔고, 京仁綿絲組合을 결성하여 방적사의 재고가 없을 때까지 개인 수입을 정지하기로 하였다.[38] 따라서 자국산 면제품 수입은 자본력에서 우위를 점하는 소수의 상인에 의해 독점적으로 수입되었다.[39]

한편 곡물수출의 경우에도 일본상인 간의 과도한 경쟁은 곡물가격의 인상으로 연결되었다. 따라서 비교적 자본력을 갖춘 일본상인은 조합을 결성하여 상품의 수입량을 통제하려고 했다. 1896년 수출미곡을 대상으로 한 인천 미두거래소의 결성은 주요 무역상품으로 등장했던 쌀과 콩 거래의 과도한 경쟁을 차단하고 거래를 독점하려는 상층 일본상인의 첫 번째 시도였지만, 거래폐단으로 인해 1898년 해산되었다가 1899년 재결성되는 등 우여곡절을 겪었다.[40] 일본상인 중 자본력을 가진 자들은 동업조합을 결성하여 일본인간 경쟁을 차단하고 상품거래의 독점을 획득하기 위해 영사관의 허가를 받아 동업조합을 결성했다. 인천미두거래소의 본격적인 활동 이전 중개매매상은 비교적 거류지 사회에서 상층의 자본력을 가진 자들이었다고 볼 수 있다. 1897년 조사에 나타난 10명의 중개매매상 중 기무라 다케오(木村健夫)는 1896년~1898년 간 3년, 고모리 도라키치(小森虎吉)는 1888년, 마츠모토 세이타로(松本清太郎)는

---

38) 『通商彙纂』, 「仁川明治36年中第1季貿易」 개제32호.
39) 『通商彙纂』, 「仁川明治31年9,10月商況」 제121호; 「仁川明治31年11月商況」 제124호;
　　「仁川明治32年6月商況」 제145호, 『通商彙纂』, 「仁川明治36年中第1季貿易」 개제32호.
40) 인천 미두거래소는 일본인의 과도한 쌀매입 경쟁을 통제하기 위해 설립되었는데
　　거래상 폐단이 발생하여 1898년 영사관으로부터 해산 명령을 받고 해산되었다가
　　1899년 다시 결성되었다. 이후 미두거래소는 미곡이외에 석유, 방적사, 명태 등
　　을 거래했다(仁川府廳, 앞의 책, 1009-1017쪽).

1887년~1896년 간 3년을 각각 상업회의소 의원, 상의원, 의원을 지냈다. 그러나 이후 인천항 중개매매가 인천미곡취인소에 집중되고, 1902년 상품중개조합이 결성되면서 조합원이 무역상품의 중개매매를 독점했다. 중개매매업으로 성공하기 위해서는 미두취인소과 상품중개조합을 통하지 않고서는 힘든 상황이 초래되었다. 따라서 1897년 비교적 안정적으로 중개매매업을 했던 이들이 1905년까지 중개매매업으로 성공할 수 없었던 것은 이러한 상황에 조응하지 못했다고 볼 수 있다.

여기에 백동화 환율변동이 극심하게 일어나는 가운데 일본상인은 "금융의 자유가 없는 까닭에 (백동화) 시세하락의 때에는 화물을 유지하지 못하고 손실을 입더라도 투매하지 않을 수 없는" 상황에 처하곤 했다.[41] 이들은 동업조합을 통해 동업자간 경쟁을 차단하고, 독점적인 지위를 획득하려 했고, 상품무역에서 주도권을 가진 무역상이 동업조합 결성에 적극적으로 나섰다.

인천宋函석유조합(1900년), 수출곡물조합(1902년), 상품중개조합(1902년), 인천곡물협회(1903년), 인천世昌석유조합(1903년) 등이 결성되어 해당상품의 무역과 중개매매는 해당 조합원을 통해 거래할 수 있도록 했다.[42] 대자본 일본상인들로 인천항상업회의소 회원으로 활동하면서 영사관과 밀접한 관계를 갖고 설립허가를 받았다. 1900년 석유상조합을 결성했던 무역상 오쿠다 데이지로(奧田貞次郎)는 수출곡물협회, 인천곡물협회 조합장을 지냈고, 1892년에서 1910년까지 상업회의소 의원, 상의원 부회두 등을 지냈던 인물이었다.[43] 1885년에서 1888년까지 상업회의소

---

41) 『通商彙纂』, 「京仁鐵道全通後に於ける京城商況」 (明治34년) 제189호.
42) 信夫淳平(역주 인천시 역사자료관 역사문화연구실), 『仁川開港二十五年史』, 2004, 120쪽.
43) 仁川商業會議所, 앞의 책, 25-31쪽.

의원을 지냈던 구기미야 기주로(釘宮喜十郎)는 1902년 상품중개조합의
결성을 주도하여 이사가 되었으며, 인천宋函석유조합(1900년) 조합장이
었던 고노 다케노스케(河野竹之助)는 잡화상으로 석유, 간장, 청주 등의
판매를 통해 성장하여 1900년에서 1908년까지 인천상업회의소 의원과
상의원을 지냈다.44) 인천世帖석유조합(1903년)의 조합장 만교쿠 이와키
치(萬玉岩吉)는 무역상으로 庄野지점 인천지점장으로 근무하면서 오쿠다
와 함께 석유상조합, 곡물협회를 결성했고, 1903년과 1904년 인천상업
회의소 의원을 지냈다.45) 조합결성이 영사관의 허가를 받아 설립되었
던 상황에서 상업회의소 임원진 경력은 상품거래의 독점적 지위를 얻는
데 중요한 인맥이었다고 할 수 있다.

　무역업과 중개업의 독점 현상으로 이주한 일본인이 여기에 새롭게
진입하는 것은 쉽지 않았다. 1907년 1만 명이 넘는 일본인 호구조사에
의하면 무역업을 하는 일본인 호수는 17호, 종사자는 83명, 중개매매업
호구는 18호, 종사자는 85명에 지나지 않았다.46)

　거류지에서 독점적 지위를 누리고 있었던 이들은 국내시장의 한상과
신용거래를 통해 무역상품의 판로를 확대할 수 있었다. 1900년에서
1903년 서울 한상의 일본산 면제품 취급액이 서울 일상을 크게 앞지르
고 있었는데 이는 국내 상품유통망을 장악하고 있었던 대자본 한상과
거류지에서 독점적 지위를 가진 일본 무역상 및 중개상 사이의 거래였
다. 그리고 그 거래 방식은 상품대금 기일을 순차적으로 연기하는 연불
거래로 진행되고 있었다. 연불거래 방식은 연대파산의 공생관계를 의미

---

44) 外務省 通商局, 앞의 책, 16쪽; 仁川商業會議所, 앞의 책, 25-31쪽.
45) 中田孝之介, 앞의 책, 113-114쪽; 仁川商業會議所, 앞의 책, 25-31쪽.
46) 信夫淳平, 앞의 책, 102쪽.

하는 것이라고 할 수 있다.47)

또한 이들 중에는 국내와 일본 본국에 지점망을 구축하여 판로를 확대한 경우도 있었다. 다카다 츠네사부로(高田常三郎)는 1893년 인천으로 이주하여 무역상을 했고, 청일전쟁 인천항에서 수출된 곡물이 오사카에 대량 수출되자, 오사카 南堀江通에 지점을 개설하여 인천과 오사카 간 곡물무역을 했다.48) 스즈키 야마토(鈴木倭)는 인천에서 잡화상을 경영하는 형이 죽자 그 사업을 계승하기 위해 1898년 인천으로 왔다. 이어 동아연초회사 담배를 수입하여 판매하는 무역업을 겸업했다. 러일전쟁 이후 오사카 한국 연초조합에 자본을 투자하고 일본 관영 담배를 한국에 수입하여 판매했다.49) 마츠타니 세이이치(松谷清一)는 1891년 오사카 무역상이었던 기타니 이스케(木谷伊助)가 인천에 설치한 木谷상점지점의 주임으로 왔다. 부산, 목포, 서울, 용산, 진남포, 평양에 木谷상점 지점을 설치하고 총괄하는 업무를 했다. 1900년에 木谷상점이 지점을 철수하자 그 지점망을 승계하고 松谷상점을 열어 무역업과 중개매매업을 겸업했다.50) 시바타 마고베(柴田孫兵衛)는 1891년에 인천으로 도항하여 미곡상을 했다. 용산, 서울, 평양, 진남포에 지점을 설치하여 미곡매집에 나섰고, 청일전쟁 때에는 일본군수품을 조달했다. 인천미두취인소 창립에 참여하였고, 인천 '쌀무역의 중진'으로 알려져 있다.51) 그 외 다나카 사시치로는 1877년에 부산의 요시다쿠미(吉田組) 점원으로 개항되기도 전에 인천을 왕래했다. 1883년에 게이다쿠미 지점장을 지내다가 1886

---

47) 김윤희, 앞의 책, 238-243쪽.
48) 中田孝之介, 앞의 책, 108쪽.
49) 中田孝之介, 앞의 책, 125쪽; 東亞經濟時報社, 앞의 책, 524쪽.
50) 中田孝之介, 앞의 책, 114쪽.
51) 中田孝之介, 앞의 책, 123쪽.

년에 오사카 小倉幸 지점을 대행하면서 미곡, 우피, 사금 등을 취급하는 무역업으로 전업했다. 오쿠다와 함께 共益組(이후 곡물협회로 바뀜) 설립에 참여했고 상업회의소 거류민회 임원으로 거류지 사회에서 영향력 있는 인물로 통했다.52)

한편 인천항을 중심으로 한 평양, 군산, 목표 등 개항장 무역이 확대되면서 일본인 선박업의 영업도 확대되었다. 특히 수입상품의 상승으로 국내상품 수요가 증가하면서 일본인 선박업자는 국내 상품을 수송하여 안정적인 영업기반을 마련할 수 있었다. 이에 호리 리키타로는 국내 연안 항로를 개설하여 인천항 국내무역의 증가에 따른 영업이익을 확보할 수 있었다. 반면 이치마루 데이시치(市丸定七), 무라타니는 回漕業자로 선상에 가까웠고, 1905년 조사에는 나타나지 않았다. 이들은 호리와 같이 영업변동에 효과적으로 대응하지 못했기 때문에 크게 성공할 수 없었다고 보여 진다.

1905년 조사에 나타난 선박·운송업자는 6명 중 4명은 국내 무역의 증가에 효과적으로 대응한 경우라고 할 수 있다. 일본 기선회사의 지점 또는 대리점 직원으로 인천항에 왔다가 독자적인 선박업을 경영했던 게이다. 고오리, 호리 그리고 독자적으로 목재수송 및 판매업을 겸하고 있는 이토 마츠지(伊東松次)를 제외하면, 그 외 2명은 경인철도주식회사와 일본우선주식회사 인천지점의 화물수송을 대행하고 있는 자들이다. 독자적인 선박업을 경영하는 4명은 일본 기선회사의 대리점을 겸하면서 인천항을 중심으로 한 해운항로를 운항하면서 영업기반을 마련한 경우라고 할 수 있다. 게이다는 오사카상선회사의 대리점을 겸하면서 한

---

52) 中田孝之介, 앞의 책, 108쪽; 東亞經濟時報社, 앞의 책, 494쪽.

강을 이용한 선박수송을 통해 서울과 이천으로 상품을 수송하여 판매했고, 한상으로부터 신용도 얻고 있었다. 고오리 역시 일본 우선회사의 대리점을 하면서 인천과 한강 연안 수송업을 했다. 이토 마츠지는 국내 각 항구로 목재를 수송하여 판매를 했고, 인천항에서는 목재의 위탁매매를 겸하고 있었다.[53] 이들 선박업자의 영업이익이 크게 발생한 것은 주요 고객이 서울을 비롯한 국내 시장의 한상들이었기 때문이다.

② 거류지 내 소매업

거류지 내 소매업은 잡화상을 비롯해, 목재, 철물, 토목, 외환대금, 요리점 등이다. 일본 상인 상층의 업종 중 무역업 다음으로 가장 많은 인원을 차지했던 잡화업은 자본력이 취약한 상인들이 쉽게 진입할 수 있는 업종이다. 1907년 호구조사에서 잡화상 종사자는 863명으로 인천항 일본인이 가장 많이 종사하는 직업이었다. 그러나 일본인 간 경쟁이 극심했기 때문에 성공하는 것도 쉽지 않은 업종이다. 1897년 조사 잡화상 20명 중 1905년 조사에 등장하는 인원은 8명이다. 그러나 이들 중에 전업 또는 겸업을 하지 않고 성장한 인물은 오사카 출신으로 서양잡화품을 취급했던 노부타가 유일했다. 주로 거류지 일본인을 고객으로 하는 잡화업의 영업기반이 매우 취약했음을 보여준다.

8명 중 겸업을 통해 성장한 경우는 2명이다. 아카마츠는 고베출신으로 1887년 인천으로 건너와 잡화상을 경영하다가 잡화수입과 면제품판매를 겸하여 1905년 20~25만원의 매상을 거두는 잡화상으로 성공했다.[54] 앞서 언급했던 히구치는 1894년 이후 조악한 상품이 수입이 증

---

53) 中田孝之介, 앞의 책, 96쪽.
54) 中田孝之介, 앞의 책, 120쪽; 東亞經濟時報社, 앞의 책, 512쪽.

가하여 한인들 사이에 일본산 도기에 대한 신용이 실추되자 잡화상조합을 결성해서 조악한 도기의 수입금지와 잡화상의 상품 투매를 통제하려고 했다. 1889년 同益社를 조직해서 거류 일본인 소비조합운동을 이끌기도 했다. 청일전쟁 때는 거류민 대포로 일본군 군수품 수송위원과 이사장을 지냈고, 그 공로로 6등 훈장을 받았다.[55] 그는 1885년 상업회의소의 결성에 참여하여 1905년까지 줄곧 의원, 상의원 등을 지냈으며, 거류민회 의원을 지냈다. 그는 거류지 사회에서 정치적 영향력을 가진 상인이었다.[56]

나머지 5명의 잡화상은 전업한 경우이다. 나가사키 출신의 도모나가 후지이치(友永藤市)와 나카가미 후지타로(中上藤太郎)는 1만원에서 1만 5천원의 매출을 올리는 전당포업으로, 야마구치 출신 아키모토 나오키치(秋本直吉)는 1만원에서 1만 5천원의 매출을 올리는 포목상으로, 나가사키 출신 히라야마는 5만~6만원의 매출을 올리는 정미업으로 전업했다. 앞서 언급한 다카스기는 잡화상을 경영하다가 1896년 독립하여 미곡상, 1900년 중개매매업을 겸업했고, 1901년에는 선박업과 동시에 무역업을 겸업하여 25만~30만원의 매출을 올릴 정도로 성장했다.[57]

1905년에 조사된 22명의 잡화상 매출은 1만원~5만원 사이가 13명, 5만원~10만원 사이가 3명, 10만 원 이상이 1명으로 무역상에 비해 매출액은 현저히 적었다. 이들 중 앞서 언급한 8명을 제외한 14명은 1897년 이후 새롭게 성공한 잡화상이라고 할 수 있다. 이들 중 1910년까지

---

55) 同益社는 1877년 일본에서 최초로 결성된 소비조합운동단체였지만, 몇 년 후 해산되었다. 樋口平吾가 이 단체를 인천거류지에 결성했다는 점은 그가 일본 거류민 사회에 관심이 매우 컸다고 할 수 있다.

56) 中田孝之介, 앞의 책, 124쪽; 高崎宗司(이규수 역), 앞의 책, 57-58쪽.

57) 中田孝之介, 앞의 책, 107쪽.

상업회의소 의원을 지낸 인물은 후지모토 리에몬(藤本利右衛門)이 유일하
다. 그는 1905년까지 인천항에서 가장 유력한 잡화상으로 알려져 있었
는데, 그가 취급하는 품목은 모두 서양잡화로 진열상품이 가장 화려하
려 행인들의 이목을 끌 정도였다고 한다.58) 잡화상 중 앞서 언급한 노
부타와 후지모토는 구두, 우산, 가방, 커피 등 서양수입상품을 취급했
던 공통점이 있다. 서양 잡화는 청일전쟁 이후 한인들 사이에서도 소비
가 급증하는 상품이었다. 이들의 고객은 한인들이 많았을 것이기 때문
에 비교적 안정적인 영업기반을 갖고 성장할 수 있었다고 볼 수 있다.
반면 그 외의 잡화상은 업종을 바꾸거나 겸업하지 않으면 거류민 사회
에서 경제적 영향력을 가진 상층으로 진입하는 것이 힘들었다.

외환·대금업자 중 1905년 상층으로 성장한 인원은 6명이다. 1907년
호구조사에 전당포업 호구가 34호, 종사자가 113명이었던 점을 감안하
면 전당포업만으로는 상층 자본가로 성장하기에는 힘들었다고 보여진
다. 1905년 조사에서 외환대금업 종사자는 보면 전당포업과 대금업을
겸업하는 자는 2명이었고, 4명은 외환업과 대금업을 겸업하는 자들이었
다. 이들의 거래액은 1만~5만 원 정도로 무역상에 비해서는 매출액이
적었지만, 1897년 이후 등장한 새로운 업종이다.

전당포업의 경우는 자본력이 낮은 일본인의 이주 증가로 전당포의
수요가 크게 증가했기 때문이다. 그러나 상층 자본가로 성공하기 위해
서는 전당포업 만으로는 불가능했고, 비교적 큰 규모의 대출이나 외환
거래를 겸업해야 했다. 특히 외환거래의 필요성은 1897년 일본이 금본
위제를 채택한 이후 크게 증가했다. 인천 거류지 일본상인의 상업금융

---

58) 中田孝之介, 앞의 책, 118쪽.

을 지원하기 위해 지점을 설치했던 나가사키에 본점을 둔 第十八은행과 오사카에 본점을 둔 第五十八은행은 백동화와 금태환권인 일본지폐의 교환업무를 통해 일본상인의 자금회전을 지원하였지만, 1901년 백동화 환율의 급격한 상승에 따른 환차손을 회피하기 위해 백동화의 수수를 거절했다. 이에 일본상인들은 송금할 일본지폐를 얻기 위해 청·한상과 환전 파트너십을 형성하면서 자금회전을 도모하였지만 쉽지 않았다. 특히 환율변동이 영업이익에 직접적으로 반영되는 상황에서 청·한상에 비해 자금력이 취약했던 일상은 환율변동에 민감하게 반응했다.59) 1901년 이후 전개된 외환거래의 필요성 증대는 외환·대금업자의 성장을 가능하게 하는 새로운 환경이었다. 따라서 이들은 1905년 상층 자본가로 성장할 수 있었다. 개인 외환거래업 4명 중 야마구치 출신의 도다 츠네타카(戶田恒堅)는 1905년 1년 거래액이 최고 10만원에 달할 정도로 컸다.

1897년에서 1905년 사이 거류지 상층 자본가로 새롭게 등장한 업종은 정미업, 숙박·음식업, 토목청부 업 등이다. 그 외에 1897년에 비해 다양한 업종에서 상층으로 성장한 자본가들이 등장했는데 이들은 대부분 거류지 일본이주의 증가로 인한 영업기반의 확대에 기인한다고 할 수 있다. 따라서 앞서 언급했던 무역상, 선박업, 중개매매업에 비해 1905년 조사된 매출액은 적다. 정미업의 경우는 잡화상보다도 거래액 규모가 작았는데 1만원에서 5만원 사이가 13명, 5만원~10만원 사이가 3명이었다. 토목·청부업자의 경우도 1년 거래액이 5만 원 이상을 넘는 자가 없었다.

---

59) 김윤희, 「일본의 금본위제 실시와 (1897년) 백동화 환율변동」, 『한국사학보』 14, 2003, 185-217쪽.

　이들 중 인천 거류지 일본인 사회에서 영향력 있는 지위로 성공했다고 할 만한 인물은 대부분은 토목·청부업자 였다. 츠나모토 센키치(綱本仙吉)는 나가사키 출신으로 1889년 서울에서 잡화상을 시작했다가 1894년 청일전쟁 때 인천에 석유, 철물, 시멘트, 가성소다 등을 취급하는 철물점을 열었다. 1900년 이후 만주로 진출하였고, 만주에서는 독일 설탕의 독점 수입권을 얻어 영업을 했다.[60] 이나다 가츠히코(稻田勝彦)는 나가사키 출신으로 1895년 인천에 여관을 건축하여 여관업을 했다. 경인철도와 경부철도 공사가 시작되면서 토목청부업을 시작했고, 경인철도 정차장에 지점과 출장소를 열어 철도자재 조달과 인력청부로 성공했다. 인천상업회의소 회원(1903년)과 부회두(1910년)를 지낼 정도로 영향력 있는 인물이 되었다.[61] 미노타니 에이지로(美濃谷榮次郎)는 인천 거류지 사회에서 가장 고참의 철물상으로 통한다. 고베출신으로 영업 1년 만에 성공했다는 그는 1903년에서 1908년까지 상업회의소 의원을 지냈다. 나카노야 히데오(中野谷秀雄)와 나카노야 쇼타로(中野谷庄太郎)는 히로시마 출신으로 인천항에서 목재상으로 성공했고, 서울 등지에 목재 등의 건축자재를 판매했다. 1904년 이후 일본인의 이주 증가로 건축자재의 수요가 급증하여 크게 성공한 경우다.[62] 나가사키 출신인 도비 미츠타로(土肥密次郎)는 부산을 거쳐 개항초기에 인천으로 이주하여 건축사업을 했다. 청일전쟁 이후 토목청부업을 통해 성공했는데, 1885년~1892년 상업회의소 회원, 1908년 상업회의소 특별위원을 지냈다.[63]

---

60) 中田孝之介, 앞의 책, 109쪽.
61) 中田孝之介, 앞의 책, 95쪽.
62) 中田孝之介, 앞의 책, 110쪽.
63) 中田孝之介, 앞의 책, 100쪽.

4. 나오기

이상으로 1883년에서 1905년 사이 인천항 일본상인의 영업상황을 고찰했다. 1883년 인천항 개항과 함께 이주한 일본인 중에는 일본의 기선회사 및 무역상점의 점원 또는 지점장으로 인천에 이주한 경우도 있었지만, 대부분은 별다른 영업기반을 확보하지 못한 채 소규모 거래인 잡화판매를 시작했다. 이주 일본인의 증가로 소규모 잡화상의 경쟁이 치열해 졌던 거류지 상황으로 인해 일본상인들은 업종을 변경하면서 성장을 모색하지 않으면 쉽게 이익을 확대할 수 없었다. 청일전쟁 이전까지 이들의 영업기반은 취약성을 벗어나지 못했다. 이들이 취급하는 상품은 대부분 나가사키에서 활동하는 청상의 손에 의해 수입되었다. 더욱이 1888년 청의 초상국 기선이 운항을 시작하면서 나가사키를 경유하여 수입되는 면제품의 규모도 크게 줄었다. 또한 조선시장에 상품을 공급하는 한상은 일본 상인보다는 청상과의 거래를 선호했다. 따라서 일본 상인 중 거류지에서 자본력을 갖춘 상층으로 성장하기 위해서는 거류지 밖 조선 시장으로 판로를 확보할 필요가 있었다.

청일전쟁 이후 인천항 무역상황의 변화는 일본상인들이 거류지 밖으로 판로를 확장할 수 있는 계기를 마련했다. 먼저 대일수입상품 중 오사카에서 생산되는 면제품의 비중이 증가했다. 일본산 상품에 대한 한인의 수요가 증가하면서 거류지 일본상인과 거래하는 한상도 점차 증가했다. 초기 잡화상으로 시작한 대부분의 일본상인들은 확대되는 무역이익을 획득하기 위해 무역관련 업종으로 전업 또는 겸업에 적극적으로 나섰다. 1897년에서 1905년 사이 무역상, 중개매매상, 선박업자의 영업이 여타의 업종에 비해 비교적 안정성을 유지할 수 있었던 것도 이러한 상황에 기인한다. 그러나 이주 일본인의 급증은 과도한 경쟁을 불러왔고, 무역관련 업종의 이익을 둘러싼 경쟁은 손실을 감수하면서 투매를 해야 하는 상황을 발생시켰다. 이에 대자본 일본상인들은 동업자 조합을 조직하여 곡물의 매집과 수입상품의 거래를 통제한다는 명목으로 거래의 독점적 지위를 확보했다.

독점적 지위를 갖고 있었던 일본상인은 한상을 통해 수출곡물과 수입상품의 판매를 통해 거류지 밖 판로를 확보하는 한편, 인천항 국내무역의 확대에 편승하여 주요 개항장을 운항하는 선박업을 겸업하면서 이윤을 확대해갔다. 이들 중에는 국내 주요 개항장에 지점을 설치하여 직접적으로 국내시장으로 판매망을 확장한 경우도 있었지만, 무역상과 중개상 대부분은 오사카 등 일본과의 무역망을 갖추고, 국내시장에서는 한상과 대규모 거래를 하는 방식으로 거류지 최대 자본가로 성장했다. 일본 대자본상인은 서울지역 한상과 연불거래, 예탁어음거래 등의 신용거래를 했으며, 한상사이에서 신용 있는 인물로 알려진 자들이었다. 이들은 거류지 내 일본사회에서는 상품거래의 독점적 지위를 확보하는 한편 거류지 밖 조선시장으로 판매를 확보하기 위해 한상과 신용거래의 공생관계를 형성했다.

(김윤희)

II. 일본인의 조선여행 기록에 비친 조선의 표상*

―『大役小志』를 중심으로―

1. 들어가기

일본인의 근대 여행은 제국주의 정책의 산물로 탄생되었다.[1] 식민지 본국인에게 식민지로의 여행 혹은 관광은 제국주의 국가의 정체성과 자긍심을 강화시켰고, 피식민인에게 식민지 본국의 근대 문물을 일방적으로 소개함으로써 굴절된 열등의식을 심어주는 역할을 했다. 일본인의 근대 여행은 여행주체의 식민지 체험과 밀접히 관련되었고, 미지의 세계에 대한 지적 탐구심이 아닌 '식민주의'의 표출이었다. 한말 일제하 조선의 근대 여행 역시 이러한 의미를 지닌다. 1906년 일본 최초의 단체해외여행인 만한순유단과 1909년 경성일보시찰단 이후 간헐적으로 이루어진 일본시찰단이 그 대표 사례이다.

* 이 논문은 2016년 대한민국 교육부와 한국학중앙연구원(한국학진흥사업단)을 통해 해외한국학중핵대학육성사업의 지원을 받아 수행한 연구임(AKS-2016-OLU-2250001).

1) 전근대의 여행은 미지세계의 발견을 위해 수고나 고통을 동반하는 여정이었다면, 관광은 선박 운항·철도망의 확대와 숙박시설의 충실이라는 조건 속에서 여행과정의 안락함을 추구하는 한편, 여행지에 대한 사전정보를 지침으로 삼아 '잘 알고 있는 것'을 실지에서 확인해 보는 여정으로 이루어진다. 20세기에 접어들어 관광은 자본주의의 꽃으로 주목을 받게 되었다. 세계 각국은 관광을 통한 이윤창출사업에 주목하였는데, 실제로 여행지의 그림엽서나 사진, 가이드북, 여행홍보 등, 여행자의 호기심을 유발하는 매체를 통해 사람들을 여행에 나서도록 자극했다. 20세기 초, 열강의 식민지가 전 지구로 확대되는 가운데 근대 관광은 '식민지 관광'의 성격을 띠고 전개되었다. 근대는 '투어리즘'이라는 새로운 여행문화의 시대였다고 말할 수 있다. 이에 대해서는 石森秀三編, 『觀光の20世紀』, 東京: ドメス出版, 1996 등을 참조.

일본인의 해외여행은 구체적으로 어떻게 전개되었을까? 일본인의 여행에 대한 관심은 근대국가 성립 이전부터 사할린 등 북방지역에 대한 탐험만이 아니라, 해외이민 추진을 위한 남방 여행에서 볼 수 있듯이 다양한 목적과 시선이 교차되어 있었다.2) 일본인의 '해외 웅비'를 장려하려는 논의는 '남진론'으로 활성화되었다. 대표적인 남진론자인 다케코시 요사부로(竹越與三郎)는 동남아시아를 여행한 견문록 『남국기』를 출판하여 '남쪽으로! 남쪽으로!'라는 표어 아래, 앞으로 일본이 관여하게 될 지역인 남양을 낭만적으로 묘사했다.3) 그의 견문록에서는 '문명개화'의 길을 내딛던 일본인에게 남방에 거주하는 타자는 '야만인'으로 비추어졌을 뿐이다.

남양에 대한 관심과 더불어 조선과 중국, 만주, 시베리아의 여행도 활발히 이루어졌다. 일본인의 조선과 만주 여행은 식민지 획득을 위한 국가정책과 밀접히 관련되었다. 여행은 식민지 시장의 확보와 경제주의적인 '동화' 그리고 미개지 '개발'의 관점에서 이루어졌고, 동아시아 침략을 정당화하는 이데올로기를 내포하고 있었다. 러일전쟁 전후에는 식민지나 다름 없는 조선에 대한 각종 정보제공을 목적으로 한 산업시찰여행이 광범위하게 이루어져, 이 시기는 '조사의 시대'라고 불릴 정도였다.4)

---

2) 山路勝彦編, 『植民地主義と人類學』, 大阪: 關西學院大學出版會, 2002; 山路勝彦, 『近代日本の海外學術調査』, 東京: 山川出版社, 2006.

3) 竹越與三郎, 『南國記』, 東京: 二酉社, 1910.

4) 일본의 산업시찰조사는 청일전쟁 시기부터 영사관으로 대표되는 관청과 상업회의소 등의 민간기관, 일본중앙정부와 지방의 현 등 다양한 주체에 의해 본격적으로 이루어졌다. 이에 대해서는 木村健二, 「戰前期朝鮮における日本人商工會議所の刊行圖書」, 『商經論集』 42, 1982; 鶴園裕, 「調査の時代－明治期・日本における朝鮮研究の一点描」, 『千葉史學』 7, 1985; 角山榮編著, 『日本領事報告の研究』, 東京: 同文館, 1986;

또 한편 단체여행은 청일전쟁과 러일전쟁 등 조선을 식민화하는 과
정에서 그 족적을 향유하는 방식으로 이루어졌다. 여행은 조선에 대한
차별과 멸시의식이 왕성하게 표출되는 가운데서 '문명제국'의 일원이 되
었다는 자부심을 확인하는 장이었다. 여행의 대중화와 더불어 일본에서
는 1912년 일본여행협회가 조직되었고, 만주·조선·대만·뉴욕 등지
에 지부가 설립되면서 본격적인 '여행의 시대'가 개막되었다. 철도와 증
기선과 같은 교통수단이 발달하고, 공간 이동이 자유로워지면서 근대자
본주의는 '관광'이라는 새로운 소비문화를 탄생시켰다.

최근 일본인의 조선여행에 대한 인문학적인 관심이 높아지고 있다.
'역사와 여행'을 둘러싼 논의는 타국의 자연경관과 풍속, 습관, 사회제
도, 그리고 타자의 심성 등을 다각적으로 조망할 수 있는 소재이고, 근
대-식민지-소비대중문화라는 틀 속에서 여행주체들의 인식을 통해 형
성되는 역사적 지리공간의 존립양상을 고찰함으로써 여행이 지니는 제
국주의적 성격과 대중문화의 상호관련성을 파악할 수 있기 때문이다.

기존의 연구는 여행을 위한 교통망의 정비과정과 일본여행협회의 활
동, 조선총독부의 관광정책, 관광잡지, 일제강점기 경주와 부여의 '관광
명소화' 과정 등 다양한 주제를 다루고 있다.5) 식민지 지배정책의 일환

기무라 겐지, 「메이지 시대 일본의 조사보고서에 나타난 조선 인식」, 『근대교류사
와 상호인식 I (한일공동연구총서2)』, 아연출판부, 2002 등을 참조.
5) 예를 들어 千田剛道, 「植民地朝鮮の博物館-慶州古蹟保存會陳列館を中心に」, 『朝鮮史研
究會論文集』 35, 1997; 윤소영, 「일본어잡지 『조선급만주』에 나타난 1910년대 경
성」, 『지방사와 지방문화』 9-1, 2006; 윤소영, 「러일전쟁 전후 일본인의 조선여행
기록물에 보이는 조선인식」, 『한국민족운동사연구』 51, 2007; 최석영, 「식민지시
대 고적보존회와 지방의 관광화-부여고적보존회를 중심으로-」, 『아시아문화연구』
18, 2002; 최석영, 「식민지 상황에서의 부여 고적에 대한 재해석과 '관광명소'화」,
『비교문화연구』 9-1, 2003; 조성운, 「1910년대 식민지 조선 근대관광의 탄생」, 『
한국민족운동사연구』 56, 2008; 조성운, 「일제하 조선총독부의 관광정책」, 『동아

으로 전개된 일본인의 조선 여행은 당시 다른 제국주의 국가가 '야만적'
인 식민지의 문화유산을 발굴, 분석, 재구성하여 '문명국가'의 '선진학문'
을 과시했던 모습을 모방함으로써 일본의 위용을 과시하려는 수단이었
고, 일본의 '선정'을 선전하기 위한 방편으로 활용되었다는 사실 등이
밝혀졌다.

조선여행을 문학적인 관점에서 다룬 연구도 활발하게 이루어졌다.6)
이 연구를 거칠게 정리하자면, 역사적 사실에 대한 실증적인 접근보다
문학작품이나 여행기 분석을 중심으로 조선의 '근대(성)'의 탄생과 그 성
격에 주목하면서 일본인들이 여행지를 어떻게 타자화해서 인식했는가
에 대한 논의이다. 예를 들어 古都 여행이란 일본의 고고학적 문화 전
략의 자기장 안에 놓인 민족적 전통성의 환기라는 점에서 이중적인 면
을 지니고 있고, 조선에 정착한 소비문화의 영향으로 인해 여행주체는
여행이 표면적으로 내세우는 조선의 역사와 국토를 시각적으로 소비하
는 대중 혹은 소비자로 존재한다는 것이다.

이런 기존의 논의를 바탕으로 하면서, 이 글에서는 『대역소지』의 조
선여행기록을 소재로 여행이라는 관점에서 형성된 조선의 표상을 고찰

시아문화연구』 46, 2009; 윤소영, 「식민통치 표상 공간 경주와 투어리즘-1910~20
년대 일본인의 여행기를 중심으로」, 『東洋學』 45, 2009 등을 참조.

6) 예를 들어 최재철, 「일본근대문학자가 본 한국」, 『일어일문학연구』 13 · 14, 198
8 · 1989; 최재철, 「일본근대문학자가 본 한국」, 『일본연구』 4, 1989; 서기재, 「일
본근대 『여행안내서』를 통해본 조선과 조선관광」, 『일본어문학』 13, 2002; 서기
재, 「高浜虛子의 『조선』연구」, 『일본어문학』 16, 2003; 中根隆行, 『「朝鮮」表象の文化
誌』(東京: 新曜社, 2004; 李良姬, 「日本植民地下の觀光開發に關する硏究ー金剛山觀光開
發を中心に」, 『日本語文學』 24, 2004; 우미영, 「古都 여행, 과거의 발견과 영토의
소비-식민지 시대 경주 기행문을 중심으로」, 『동아시아문화연구』 46, 2009; 나카
네 다카유키, 「제국 일본의 '만선(滿鮮)' 관광지와 고도 경주의 표상」, 『한국문학연
구』 36, 2009 등을 참조.

하고자 한다. 1910년 10월에 간행된 『대역소지』는 '러일전쟁 관전기의 백미'로 일컬어지는 대표적 여행기록으로, 러시아의 삼국간섭 이후 일본의 러시아에 대한 응징과 조선의 식민지화 열풍을 반영한 자료로 평가된다.[7]

이하에서는 『대역소지』를 대상으로 다음 세 가지 점에 주목하고자 한다. 첫째, 러일전쟁 직후 조선을 여행한 일본인의 목적은 무엇이며, 일본인들은 여행을 통해 조선의 무엇에 주목했는가. 둘째, 여행을 통해 나타난 조선의 표상은 무엇이며, 그것이 어떻게 주변으로 수용·전파되었는가. 셋째, 조선은 어떤 방식에 의해 식민지 표상공간이 되었는가였다. 이런 요소를 검토함으로써 여행이 지닌 제국주의적 심성을 밝혀보겠다.

2. 일본의 풍경, 일본의 國粹

『대역소지』의 저자 시가 시게타카(志賀重昂)는 근대 일본의 대표적인 국수주의자이다. 시게타카는 1863년 현재의 아이치 현(愛知縣) 오카자키(岡崎)에서 출생했다. 그는 1880년 9월 윌리엄 클락(William Smith Clark)이 창설한 삿뽀로농학교(札幌農學校)에 입학했다. 삿뽀로농학교는 미국의 서부개척을 모델로 삼아 홋카이도(北海道) 개척을 추진하려는 메이지정

---

7) 시가 시게타카의 경력과 러일전쟁을 전후한 한국인식에 대해서는 이규수, 「일본 국수주의자 시가 시게다카(志賀重昂)의 한국인식」, 『민족문화연구』 45, 2006 참조. 아울러 이 논문의 인용문은 여행이라는 시각에서 시게타카의 기록을 재해석하기 위해 상기 논문에서 일부 재인용했음을 밝혀둔다.

부의 의지로 개설된 학교인데, 미국인 교사가 중심이 되어 실제로 훗카이도 개척에 활용 가능한 실제 교육이 이루어졌다. 삿뽀로농학교는 일본 최초로 식민정책학으로서 '식민학' 강좌를 개설하여 훗카이도 개척은 물론 타이완, 사할린, 만몽, 조선, 남양으로의 농업식민지 확대를 주창한 것으로도 알려져 있다.[8]

삿뽀로농학교에서의 배움은 시게타카의 이후 활동과 대외인식에 지대한 영향을 미쳤다. 1885년 3월 영국의 동양함대가 거문도를 불법점거하자, 시게타카는 곧바로 급변하는 정황을 시찰하기 위해 은밀히 쓰시마(對馬)를 방문했다. 당시 그가 조선해협을 실제로 건너갔는지는 확인되지 않으나, 군부에 쓰시마경비대와 군항의 설치를 주장했다.[9]

시게타카는 삿뽀로농학교 졸업 후 1886년 해군병학교의 군함 '츠쿠바'(筑波)에 동승 허가를 받아 남양군도를 항해하기에 이른다. 그는 10개월에 걸쳐 호주, 뉴질랜드, 피지, 사모아, 하와이 등지를 여행하고 1887년 『남양시사』를 간행함으로써 소장지리학자로서 명성을 얻기에 이르렀다. 시게타카는 『남양시사』를 통해 일본의 '남방정책'의 중요성을 강조하고 소위 '남양'이라는 어휘를 처음으로 정착시켰다.[10]

---

8) 이에 대해서는 井上勝生, 「札幌農學校と植民學の誕生」, 『「帝國」日本の學知』, 東京: 岩波書店, 2006 참조.

9) 土方定一, 『志賀重昂 知られざる國々』, 東京: 日本評論社, 1943, 22-23쪽.

10) 『남양시사』는 순항일정을 기행문 형식으로 서술한 것으로, 각국의 역사와 지리는 물론, 경제현황에 대해서도 상세히 서술했다. 시게타카는 여기에서 일본인의 해외발전에 대해 "아국인(我國人)의 해외이주를 장려하는 것은 비단 하와이에만 한정할 필요가 없다"(志賀重昂, 『南洋時事(增補訂正4版)』, 東京: 丸善商社書店, 1891, 201쪽)며 적극적인 이민정책을 펼쳤다. 시게타카의 남양군도 조사여행에 대해서는 淸水元, 「明治中期の『南進論』と『環太平洋』構想の原型-志賀重昂『南洋時事』をめぐって 1-2」, 『アジア經濟』 32-9・10, 1991; 林原純生, 「『南洋時事』から『日本風景論』へ-初期志賀重昂における<文學>」, 『日本文學』 44-1, 1995; 水野守, 「志賀重昂『南洋』巡航と『南洋時事』のあいだ-世紀轉換期日本の『帝國意識』」, 『大阪大學日本學報』

시게타카가 남양 여행에서 목격한 것은 구미열강 백인들의 지배영역 확대에 따른 현지 원주민들이 직면한 민족 존망의 위기적 상황이었다. 시게타카는 남양이 직면한 현실을 구미열강의 군사력과 경제적인 힘의 격차에 따른 현상으로서만이 아니라, 인종의 문제로 받아들였다. 시게타카에 따르면 백인종은 우량인종이고 황인종, 흑인종, 동색인종, 말레이인종은 열등인종이었다. 열등인종이 우량인종인 백인종과 교류 경쟁하면 정신적으로도 육체적으로도 소모되어 인종이 감소될 우려가 있고, 나아가 민족소멸이라는 위기상황에 직면할 수밖에 없다는 것이다.11)

시게타카는 구미 선진제국의 제국주의적인 침략을 실감하고 구미문화를 그대로 받아들이는 것에 위기의식을 품는다. 남양군도 여행을 마치고 귀국한 시게타카는 1888년 미야케 세츠레이(三宅雪嶺), 스기우라 쥬고(杉浦重剛), 이노우에 엔료(井上円了) 등과 政敎社를 결성하여 '國粹保存旨義'를 주창한다. 당대의 시대적 위기의식은 그로 하여금 국수주의를 지향하도록 만든 직접적 계기였다. 정교사의 주요 비판대상은 국수가 결여된 서구화 정책을 추진하던 메이지정부의 지도자와 歐化主義를 제창하던 도쿠토미 소호(德富蘇峰)의 民友社였다.

하지만 정교사가 주장하는 국수란 내셔널리티(nationality)를 의미하는 것으로 서구문화를 근저로부터 배제하겠다는 배외주의와는 근본적으로 달랐다. 그들은 모두 서구식 교육을 받았고, 일본이 구미처럼 발전하기 위해서는 구미 선진국의 학문과 문화를 어쩔 수 없이 받아들여한다는 입장에 섰다. 그들이 우려하는 것은 일본이 구미문화를 무차별적으로 받아들임으로써 초래될지도 모르는 국가 기반의 약체화였고, 발달한 서

20, 2001 등을 참조.
11) 志賀重昂全集刊行會編, 『志賀重昂全集 第3卷』, 東京: 志賀重昂全集刊行會, 1927, 3-4쪽.

구문화를 받아들일 수 있는 토양이 정비되지 못한 일본의 현실이었다.[12)

이러한 국수주의의 기조는 시게타카가 정교사의 기관지인 『일본인』에 기고한 일련의 논문에도 명백히 드러난다. 그는 남양 여행을 통해 느낀 대외적 위기감으로부터의 탈피 방법을 강조하기 위해 서구열강의 아시아 진출에 대해 '日本旨義'를 내세우고, 궁극적으로 국수주의에 자본주의를 접목하여 일본의 개화와 의식개혁을 도모해야 한다고 주장한다.[13)

특히 시게타카는 세계의 역사를 살펴보더라도 어떤 국가가 외국의 문화를 받아들인다는 것은 국수라는 胃官을 통해 다른 나라로부터 수입한 개화를 소화시켜 동화시키는 것이라며 그러한 사례로 그리스 문화와 로마 문화를 언급한다. 즉 그에 따르면 그리스 문화는 그리스인이 페르시아로부터 수입한 문명을 자기의 고유한 국수를 통해 소화, 동화함으로써 형성된 것이고, 로마의 개화 또한 라틴민족이 그 국수를 기반으로 그리스 문화를 소화, 동화한 것이라고 주장한다.

요컨대 시게타카의 국수주의는 메이지정부의 서구화주의에 대항하여 일본 고유의 문화적 전통의 보존과 발양을 주장한 것으로 일본의 근대화 방향은 서양으로의 일방적 동화가 아니라, 선택적 섭취를 통해 서양 문물을 일본으로 동화시켜야 한다는 것이다.

한편 시게타카는 민족과 그 지리적 특징, 그리고 고유의 문화는 상호

---

12) 정교사의 활동과 그 의의에 대해서는 中野目徹, 『政敎社の硏究』, 京都: 思文閣出版, 1993; 佐藤能丸, 『明治ナショナリズムの硏究 : 政敎社の成立とその周邊』, 東京: 芙蓉書房出版, 1998; 함동주, 「근대일본의 서양담론과 정교사(政敎社)」, 『일본역사연구』 15, 2002 등을 참조.

13) 시게타카는 1888년 4월『일본인』의 창간과 더불어 「『日本人』の上途を餞す」, 「『日本人』が懷抱する處の旨義を告白す」, 「日本前途に國是は『國粹保存旨義』に選定せざるべからず」라는 일련의 논고를 연이어 게재한다.

유기적으로 관련되는 것이라고 주장하면서, 각자의 고유한 자연환경 속에서 오랜 역사적 과정을 거쳐 생물이 진화 발전한다고 말한다. 이런 과정에서 시게타카는 일본의 풍경에 착목하여 일본의 풍경 속에서 일본의 국수의 기반을 찾는다. 그에 따르면 일본의 풍토, 지리, 환경의 영향 밑에서 고유한 동식물이 자라나고, 오랜 역사를 통해 이들의 과학적 반응이 이루어져 일본민족에 일종의 특별한 '국수'(nationality)가 형성되었다는 것이다. 따라서 그에게는 일본의 풍경이야말로 일본인의 최대 자랑거리였다.

이러한 그의 인식은 1894년 청일전쟁이 발발하자 『일본풍경론』으로 출판되어 커다란 사회적 반향을 불러일으켰다.14) 시게타카는 고전문학으로부터의 풍부한 인용과 지리학적 술어를 구사하여 일본의 풍토를 '다변 다양한 기후와 해류', '다량의 수증기', '많은 화산암', '침식이 격렬한 유수' 등으로 표현하면서 일본 풍광의 아름다움을 칭송했다. 하지만 『일본풍경론』은 일본의 아름다움만을 칭송한 나머지 조선이나 중국의 풍경은 아주 보잘 것 없는 것으로 폄하되었다. 『일본풍경론』은 당시 최대의 베스트셀러로 자리 잡았고, 그의 일본 풍토에 대한 애착, 특히 후지산(富士山)에 대한 애착은 국가에 의한 국민 교화의 수단으로 활용되었다.

시게타카는 이처럼 여행을 통해 내셔널리즘에 눈뜬다. 그는 남양군

---

14) 『일본풍경론』은 발매와 함께 15판이 판매될 정도로 당대의 베스트셀러로 자리 잡았다. 『일본풍경론』은 일본인의 풍경관, 등산관을 전환시켰을 뿐만 아니라, 의식세계에도 커다란 영향을 가져왔다고 평가받는다. 이에 대해서는 黒岩健, 『登山の黎明-「日本風景論」の謎を追って』, 東京: ぺりかん社, 1979; 山本教彦・上田譽志美, 『風景の成立-志賀重昻と「日本風景論」』, 東京: 海風社, 1997; 大室幹雄, 『志賀重昻「日本風景論」精讀(岩波現代文庫)』, 東京: 岩波書店, 2003 등을 참조.

도를 둘러싼 서구열강의 식민지 쟁탈 양상을 직접 눈으로 확인하고, 일본 역시 메이지정부의 일방적인 서구화정책으로 인해 구미제국의 식민지로 전락할지도 모른다는 두려움을 느꼈다. 『남양시사』에서는 일본의 남방에 대한 관심을 환기시켰고, 『일본풍경론』에서는 일본의 풍경을 칭송함으로써 청일전쟁에서의 승리를 계기로 고양되던 일본 내셔널리즘을 반영하여 일본인으로서의 자신감과 긍지를 주창하면서 일본 내셔널리즘을 자극했다.

3. 나약한 조선, 강건한 일본

러일전쟁을 계기로 일본의 여론은 조선에 집중된다. 일본의 지식인들은 당시 상황을 대외팽창주의＝제국주의 시대로 규정하고, 조선의 식민지에 대한 논의를 활발히 전개했다. 조선 거주 일본인은 전쟁에 적극적으로 협력하고, 많은 상인들은 전쟁특수를 얻기 위해 조선에 이주하기 시작했다.[15] 바야흐로 식민지 조선의 열풍이 일본을 들끓었다. 일본은 러일전쟁의 승리를 통한 조선의 식민지화를 주장했고, 시게타카 역시 이러한 시대적인 분위기에 편승하여 조선에 대한 관심을 적극적으로 표명한다. 그의 세 번에 걸친 조선여행은 한국강점과 더불어 『대역소지』

---

15) 예를 들어 쪼지야(丁子屋) 사장 고바야시 겐로쿠(小林源六)는 러일전쟁이 시작되자 "좋은 기회가 왔다며 곧바로 조선 도항을 준비했다. 다수의 상품과 점원 재봉직공 20여명을 인솔하여 용감하게 장도에 올랐다"고 말한다. 그는 1904년 4월에는 부산에 양복점을 개점하고, 9월에는 한성에 일본옷 가게를 열었다. 또 그는 개점과 동시에 소위 '쪼지야 總墓'를 건설하여 한성에 뼈를 묻겠다는 의지를 보였다고 한다(和田八千穂・藤原喜藏共編, 『朝鮮の回顧』, 東京: 近澤書店, 1945, 371-374쪽).

로 출판되었는데, 총 1,370쪽 가운데 약 300쪽을 차지하는 조선여행기록은 국수주의를 내세운 그의 조선인식과 조선표상을 파악할 수 있는 자료이다.

시게타카는 전쟁 발발 직후 1904년 6월 12일부터 40일간 첫 번째 조선여행에 나선다. 종군기자 자격으로 해군 어용선 '滿洲丸'에 승선하여 해군기지를 순항하고, 육군성의 특별허가를 받아 旅順口攻圍團에 2주간 종군했다.

그의 여행 경로는 다음과 같다. 시게타카는 6월 21일 조선을 향해 사세보(佐世保) 항을 출항한다. 조선해협을 거쳐 거문도, 제주도, 진도를 경유하고, 도중 선상에서는 청일전쟁에 참전한 장교로부터 청일전쟁 당시의 전황을 설명받기도 했다. 22일에는 인천에 도착해 일본인 거류지에 머물렀다. 다음 날 23일에는 한성을 향해 출발하여 한강, 북한산, 창덕궁, 경복궁, 수원 등을 여행한 다음, 북상하여 진남포, 대동강, 평양, 우이도, 용암포 등지를 순방했다. 그의 첫 번째 조선여행은 7월 19일까지 이어졌다.16)

시케타가는 먼저 러일전쟁의 승리에 '무한의 감격'을 느끼고 개항장 인천에 입항한다. 당시 인천은 전승국 일본의 후방기지로서 활황을 맞았다. 인천에는 해상교통의 안전이 확보되자 경성과 인천의 물자부족 소식을 접한 일본 모험상인들이 물자를 싣고 건너왔다. 이 중에는 전쟁을 부의 축적 기회로 삼으려는 사람도 적지 않았다.17)

---

16) '만주환'에 승선하여 러일전쟁을 참관한 여행자는 일본인과 외국인으로 구성되었다. 일본인은 귀족원과 중의원 의원, 외국공사관 무관, 유력한 내외 신문기자였고, 외국인은 영국, 스코틀랜드, 네덜란드, 이탈리아, 미국, 독일, 프랑스 등의 군인으로 구성되었다.

17) 이에 관해서는 梶村秀樹, 『朝鮮史と日本人(梶村秀樹著作集1)』, 東京: 明石書店, 1992;

『대역소지』에서 표상하는 개항장 인천은 지방 관리의 가렴주구를 피하기 위해 몰려든 조선인의 '피난처'였다. 이에 반해 일본인의 표상은 '식민적 국민'이었다. 시게타카는 6월 23일 인천의 정황에 대해 "인천의 큰 도로에는 거의 일본인 상점들이 즐비하다. 일본의 작은 지방 도읍을 유람하고 있는 느낌이다.……정말로 일본적이라고 말해야 할 것이다. 일본인은 이처럼 팽창력이 있다. 일본인은 식민적 국민이 아니라고 누가 말할 수 있겠는가"[18]라며 일본인의 조선 이주는 '일본인의 실력'이라고 자부한다.

주지하는 바와 같이 러일전쟁을 전후하여 일본인의 조선 이주는 급격히 증가되었는데, 그들 가운데는 '신천지' 조선에서 일확천금을 꿈꾸는 무리 또한 많았다. 그들은 개항장을 무대로 상업 활동을 벌였을 뿐만이 아니라, 일부는 내륙으로까지 진출하여 토지를 매입하는 등 불법 행위를 일삼았다.[19] 시게타카에게 이러한 일본인의 모습은 침략자로서의 모습이 아니라 '팽창력 있는 식민적 국민'으로 표상되었다.

高崎宗司, 『植民地朝鮮の日本人(岩波新書790)』, 東京: 岩波書店, 2002; 이규수, 「개항장 인천(1883~1910)-재조일본인과 도시의 식민지화」, 『인천학연구』 6, 2007 등을 참조.

18) 『大役小志』, 62쪽.

19) 러일전쟁 전후로 일본인의 조선 진출이 급증했다. 1904년 3월말까지 인천에는 6,000-7,000명의 일본인이 상륙했다. 1904년 말 인천의 일본인은 9,403명에 달했고 현지 조선인 수를 넘어섰다. '전쟁특수'에 편승하여 부를 축적한 상업자본가의 농업분야로의 진출도 두드러졌다. 1904년 '한일의정서' 체결부터 1907년 '제3차 한일협약' 체결까지의 시기에 일본인 지주의 조선 진출은 급증하여 109명의 일본인 지주가 조선에 왔다. 이 시기 전쟁과 더불어 인천에 진출하여 황해도 방면의 미곡, 잡곡, 우피의 반출, 전쟁수행에 필요한 잡화 용달 업무를 수행하다가 식민지 지주로 변신한 대표적 인물로는 후지이 간타로(藤井寬太郎)가 있다. 그의 조선 진출과정에 대해서는 이규수, 「후지이 간타로(藤井寬太郎)의 한국진출과 농장경영」, 『대동문화연구』 49, 2005를 참조.

시게타카는 인천을 거쳐 한성에 3일간 체류하면서 창덕궁, 경복궁 등을 관람하고 각종 환영회와 강연회에 참석했다. 먼저 그는 한성의 풍경에 대해서는 "중앙에 大河인 한강이 흐른다. 연안에는 토지가 평탄하고 비옥한 大野가 펼쳐져 있다. 항운이 편리하고 실로 조선반도의 중원을 이루고 있다. 그 중원 중에서도 중원인 한강의 주변에는 화강암 산들이 이어져 고대의 建都에 가장 적합한 곳이다"[20]며 산지가 협소한 도쿄와는 다른 한성의 풍경을 묘사하고 있다.

『대역소지』에서는 한성의 아름다운 풍경과는 달리 인천에서도 묘사한 것과 마찬가지로 '가렴주구에 시달리는 조선'이라는 표상은 변함없었다. 시게타카에게 조선의 정치현실은 단지 '사대주의'와 '가렴주구'라는 표상으로 집약될 뿐이었다.

시게타카는 창덕궁에서 고종 황제를 알현하고 향후 정국의 운영방침에 대해 "한국의 개량은 쉽지 않다. 중요한 것은 국민 스스로 강해지는 것이다. 국민이 스스로 강해지기 위해 첫째로 해야 할 일은 관리의 가렴주구를 일소하는 일이다. 가렴주구의 근원은 지방 관리에 있다. 따라서 일본인 경관을 각 지방관청에 고용시켜 가렴주구를 제재해야만 한다"[21]고 발언했다. 또 평양에서는 "수백 년 동안 사대주의를 지녀온 한인을 독립자주의 백성으로 만드는 일은 쉽지 않다. 한인이 부강한 백성이 되기 위해서는 주로 지방 관리의 가렴주구를 제재하는 데에 있다"[22]고 반복 강조했다. 『대역소지』에 표상된 조선의 모습은 '사대주의'와 '가렴주구'에 고통 받는 나약한 조선인뿐이었다. 역동적인 조선인의 모습

---

20) 『大役小志』, 35쪽.
21) 『大役小志』, 36쪽.
22) 『大役小志』, 38쪽.

은 눈에 들어올 리 만무했다.

『대역소지』의 이러한 표상은 조선의 쇄신을 위해 '일본인 경찰'로 대표되는 일본의 도움이 필요하다는 주장으로 이어진다. 지방 관리의 부패문제는 일본의 개입에 의해서만 해결이 가능하다는 주장이다. 시게타카는 6월 14일 용암포에서 "아무튼 한국은 일본의 자본과 정력을 기다려 개척되고 개발되어야 한다. 한국인의 힘만으로는 도저히 이룰 수 없는 일이 많다"[23]고 발언했다. 요컨대 『대역소지』는 조선의 개혁을 위해 일본의 적극적 개입이 필요하며, 무력을 통해 군대와 경찰을 폐지하고 일본이 치안을 장악해야 한다는 것이다. 이러한 시게타카의 주장은 러일전쟁 이후 팽배한 일본의 식민지 지배를 정당화하는 논리로 작용했고, 이후의 상황 또한 그의 예견대로 군대 해산과 강제합병으로 이어졌다.

'사대주의'와 '가렴주구'에 신음하는 나약한 존재로서의 조선인은 용모를 비유한 대목에서도 잘 드러난다. 『대역소지』는 "조선 남자의 용모는 모두 여성을 닮았다. 동행한 외국인에게 '일본인과 조선인의 외관을 식별할 수 있는가'라고 물으면, 그들은 곧바로 '구별할 수 없다. 조선 남자 얼굴과 모습은 여성적이다'고 대답한다"[24]고 말하면서, "조선 남자는 여성적이기 때문에 성품 또한 나약하다. 조선인은 모름지기 스스로 분발하여 그 여성적인 점을 일소해야 한다"[25]며 일본인의 식민지 '팽창'을 남성으로, 이를 '허용'한 조선을 여성으로 표상했다.

이처럼 『대역소지』에서는 남성적인 일본, 여성적인 조선이라는 인종적인 문제를 거론하면서 조선인의 성품을 의도적으로 왜곡했다. 나아가

---

23) 『大役小志』, 44-45쪽.
24) 『大役小志』, 62쪽.
25) 『大役小志』, 63쪽.

시게타카는 조선인의 여성성을 일소해야 한다는 충고까지 빠뜨리지 않았다. 일본=남성이 조선=여성을 지배한다는 것을 정당화하는 논리이다. 조선인을 여성으로 비유한 것은 일본의 조선침략을 당연시한 것에서 비롯된 왜곡된 편견에 불과하다.

더욱이 조선에 대한 표상은 나약한 여성에 국한되지 않고, 도저히 '독립'이 불가능한 보잘것없는 모습이었다. 『대역소지』는 독립문에 대해 '독립'이라는 용어가 조선인에게 걸맞지 않는다고 비아냥거린다. 시게타카는 독립문에 대해 "독립문 주변에는 아무 것도 볼 것이 없다. 칠칠치 못한 白衣를 입고 무심코 문을 바라본 자가 있다. 왜소한 조랑말을 타고 부채를 부치는 자가 있다. 문아래 그늘에 앉아 곰방대를 물고 연기를 내뿜는 자가 있다. 자세가 단정치 못한 병사가 있다. 선채로 앵두를 먹는 작은 아이가 있다. 머리에 빨간 천을 여민 여자아이가 있다. 문기둥에 낙서하는 자가 있다. 낙서는 이루 말할 수 없을 정도로 많다.……독립문! 독립문! 이전의 영은문과 무엇이 다른가!"26)라는 소감을 피력한다.

『대역소지』에서 조선인은 독립이 불가능한 민족으로 표상될 뿐, 민족자주성의 상징인 독립문을 건립한 시대적 상황을 이해하려는 태도는 전혀 찾아볼 수 없다. 이처럼 『대역소지』의 조선표상은 사대주의에 물든 조선, 가렴주구에 시달리는 조선, 독립이 불가능한 조선, 그리고 조선은 나약한 여성으로 일본은 강건한 남성으로 비유될 뿐이었다. 이러한 조선표상은 후술하는 바와 같이 러일전쟁에서의 일본군의 승리를 찬미하고, 일본의 조선 지배를 정당화하는 논리로 작용했다.

---

26) 『大役小志』, 63-64쪽.

4. '도항 매뉴얼'로서의 여행기록

일본은 러일전쟁에서의 승리를 기반으로 조선을 실질적으로 지배하기 시작했다. 1905년 9월 러일강화조약이 체결되어 러일전쟁이 종결되었다. 11월에는 일본이 한국에 대해 제2차 한일협약(한국보호조약)을 강요하여 한국을 사실상 일본의 식민지로 삼았다. 1906년 2월에는 한국에 통감부와 이사청을 설치했다. 이토 히로부미(伊藤博文)를 통감으로 부임시키고 외교권을 비롯하여 한국의 모든 권리를 통감 손에 넣었다. 또 일본정부는 보다 확실한 한국지배를 위해 이민을 장려했다. 현 차원에서도 정부의 조치에 호응하는 움직임이 일어났고, 민간 차원에서도 이민론이 계속 주창되었다.

『대역소지』는 조선 도항을 준비하는 사람들에게 사전에 '준비된 도항'을 통해 식민지 조선을 확고히 지배해야 한다고 강조한다. '준비된 도항'이 이루어진다면 조선 경영 이익을 극대화할 수 있다는 것이다. 시게타카의 조선여행과 표상은 '성공의 신천지'로서의 조선 진출을 가늠하던 일본인들을 자극하기에 충분했다. 『대역소지』는 이에 부응하기 위해 1904년 7월 「한국의 사업에 대해 향우에 답하는 글」(韓國の事業に付き鄕友に答ふる書)을 통해 한국사업의 어려움, 도항비, 물가, 생활비, 한국인의 성질, 임금, 농업, 식림업, 수산업, 내지 행상, 내지 상업이라는 항목으로 정리했다.

『대역소지』는 먼저 러일전쟁의 승리와 더불어 조선경영을 용이하게 받아들이려는 시대적 풍조에 경계심을 환기시킨다. 시게타카는 "한국에서의 사업이 매우 용이하여 손에 萬金을 거둘 수 있다고 생각하는 자가 있는데, 이는 근본적으로 잘못되었다"[27]며 사전에 조선의 실정을 파악할 것을 권유한다.『대역소지』는 이어 조선에서 성공하기 어려운 사업으로 교육, 목축, 원예, 미작, 식림을 열거하고 몇몇 실패사례를 소개하면서 "한국의 경영은 원래 이익이 크지만, 여러 사정으로 인해 결코 쉽지 않다. 일거에 만금을 얻으려는 것은 망상일 뿐이다. 러일 전쟁 개전 이래 한국에 가면 구미가 당길 만큼의 큰 이익을 얻으리라는 생각으로 도항하는 자들이 줄을 잇고 있다.……한국에는 경영할 사업이 많아 도항하는 자가 많은 것은 당연하다. 하지만 당초 확고한 계획과 어려움을 극복하겠다는 결심이 없는 자는 결코 도항해서는 안 된다"28)라고 충고한다.

『대역소지』는 조선에 도항하는 자를 위해 도항 비용과 물가, 생활비 등을 구체적으로 제시하고 회사별 기선요금, 철도요금, 임대료 등을 구체적으로 소개한다. 특히 조선에서의 생활비에 대해 "단순히 일본보다 미개하다고 생활비가 저렴할 것이라는 생각은 잘못이다"29)고 소개하면서 조선에서의 생활비는 도쿄의 2배, 아이치 현의 4배라고 강조한다.『대역소지』의 조선여행기록은 일본인의 '도항 매뉴얼'로서의 역할을 유감없이 발휘했다고 말할 수 있다.

『대역소지』는 이어서 조선사업의 성패는 사전정보 입수나 도항 준비도 중요하지만, 조선인의 품성을 파악하는 것이 더욱 중요하다고 말한다. 이와 관련하여『대역소지』는 중국인과 비교한 조선인의 특성에 대해 "한국인의 성질에 여러 단점이 있다는 사실은 누구든 알고 있다. 중요한 것은 한국인들은 게으르고 돈에 탐욕스럽다는 점이다. 지나인은

---

27)『大役小志』, 85쪽.
28)『大役小志』, 87-88쪽.
29)『大役小志』, 96쪽.

돈에 탐욕을 부리지만 게으르지 않다. 돈을 지불하면 분명 그에 상당하는 노력을 하는데, 한국인은 전혀 그렇지 않다. 어떤 사람에게 일정한 금품을 받았으므로 그만큼 일해야 한다는 관념이 애당초 없다. 돈을 받는 순간에만 노력할 뿐이다"[30]며 조선인의 표상을 '게으름'과 '탐욕스러움'으로 규정짓는다.

이러한 표상은 조선인에 대한 왜곡된 경제관에도 그대로 드러난다. 『대역소지』는 조선인의 저임금과 관련하여 "한인의 임금이 분명 일본인보다 저렴하므로 한인을 고용하는 게 편리하다고 생각할 것이다. 하지만 한인은 도적 근성이 강하여 처음부터 끝까지 그들의 동작에 주의해야 한다. 도적 근성이 적은 사람일지라도 그들은 노동을 좋아하지 않고, 우천 시에는 일하려 들지 않는다. 그들은 곁눈질 잘하고 요령이 뛰어나며 일본인처럼 지식이 없다. 따라서 아주 단순한 일 외에 한인을 고용하면 오히려 임금이 더 많이 드는 경우도 있다. 또 그들은 대체로 많이 먹는다. 평생 배불리 먹기를 좋아해 배고픈 것을 참지 못한다.……그들의 식료와 급료를 합산하면, 오히려 일본인보다 비싸게 드는 경우도 있다. 단지 임금이 저렴하다는 이유로 한인을 고용하는 게 좋다고 생각한다면 피상적인 생각이다"[31]며 조선인을 '도적 근성'을 지닌 게으른 민족으로 규정짓는다.

『대역소지』는 일본인의 토지 획득에 대해서도 구체적으로 언급했다. 『대역소지』는 토지매입의 교묘한 방식을 소개하면서 "한인 명의인 토지의 수확물과 사용권을 매수해두면 토지소유권을 소유한 것과 동일하여 위험이 없다. 하지만 더욱 안전을 도모하려면 매수와 더불어 質權을 병

---

30) 『大役小志』, 97쪽.
31) 『大役小志』, 100-101쪽.

용하는 것이 좋다. 즉 우리는 한인으로부터 소유 토지를 전당잡아 그
질권을 소유하면 아무리 한국 관리가 이를 빼앗으려 해도 뺏을 수 없
다"32)며 당시의 토지매매 상황을 기록함으로써 일본인의 불법적인 토
지수탈을 조장하고 있는 것이다.

또 『대역소지』는 일본인 지주의 토지수탈과 관련하여 주요 농경지대
의 지가와 지조, 소작관계 등을 소개하면서 "일본인이 한국에 이주하여
농업을 경영하면 일본보다 사업이 용이하고 이익 또한 일본보다 많
다"33)며 일본인의 농장경영을 적극 권유하고 있다. 이는 일본인 대지주
가 러일전쟁 직후 조선에 대거 진출한 사실과도 결코 무관하지 않을 것
이다.34) 조선을 여행한 시게타카는 특히 농업 분야로의 진출이 무엇보
다 많은 이익을 창출할 것으로 판단했을 것이기 때문이다.

『대역소지』는 이밖에도 소자본으로 조선에서 곧바로 이익을 창출할
수 있는 방법으로 내지 행상과 상업을 소개하는 등 실업가의 임무를 강
조했다. 이는 러일전쟁 이후 군인의 철수와 더불어 실제로 조선경영의
담당자로 실업가의 임무를 중시한 당시 시대 상황을 반영한 것이었다.35)

시게타카는 첫 번째 여행을 마치고 『도쿄신문』(東京新聞)에 자신의 의
견을 투고한다. 그의 첫 번째 조선 여행을 총괄하는 정책적 제시였다.

---

32) 『大役小志』, 103쪽.
33) 『大役小志』, 104쪽.
34) 일본인의 토지매입과정에 대해서는 李圭洙, 『近代朝鮮における植民地地主制と農民
運動』, 東京: 信山社, 1996; 李圭洙, 「日本人地主の土地集積過程と群山農事組合」, 『一
橋論叢』 116-2, 1996 등을 참조.
35) 예를 들어 러일전쟁 직후 시게타카와 거의 동시에 인천을 여행한 후지이 간타로
는 조선조사여행을 마친 다음, "우리 실업가의 임무는 군대보다 오히려 중요하
다"는 인식을 갖고 후지모토합자회사의 조선 진출 방침을 굳히기에 이른다. 이에
대해서는 이규수, 「후지이 간타로(藤井寬太郞)의 한국진출과 농장경영」, 『대동문
화연구』 49, 2005, 281-285쪽 참조.

시게타카는 "일본이 한국을 경영하고자 한다면 먼저 첫째로 큰 인물을 파견해야 한다.……조선의 경영 정도는 누구라도 할 수 있다는 생각을 근본적으로 배제하고, 일본의 큰 인물을 주재시키는 것이 첫째이다. 다음으로는 지방의 소관청에 이르기까지 일본의 경부 순사를 雇聘하면, 한국 경영은 마음먹은 대로 이루어질 것이다. 이상이 경영의 대근본이다. 다음으로 실시해야 할 일은 侍衛兵을 제외한 한국의 군비와 경찰을 폐지하고, 그 비용으로 제방, 관개, 측량, 도로, 조림, 기타 내륙개발사업에 사용해야 한다"[36]고 주장했다.

이처럼 시게타카는 첫 번째 조선여행을 통해 조선의 완전한 식민지화를 염두에 두면서 무엇보다도 식민정책을 총괄할 수 있는 '큰 인물' 파견의 필요성을 주장한다. 여기에서 그가 염두에 둔 '큰 인물'은 다름 아닌 이토 히로부미였다. 이러한 그의 정치적 주장은 러일전쟁의 종결과 더불어 통감부의 설치와 초대 통감 이토 히로부미의 취임으로 현실화되었다. 또 그가 주장한 조선의 군비와 경찰의 폐지는 군대의 완전해산 등으로 표면화되었다. 『대역소지』의 조선여행기록은 러일전쟁 이후 조선 진출을 모색하는 일본인에게 '도항 매뉴얼'로서의 역할을 수행했다고 말할 수 있다.

5. 여행지 조선의 변화

시게타카는 러일전쟁이 종결된 이후, 1907년 6월 14일부터 7월 7일

---

36) 『大役小志』, 1203쪽.

까지 두 번째로 조선을 여행한다. 두 번째 여행 경로 역시 첫 번째와 비슷했다. 두 번째 여행 목적은『조선일일신문사』(朝鮮日日新聞) 주간 이마이 다다오(今井忠雄)의 초청을 받아 조선 내륙을 시찰하며 일본인을 대상으로 강연하기 위해서였다. 그러나 두 번째 여행의 실질적인 목적은 러일전쟁 당시 여행했던 조선과 그 이후의 변화양상을 스스로 확인하고 싶어서였다. 그가『대역소지』의 서문에서 강조했듯이 '조선에 대한 일본의 종주권'이 어느 정도 확립되었는지 확인하는 일이 러일전쟁의 궁극적 목적이었기 때문이다.

러일전쟁 이후 조선에는 그의 예상대로 일본인이 급증하고, 따라서 일본인 사회도 많은 변화가 일기 시작했다. 두 번째 여행에서 시게타카 또한 일본인 사회의 변화양상을 느꼈을 것이다. 먼저 그는 일본인의 생활수준에 놀라움을 표시한다. 6월 27일 강경을 여행한 시게타카는 "강경은 내륙의 마을로 일본인 125호에 불과하다.⋯⋯그런데 대부분의 사람들이 전화로 연락하고 있다. 일본 내지에서 125호 정도의 작은 마을에서 전화가 있는 곳이 과연 어디에 있는가"[37]라며 일본인 사회의 경제력을 확인했다. 첫 번째 여행에서 강조한 '준비된 도항'의 결과로 일본인의 경제력이 향상되었고,『대역소지』가 '도항안내서'로서 충분한 역할을 수행했다는 자부심을 갖기에 충분했다.

두 번째 여행을 통해 시게타카가 관찰한 일본인의 모습은 '희열'을 불러일으키기에 충분했지만, 다른 한편에서는 불안감도 표출되었다. 국내

---

37)『大役小志』, 1193쪽. 평양 및 대구와 더불어 '조선 3대 시장'의 하나인 강경은 개항 이전부터 야쿠시테라 시로(藥師寺知朧)가 일본어학교인 한남학당을 개설하여 '일본촌' 형성에 노력했다. 1902년 당시의 거류민은 약 70명 있었고, 주로 미곡 매출에 종사하고 있었다(中井錦城,『朝鮮回顧錄』, 東京: 製糖研究會出版部, 1915, 59쪽).

적으로는 의병투쟁으로 대표되는 무력항쟁으로 치안이 악화일로에 있었고, 국제적으로는 의병에 대한 무자비한 탄압과 헤이그밀사 사건 때문에 일본에 대한 서방 제국의 여론이 악화될 수도 있다는 불안감이 작용했기 때문이었다. 이와 관련하여 『대역소지』는 프랑스의 튀니지 식민 지배를 예로 들면서 "정치를 떠나 학문상의 사물로 외국에 대한 품격을 높여야 한다"[38]는 새로운 통치방침을 제안하고, 기존의 개항장 이외에 최신식 도시설계법을 활용한 내륙의 소도시 개발을 주장한다.

그리고 일본의 식민정책에 대해 "앵글로색슨 민족이 세계로 팽창한 것은 정치만능에 의하지 않고, 완전히 독립적이고 자치적인 소영국을 세계 도처에 만들었기 때문이다. 프랑스의 식민정책이 삐걱거리는 이유는 정치만능, 호족의 플랜테이션 매수 때문이다. 일본의 한국식민 방침은 영국을 배워야 할 것인가, 아니면 프랑스를 배워야 할 것인가. 실제로 일본 내지인은 정치만능인 경성의 동정에만 주목하고 한반도 내륙에서의 일본인의 팽창에 대해서는 귀 기울이지 않는다. 그렇다면 프랑스 식민정책을 답습하지 않을지 걱정된다. 지금 한국식민정책의 첫걸음을 맞이하여 일본 내지인의 近眼을 하루빨리 고쳐야 한다"[39]며 확고한 인적 물적 지배의 강화책이 궁극적으로 조선의 저항을 차단할 수 있다고 주장한다.

이러한 『대역소지』의 주장은 그의 여행 경로에서도 잘 나타난다. 시게타카는 한성만이 아니라 지방 각 지역의 일본인 현황에 많은 관심을 표명했다. 확고한 조선지배의 견인차로서의 일본인은 다름 아닌 각 지역에 정주한 일본인이었기 때문이다. 두 번째 여행의 기록은 「한국에서

---

38) 『大役小志』, 1204쪽.
39) 『大役小志』, 1208쪽.

의 일본인」으로 정리되었다. 이는 부산, 대구, 대전, 인천, 군산, 강경 등지를 여행하면서 현지 거주 일본인의 현황을 상세히 조사한 것이었다. 물론 그의 관심은 '일본인의 발전상'에만 집중되었다. 조선인에 대해서는 여전히 편견과 오만함이 엿보였다. 군산을 여행한 시게타카는 "일본인이 새로 개간한 큰 도로를 지났다. 한인 장정 한 명은 도로 옆에서 대자(大字)로 누워 낮잠을 자고 있다. 나는 그 모습을 가리키며 가소로이 웃었다. 이사관은 나에게 한인이 이렇게 낮잠을 자고 있는 사이에 일본 세력이 차츰차츰 진입했다고 전해 주었다"40)는 일화를 소개하고 있다. 첫 번째 여행처럼 조선인을 비하하고 얕잡아보는 데에는 전혀 변함이 없음을 잘 보여주는 대목이다.

　「한국에서의 일본인」은 각지의 일본인과 무역현황, 일본인 농장, 일본인회의 세입출 등을 상세히 소개하고 있다. 부산에서는 마치 일본의 항구에 도착한 것과 같은 '한반도 상륙의 유쾌감'41)을 피력했고, 강경에서는 "모국에 의존하지 않고, 통감부의 지원금 혜택도 바라지 않는다. 일본 이사청도, 한국 관아도 없다. 바다는 멀고, 개항장도 멀다. 철도역으로부터도 떨어진 일개 소읍이 어떻게 반도의 내륙에 자치 자립할 수 있었을까.……강경이 자치 자립할 수 있는 요인을 깨달아야 한다. 더욱이 어떻게 건전하고 견고하게 자치 자립할 수 있고, 일본인의 소사회가 한반도의 내륙 깊이 자치 자립하여 소일본을 만들 것인지 깨달아야 한다"42)며 효과적인 식민지 지배를 위해 중앙에만 집중하지 않은 '자치 자립한 소일본' 건설의 필요성을 강조했다. 서구 식민지 통치를 거울삼

---

40) 『大役小志』, 1221쪽.
41) 『大役小志』, 1212쪽.
42) 『大役小志』, 1225-1226쪽.

아 '소일본'의 건설을 통한조선의 완전 식민지화를 주장한 것이다.

시게타카는 일본에 귀국하면서 헤이그 밀사사건 소식을 듣는다. 조선여행을 통해 '소일본' 확립이 시급하다고 파악한 그는 밀사사건의 대응책으로서 '소일본'의 확대를 다시 한 번 강조했다. '소일본' 건설의 방책으로 어업과 농업이민의 정주 문제를 거론하면서 "일본인은 소작인에 이르기까지 한인보다 우등 인종이다.……중요한 것은 단체 이주를 도모하여 가능한 한 빨리 일본인의 이주를 증진시켜 일본 마을을 만드는 일이다. 이 문제를 깊이 생각하면 한국에 대한 영구적 성질의 문제와 관련된다. 우리 현대 일본인이 심원하게 사고할 문제이다. 목전의 헤이그 밀사문제와 같은 것은 오히려 지엽적인 문제일 뿐이다"[43)]고 끝맺었다.

시게타카는 두 번째 여행에서 러일전쟁 이후 급격히 변화된 조선 정황을 직접 확인했다. 그의 관심은 오로지 완전 식민지화의 방책으로 '자치 자립한 소일본'의 건설에만 놓여있었으므로, 그의 여행기에는 각지의 일본인 현황을 상세히 조사하여 '일본인의 발전상'을 부각시키고, 조선인에 대해서는 변함없는 편견이 드러나 있었다.

6. 여행과 식민통치의 영구화

시게타카는 1908년 4월 18일부터 6월 17일까지 약 두 달간 세 번째 조선여행에 나섰다. 이전의 여행과 비교하여 여행이 장기에 걸쳐 이루어졌고, 각지의 현황 파악이 이전에 비해 구체적이었다. 의병의 습격이

---

43) 『大役小志』, 1230쪽.

잦다는 이유로 세 번째 여행은 삼엄한 호위 속에 이루어졌다. 5월 1일 경주로 출발하였을 때 일본인 순사 1명과 조선인 순사 1명이 무장 호위했다. 도중 일본인 순사가 의병 8명을 호송하고 있는 현장을 목격했다고 한다. 경주에 도착해서는 경찰서로부터 경주 남방에 30여명의 의병이 출몰했다는 보고를 받기도 했다.44) 5월 20일 공주 부근에서는 일본인 순사 2명과 조선인 순사 2명이 무장 호위하여 일행은 10명으로 늘어났다. 의병의 습격이라는 풍설이 끊이지 않았고, 체포된 의병 5명 가운데 3명은 전 진위대 병사라는 사실도 확인했다.45) 시게타카의 조선여행은 말 그대로 생명을 걸고 이루어졌다. 시게타카는 여행 경로를 그림으로 자세히 표기하면서 이전처럼 날짜별로 기록하고 있다. 그리고 각지에서의 강연기록을 정리하여 독립된 항목으로 서술했다.

시게타카 여행에 최대의 복병은 의병이었다. 일행의 호위를 위해 무장 순사 4명, 일본 안내인 2명, 사진사 1명, 환송 일본인 2명, 환영 일본인 2명, 조선인 마부 8명, 총 20명이 동원되었다. 『대역소지』는 당시 의병이 금강 주변 일본인에게 미친 영향에 대해 "보통 사람들은 안심하고 여행할 수 없다. 종전처럼 일본인이 내륙에 들어가 미곡과 대두를

---

44) 『大役小志』, 1248-1249쪽. 1907년부터 1908년에 걸쳐 의병의 반격으로 인한 군대, 경찰, 헌병의 사상자는 450명, 피해가옥 6,800여 호, 의병 측 사상자는 12,500명에 달했다(熊平源藏編, 『朝鮮同胞の光』, 東京: 熊平商店, 1934, 375쪽). 의병투쟁은 이후에도 지속되었는데, 1912년 봄 이씨 왕가로부터 함경북도 정평군의 금광을 불하받은 히로세 히로시(廣瀨博)는 원산을 경유하며 현지 시찰에 나섰다. 그는 당시의 절박한 상황에 대해 "경원가도 일대에 폭도 출몰이 빈번하여 아주 위험한 상태였다. 총독부에서도 염려하여 호위를 위해 헌병을 붙여주었다……온돌에 머물 때는 피스톨은 물론 다이너마이트에 짧은 뇌관을 달아 베개 머리맡에 놓고 잤다"고 한다(和田八千穂・藤原喜藏共編, 『朝鮮の回顧』, 東京: 近澤書店, 1945, 353-354쪽).

45) 『大役小志』, 1258쪽.

매입하는 것이 불가능해져 각지에는 불경기가 이어졌다. 그뿐 아니라 생명과 재산에 대한 불안 때문에 내륙으로부터 빠져나오는 자가 속출했다. 또 매일 누군가가 살해당했다거나 습격당했다는 이야기가 들려왔다"46)고 서술하고 있다. 시게타카는 각지를 다니면서 의병의 소지품을 확보했다. 의병의 도검류, 화승총을 비롯하여 의병이 소지한 작전지도, 의병장의 사령서 등을 마치 노획품처럼 수집했다. 시게타카는 첫 번째 여행 당시 수차례 강조하던 군대해산이 결국 의병의 화력 증강으로 나타나리라고는 예상하지 못했을 것이다.

『대역소지』는 의병의 악영향에 대해 첫째, 조선 내륙과 각 개항장과의 거래가 거의 두절되기 때문에 일본인의 상업 거래에 큰 손해를 준다는 점, 둘째, 조선인이 일본 통감정치의 경중을 묻기에 이르렀다는 점, 셋째, 제3국에 대해서는 일본의 조선정치가 졸렬하다는 것을 보여준다는 점을 들고 있다.47) 그러나 『대역소지』는 지금은 의병 때문에 제기되는 악영향을 거론할 시기가 아니라고 주장한다. 군대를 동원하면 의병을 확실히 진압할 수 있지만, 문제는 군대를 철수한 이후의 상황이라는 것이다. 조선인의 저항 정도는 탄압으로 일축할 수 있다는 자신감의 발로이다. 이에 대해 시게타카는 "첫째, 예나 지금이나 먹을 것이 부족할 때 화적과 초적이 발생하는 일은 변함이 없다. 하지만 오늘날 우승열패의 경쟁은 더 극심해졌다. 물가가 뛰어 생활이 더 어려워졌다. 더구나 한인은 새로 수입된 사치품을 좋아하기 때문에 생활은 더욱 곤란해지고 있다. 신정치의 실행과 더불어 양반은 사실상 폐지되어 생활의 어려움을 호소하는 자가 날로 증가되고 있다. 둘째, 2천년의 국토가 소

---

46) 『大役小志』, 1300-1301쪽.
47) 『大役小志』, 1301쪽.

국인 일본의 노예가 되었다고 생각한 구식 유생이 있다. 국권과 조국
등을 호소하는 신식 학생도 있다. 따라서 소위 폭도는 진압해야 하지만,
앞으로 유의해야할 점은 지금의 폭도에만 그치지 않는다는 것이다.……
요컨대 지금 소위 폭도에 대해서는 가장 맹렬한 위압수단을 가해 그 뿌
리를 뽑고, 더불어 양민에게는 가능한 한 직업을 주어야 한다. 한국 각
학교의 윤리교육은 '노동은 신성하다'는 취지를 첫째로 삼아야한다. 더
욱이 유생에게는 唐虞三代를 내세워 위안시키면 한국을 영원히 통치할
수 있을 것이다'[48]고 강조한다.

　『대역소지』는 의병투쟁을 화적이나 초적 정도의 '폭도'로 폄하하고,
그 배경에 대해서도 사치품을 선호하는 조선인의 잘못된 생활양식 때문
인 것으로 오도하고 있다. 그러나 의병장 출신의 유생만이 아니라, 새로
운 사회계층을 형성한 '신식 학생'의 존재에 대해서는 우려를 표명했다.
당시 애국계몽운동 시기에 형성되던 청년계층의 움직임이 일본의 식민
지 지배에 커다란 걸림돌로 작용할 것이라는 예감이 들었을 것이다. 『대
역소지』는 위압수단과 더불어 일본에 저항하지 않는 계층에게는 '직업을
주어야 한다'는 회유책을 내세웠다. 이후 문화통치 시기의 통치방침을
미리 보는 듯하다. 조선총독부는 주지하는 바와 같이 저항세력에 대한
철저한 탄압과 분리를 정책의 기본방침으로 삼았기 때문이다.

　동양척식주식회사와 관련하여 『대역소지』는 "일본인이 개척한 황무
지를 巡覽할 때마다 주의 깊게 여러 방면을 살펴보았다. 그 결과 소위
황무지 개간을 위해 일본의 소작인을 한꺼번에 다수를 불러들이는 것은
이익이 없다고 확신하기에 이르렀다'[49]며 기간지를 매수하여 경영할

---

48) 『大役小志』, 1302-1304쪽.
49) 『大役小志』, 1305쪽.

것을 권유했다. 또 『대역소지』는 각지의 상업회의소나 일본인회 등지에서 연설회를 가졌다. 부산에서는 일본인의 조선인식의 전환을 촉구했다. 시게타카는 부산상업회의소 연설을 통해 "오늘날 사람들은 경성 즉 정치상의 중심을 소개하는 일에만 힘을 기울이고 있다. 반도의 내륙에서 독립 자영하는 많은 소일본이 존재한다는 점을 소개하지 않는다. 일본 내지인이 한국정치상의 중심에만 주의하는 것은 영구히 일본의 한국정치를 발전시키지 못하고 있는 이유이다"50)며 조선 내륙에 존재하는 '소일본'의 중요성을 강조했다.

그리고 『대역소지』는 조선의 관문인 부산의 중요성과 관련해 "일본인은 지금 한국에 도항하는 것을 먼 나라에 가는 것처럼 생각하기 때문에 조선을 다른 곳처럼 바라본다. 하지만 시모노세키와 부산 사이에는 대형 연락기선과 고속 기선이 왕래하고 있으므로 일본인은 계속 도항해야 한다. 요컨대 내지인이 조선해협을 다리를 건너는 기분으로 왕래해야 일본의 한국정치는 성공할 것이다. 부산의 인사들은 조선해협에 다리를 가설할 것과 이를 통해 시모노세키와 몬지(門司)를 부산으로 이전시키는 것을 이상으로 삼아야한다. 나는 일본 국가를 위해 관민 모두가 발분하여 이러한 이상이 실현되기를 바라마지 않는다"51)며 부산을 '동양 제일의 개항장'으로 만들어야한다고 역설했다.

시게타카는 이어서 진주, 삼천포, 장생포, 울산, 경주, 대구 등지의 일본인 환영회에서의 기록을 통해 당지의 현황과 미래에 관한 연설을 계속했다. 일본에 귀국해서는 이바라키 현(茨城縣)의 교육총회에서 이바라키 출신자들의 조선에서의 활약상을 소개했다. 또 도쿄고등상업학교

---

50) 『大役小志』, 1313쪽.
51) 『大役小志』, 1314쪽.

점이다. 일본은 식민지화 과정에서 여행을 통한 철저한 조사와 침략 방안을 수립했고, 이는『대역소지』에서 주장하는 '소일본'의 형성이 구체적으로 실현되었다.『대역소지』의 조선여행기록은 지적 탐구심을 넘은 제국 일본의 '식민주의'의 표출이었다.

(이규수)

III. 재조일본인의 추이와 존재형태*

1. 들어가기

근대 이후 동아시아 사회는 일본의 제국주의화, 중국의 반식민화, 한국의 식민화라는 주변국과의 갈등과 분쟁의 과정을 겪었다. 식민제국 일본과 피식민지국과의 대립은 이들 사회의 격심한 사회적 변동과 더불어 동아시아 모든 구성원에게 청산해야 할 커다란 역사적 과제, 즉 국가 간 대립과 갈등을 극복하고 상호소통을 통해 화해와 공존의 장으로 나아가야 하는 과제를 남겨 놓았다. 패전 이후 일본은 한국에 대한 고정된 이미지와 부조리한 의식을 극복해야 하는 역사적 책무에 직면할 수밖에 없었고, 한국은 식민지 경험의 청산과 새로운 국가 건설이라는 격동의 시기를 거쳐야 했다.

제국과 식민지 경험이라는 근대의 유산은 여전히 동아시아 국가 사이의 갈등의 한 축으로 작동하고 있다. 따라서 '제국'의 영역을 확장하기 위해 제국과 식민지의 경계를 넘나들었던 재조일본인에 대한 연구는 현재 동아시아 사회가 안고 있는 문제의 역사적 연원을 밝힐 수 있다는 점에서 현재적 의미가 있다. 동아시아 사회는 물론 근대 한국 사회의 체계적 이해를 위해 재조일본인에 대한 면밀한 검토가 요구되는 것도 이 때문이다.

조선은 제국 일본의 최대 이주 식민지였다. 재조일본인 사회는 일본

* 이 논문은 2016년 대한민국 교육부와 한국학중앙연구원(한국학진흥사업단)을 통해 해외한국학중핵대학육성사업의 지원을 받아 수행한 연구임(AKS-2016-OLU-2250001).

의 조선에 대한 지배권의 확대와 더불어 견고해졌다. 일제강점기 말기에 이르면 조선에 거주한 일본인 수는 75만 명을 상회했다. 이는 당시 일본의 작은 府縣 정도의 규모로, 일본인 전체에서 차지하는 비중은 결코 적지 않다. 여기에 조선출장이나 단기파견, 여행, 조선 경유 만주이주 등 다양한 형태로 식민지 조선에 일시적으로 체재한 사람은 그 몇 배에 달할 것이다.[1]

재조일본인의 존재는 제국의 식민지 침략과 수탈이 국가권력과 권력의 지원을 받은 민간인이 결탁하여 총체적으로 수행되었음을 실증하는 실마리를 제공한다. 일본의 식민지 지배체제는 다양한 계층으로 구성된 재조일본인을 통해 유지 강화되었기 때문이다.[2] 주지하듯이 식민지는

---

1) 최근 일본사 영역에서의 이민 연구는 미국이민, 브라질이민, 조선이민, 대만이민, 만주이민과 같이 각 지역별로 구분하는 경향이 강하다. 분석 주제 또한 주로 이민의 직업, 세대, 여성문제, 민족관계, 수용과 보상, 개인사 등으로 개별화 세분화되고 있다. 이민의 시기구분도 ① 초기 이민기(1884년까지), ② 이민의 성립기(1885~1904), ③ 이민의 다양화와 사회화 시기(1905~1924), ④ 국책 이민과 전시화의 시기(1925~1945)로 구분하고 '식민지 권역'과 '비식민지 권역'이라는 이주 대상지의 특성을 감안한 이민의 유형화 작업도 이루어지고 있다. 일본 이민사와 관련해서는 若槻泰雄・鈴木讓二, 『海外移住政策史論』, 福村出版, 1975: 今野敏彦・藤崎康夫編, 『移民史』 全3卷, 新泉社, 1894~86; 兒玉正昭, 『日本移民史研究序說』, 溪水社, 1992; 岡部牧夫, 『海を渡った日本人』山川出版社, 2002 등을 참조.

2) 이와 관련하여 일본서민에 착안한 가지무라 히데키(梶村秀樹)의 논의를 주목할 필요가 있다. 그는 「식민지와 일본인」(植民地と日本人)에서 "일본 서민의 근대 100년 생활사에서 조선을 비롯한 식민지 생활사 연구는 연구자가 회피해 온 영역이다. 최근 재일조선인의 고난의 역사에 어느 정도 관심이 생겨났다. 그러한 인식은 오늘날 일본인에게 매우 중요하다. 재조일본인사는 바로 이 문제와 표리관계에 있다. 식민지에서 일본 서민이 얼마나 어이없는 행동을 벌여왔는가에 대한 반성 없이 안이하게 조선인의 처지를 동정하는 일은 수박겉핥기로 끝날 위험이 있다"(梶村秀樹, 『梶村秀樹著作集 1』明石書店, 1992, 193쪽)고 지적했다. 가지무라의 서민에 대한 착안은 식민지에서의 일본서민의 의식이나 행동이 '사악한 국가권력과 선량한 서민'이라는 도식만으로 면죄부를 받을 수 없다는 현실인식에서 출발한 것으로 일본인으로서 지녀야할 역사적 책무를 고려할 때 여전히 유효하다.

총독을 정점으로 한 관료와 경찰·군부에 의해 구축되었지만, 그 체제를 견고하게 만든 주역은 식민지에 이주한 '보통'의 재조일본인이라 해도 지나치지 않다. 그들은 평범한 일본서민들이었다. 일본의 식민지 통치는 다카사키 소지(高崎宗司)도 지적했듯이 이른바 '풀뿌리 침략 내지는 '풀뿌리 식민지 지배와 수탈' 구조로 이루어졌다.3)

한편 재조일본인은 '제국'과 '식민지'의 접점에서 파생한 다양한 현상에 접근할 수 있는 통로이자 그들이 갖는 '근대성'과 '식민성'을 규명할 수 있는 중요한 연구대상의 하나로 주목받아 다양한 분야에서 논의가 이루어졌다. 재조일본인의 존재형태를 시기별, 지역별, 계층별로 규명함으로써 일본의 식민지배가 어떤 메커니즘으로 재편되어 갔는가에 대한 실증적인 연구와 함께 주요 인물들의 식민지배정책론에 대한 분석도 나왔다. 최근에는 각 개항장과 도시에 초점을 맞추어 식민도시의 형성과 관련된 재조일본인의 인구변동, 재조일본인 사회의 사회조직과 단체의 현황과 그 사회경제적 특성을 밝힘으로써 일본의 식민지배의 성격과 식민지 '근대'를 심층적으로 이해할 수 있는 근거가 마련되고 있다.4)

---

3) 다카사키 소지(高崎宗司)는 각 시기별 '재조일본인'의 존재형태를 개괄적으로 서술하면서 그 유형을 세 가지로 구분한다. 즉, 제1유형은 식민지에서의 자신들의 행동이 훌륭한 것이었다고 말하는 부류, 제2유형은 식민지 조선을 순진하게 그리워하는 부류, 그리고 제3유형은 식민지 지배민족으로서 자기 자신을 비판하는 부류이다. 이에 대해서는 高崎宗司, 『植民地朝鮮の日本人(岩波新書790)』, 岩波書店, 2002 참조.

4) 선구적인 저서만을 소개하면 다음과 같다. 김의환, 『부산근대도시형성사연구』 연문출판사, 1973; 이현종, 『韓國開港場研究』, 一朝閣, 1975; 김용욱, 『한국개항사』, 서문문고, 1976; 손정목, 『한국개항기 도시변화과정 연구-開港場·開市場·租界·居留地』, 일지사, 1982; 손정목, 『한국개항기 도시사회경제사연구』, 일지사, 1982; 高秉雲, 『近代朝鮮租界史の研究』, 雄山閣出版, 1987; 木村健二, 『在朝日本人の社會史』, 未來社, 1989; 梶村秀樹, 『朝鮮史と日本人(梶村秀樹著作集1)』, 明石書店, 1992; 高崎宗司, 『植民地朝鮮の日本人(岩波新書790)』, 岩波書店, 2002; 橋谷弘, 『帝國日本と植民地都市』,

　재조일본인 연구에는 여전히 규명해야할 측면이 많다. 무엇보다 제
국 일본의 식민정책을 연구하면서 식민지 지배자와 지배집단의 내부구
조에 대한 정확한 이해가 결여되어 있다면, 재조일본인 연구는 명백한
한계를 지닐 수밖에 없다. 재조일본인의 다양한 구성과 내면을 고찰하
지 않고 일방적으로 접근하는 것은 잘못된 이미지만을 생산할 수밖에
없기 때문이다. 재조일본인 사회는 본국의 정치과정에서 분리되어 비제
도적인 방식으로만 본국 정책에 개입할 수 있게 된 반면, 조선총독부를
중심으로 한 식민지 조선의 정치과정에는 보다 긴밀하게 편입되었다.
또한 이 정치과정은 재조일본인 사회가 조선거주자로서 조선인 사회와
민족적인 지배 피지배 관계와 구별되는 정치관계(이해에 따른 협력이나 대
립)를 형성할 수 있게 하는 반면, 본국의 일본인 사회나 정부와는 오히
려 지역적 이해에 기초하여 갈등하는 측면도 존재했다.5) 특히 '지배에
대한 저항'에 초점을 맞춘 연구에서는 지배의 성격 자체에 대한 심층적
이해를 발전시키지 못한 한계도 드러난다.6)

吉川弘文館, 2004; 城本悠一・木村健二, 『近代植民地都市 釜山』, 櫻井書店, 2007; 이규
수, 『식민지 조선과 일본, 일본인』, 다할미디어, 2007: 홍순권 외, 『부산의 도시 형
성과 일본인들』 선인, 2008; 김수희, 『근대 일본어민의 한국진출과 어업경영』, 경
인문화사, 2010; 최혜주 『근대 재조선 일본인의 한국사 왜곡과 식민통치론』, 경인
문화사, 2010 등을 참조.
5) 일본인 거류지를 대상으로 일본공사관, 통감부, 총독부와 재조일본인 사회의 교섭
　과정을 분석함으로써 일본의 식민지화 과정에서 빚어지는 식민권력과 거류자집단 사
　이의 협력과 대항의 구조를 해명하려는 연구와 조선인 유력자집단과 일본인 사이
　의 길항관계를 분석한 연구는 시사하는 바가 크다. 박양신, 「통감정치와 재한 일
　본인」, 『歷史敎育』 90, 2004; 이준식, 「일제강점기 군산에서의 유력자집단의 추이
　와 활동」, 『동방학지』 131, 2005; 방광석, 「한국병합 전후 서울의 '재한일본인' 사
　회와 식민권력」, 『역사와 담론』 56, 2010; 기유정, 「식민지 초기 조선총독부의 재
　조선일본인 정책 연구-속지주의와 속인적 분리주의의 갈등 구조를 중심으로」, 『한
　국정치연구』 20-3, 2011 등을 참조.
6) 지배와 저항의 관점에 입각한 재조일본인 연구는 일본사회 내부에 '식민지 시혜론'

요컨대 기존의 연구는 특정 지역과 계층을 부분적으로 취급하고 있을 뿐, 식민지 정책입안자나 실행그룹 내부에 대한 심층적 연구로까지 나아가지 못했다고 말할 수 있다. 향후 재조일본인 연구는 '조선총독부 - 재조일본인 - 조선인'이라는 세 주체의 상호관계를 염두에 두면서 국가권력과 식민정책에 대한 재조일본인들의 의식, 총독부와 재조일본인 유지집단의 이해관계 나아가 식민지 체험과 생활문화를 포함한 굴절된 의식세계와 심층의식, 일상세계에서의 생활과 문화의 특성 등을 체계적으로 고찰할 필요가 있다.

이러한 문제의식 위에서 이 글에서는 재조일본인의 존재형태를 거시적으로 파악할 수 있는 각종 통계를 살펴본다. 재조일본인의 인구변화 양상을 수량적으로 추적함으로써 그들의 연도별, 출신지별, 산업별, 지역별 인구의 특징을 살펴보고 이어서 지역 레벨에서의 현황과 그들의 인식을 통해 드러난 재조일본인 사회의 생활과 문화의 단면을 고찰하겠다. 이러한 작업은 식민지 지배자, 지배 주변인 그리고 보통 재조일본인 존재 방식을 비교사적인 방법을 통해 도일과 정착, 조선에서의 역할을 구조적으로 파악할 수 있는 단초를 제공할 것이다.

이라는 역사인식이 현존하는 한, 지배와 피지배의 역사적 경험의 극복과 식민지배의 비판이라는 측면에서 현재성이 있다. 그러나 연구 시야를 20세기 한국 근대로 확대하여, 식민지 시기의 변화 양상에 초점을 맞추면, 지배와 저항의 관점은 식민지에서 재조일본인을 매개로 발현되는 다양한 사회적 현상을 이해하는 하는데 일정한 한계를 지닌다. 예를 들어, 식민지 지배기에 발생한 지역분규를 포함한 사회적 갈등에서 재조일본인들은 조선인과의 제휴를 통해 지역민으로서 자신들의 이해관계를 조선총독부에 관철시키기도 하였다. 또한 식민지 도시의 재조일본인은 조선인에게 선망의 대상이면서 경쟁상대로서 조선인 삶에 다양한 영향을 주었다. '식민지수탈론'에 입각한 재조일본인 연구의 현황과 의의에 대해서는 이규수, 「'재조일본인' 연구와 '식민지수탈론'」, 『일본역사연구』 33, 2011을 참조.

2. 인구

일본은 1876년 2월 운양호사건을 계기로 '조일수호조규'를 체결함으로써 조선 진출의 첫걸음을 내디뎠다. 침략의 첫 걸음을 내딛기 위해서는 전략적 근거지가 필요했다. 주지하듯이 '조일수호조규' 제4관과 제5관에서는 부산 이외의 두 항구를 개항하기로 규정하고, 개항장에서는 일본에 의한 토지와 가옥의 임차 권리 등을 삽입시켰다. 일본은 부산과 원산에 이어 세 번째 개항지로 조선의 심장부인 서울에 접근하기 용이한 인천을 선택했다.

일본정부는 1876년 9월 나가사키(長崎), 고토(五島), 쓰시마(對馬), 부산을 잇는 항로개설에 5천원의 조성금 지급을 결정함으로써 도항과 무역을 장려했다.[7] 이후 상선은 1개월에 1회씩 정기적으로 나가사키와 부산을 왕복했다.[8] 10월에 들어와서는 조선과 특수한 관계를 맺었던 쓰시마 출신자에게만 한정되던 '조선도항규칙'을 철폐함으로써 일본인은 누구라도 자유롭게 조선에 건너가 무역활동을 펼칠 수 있었다.

1878년에는 조선 이주를 장려하기 위해 여권발행지를 히로시마, 야마구치, 시마네, 후쿠오카, 가고시마, 나가사키 현의 이즈하라(嚴原)로 확대했다. 이후 일본 이주민의 상업 활동이 활발해지자, 일본은 1881년에 '거류인민영업규칙'을 제정하여 일본인의 상업 활동을 적극 지원하고, 1883년에는 조선과 '재조선국일본인민통상장정'을 체결하여 일본 선박의 개항장으로의 자유왕래를 관철시키는 등 일본 상인의 내지침투와 영업활동을 적극 보호했다. 또 해외도항 허가를 엄격히 규정한 '이민

7) 山田昭次,「明治前期の日朝貿易」,『近代日本の國家と思想』, 三省堂, 1977, 70쪽.
8) 大谷本願寺朝鮮開教監督部編發行,『朝鮮開教五十年誌』, 1927, 22쪽.

보호법'과 '여권발급규정'을 완화하여 결국 1904년 여권휴대 의무사항을 폐지시켰다. 중앙정부 차원의 조선도항 편의정책의 실시로 일본인의 이주가 본격적으로 이루어졌다.[9]

이러한 보호와 보조정책 아래 상인층을 중심으로 한 도항이 본격적으로 진행되었다. 이들 가운데에는 후술하는 바와 같이 모험상인으로 일확천금을 꿈꾸던 자들도 포함되었다. 그들은 공동으로 상점을 세우거나 거류민회나 상업회의소를 조직하여 자신들의 요구를 반영시키고, 또 한편으로는 무기를 휴대하고 내륙부로 행상하는 단체를 조직했다. 공갈과 사기로 조선인과 거래하여 막대한 이익을 올리는 자들도 출현했다.[10]

<표 1>은 1910년 한국강점까지의 해외 도항자수에서 조선 도항자수가 차지한 비율을 나타낸다. 이에 따르면 조선 도항자수는 1880년 934명에서 청일전쟁 직후에는 1만 명을 넘어섰고, 한국강점 전후로는 2만 5천 명에 이르렀다. 하와이와 미국으로의 이민이 많았던 1900년을 제외하고 일본인의 해외 도항자수에서 조선이 차지하는 비율이 가장 높다. 특히 임오군란과 갑신정변 등 조선 국내의 정치적 변동을 반영하여 도항자의 증감이 격심한 시기도 있었지만, 청일·러일전쟁의 승리를 계기로 거류민이 꾸준히 증가했음을 확인할 수 있다. 조선은 근대 일본의

---

9) 일본인 이민의 정확한 통계는 특정지우기 어렵다. 동일한 기준으로 모든 시기와 지역을 추계한 통계가 없기 때문이다. 중요한 사료 가운데 하나가 외무성 여권발급기록인데, 여권의 도항목적에 기입된 이민은 협의의 노동이민으로 한정되었다. 여기에서는 유학은 물론 농업경영, 상업, 직인 등도 비(非)이민으로 취급되었다. 오히려 유학, 상용, 공용 등 이민 이외의 도항자를 포함한 합계치가 실제 이민에 가까울 것이다. 조선을 포함한 일본인 이민의 지역별 도항자수의 추정을 통해 조선이 지니는 위치가 명확해질 것이다.

10) 일본의 조선도항 편의정책에 대해서는 木村健二, 『在朝日本人の社會史』, 未來社, 1989, 19-26쪽 참조.

최대 이주식민지로 자리매김했다.

<표 1> 조선 도항 일본인수

년도	해외 도항자수	조선 도항자수	비율(%)
1880	1,510	934	61.9
1885	3,461	407	11.8
1890	8,166	1,791	21.9
1895	22,411	10,391	46.4
1900	44,222	4,327	9.8
1905	35,132	11,367	32.4
1910	68,870	25,396	36.9

출전: 『日本帝國統計年鑑』, 『朝鮮總督府統計年報』, 각 년도판.
비고: 1905년 및 1910년의 해외도항자수에는 대만과 조선도 포함.

　인천의 경우, 일본인 인구는 개항 직후인 1883년 75호 348명이었지만, 1884년에는 갑신정변의 여파로 일시적으로 26호 116명으로 감소했다. 같은 해 상반기의 경제상황은 "수출입 모두 극심한 불경기를 맞이했다. 상점은 거의 문을 닫고 불을 끈 모습"[11]이었고, 하반기에는 갑신정변 과정에서 일본인도 많은 희생자가 속출했기 때문일 것이다. 하지만 이후에는 꾸준한 증가를 보여 1888년 155호 1,359명으로 천 명을 돌파했다. 이후 청일전쟁의 승리와 더불어 거류민은 4천명을 넘어섰고, 러일전쟁 직후에는 만 명을 돌파했다. 폭발적인 인구증가 현상이다. 인천에는 두 전쟁의 결과를 반영하여 조선에 대한 일본의 지배권이 확고해짐에 따라 거류민이 꾸준히 몰려들었음을 확인할 수 있다.[12]

---

11) 『通商彙編』(1884年 上半季), 363쪽.
12) 재조일본인은 자신들의 생명과 기득권을 보호할 일본군을 환영했다. 자신들의 거주지를 일본군 숙사로 제공하고 용수를 공급했다. 병사 위문, 군수물자 하역과

1904년 2월 러일전쟁이 발발하자 거류민은 재차 군에 협력했다. 인천 거류지에는 청일전쟁 당시처럼 병참감부, 병참사령부, 補助輸卒隊, 임시군용철도감부, 군용병원이 각각 설치되었고, 인천항에는 선박사령부, 정박장감부, 임시육군운수통신부 인천지부 등 군사기관이 포진되었다. 인천영사 부인 가토 스에(加藤直枝) 등은 '인천간호부인회'를 조직하여 부상병을 수용할 준비에 분주했다.[13]

개항장은 일본군의 병참기지로 제공되었고, 거류민은 일본군의 통역은 물론 군수물자의 하역과 운반에 가담했다. 재조일본인은 일본군의 '첨병'으로 활약한 것이다. 러일전쟁의 승리는 일본의 조선에 대한 기득권을 확립시켰다. 청일전쟁으로 청국의 세력을 잠재우고, 러일전쟁을 통해 한반도를 둘러싼 패권경쟁에서 승리했다. 개항 초기 거류민들이 직면한 불확실한 상황은 완전히 제거되었다. 이로써 조선은 사실상 일본의 식민지로 전락되었다. 재조일본인은 일본의 침략전쟁 수행과정에서 유감없이 그 존재가치를 발휘했다.

러일전쟁 와중에 전쟁 그 자체를 관망하면서 조선 진출을 타진하는 사람들도 많았다. 식민지 이전의 조선 상황을 직접 체험하면서 자본진출 여부를 가늠하기 위해서였다. 예를 들면 조선의 대표적 지주로 성장한 후지이 간타로(藤井寬太郎)의 사례는 일본인 상업자본가의 조선 진출과정과 식민지 지주로의 전환과정을 잘 보여준다.[14] 그는 러일전쟁과

운반에도 적극 협력했다. 그 중에는 1883년 인천에 도항하여 잡화상을 운영하던 히구치 헤이고(樋口平吾)처럼 "일본인과 한국인 인부 수 천 명을 지휘하여 각지의 병참선을 떠맡음으로써 군국의 급무에 공헌함과 동시에 스스로도 적지 않은 이익"(『在韓成功の九州人』, 140-141쪽)을 올린 사람도 생겨났다. 이에 대해서는 이규수, 「개항장 인천(1883~1910)-재조일본인과 도시의 식민지화」, 『인천학연구』 6, 2007 참조.

13) 信夫淳平, 『仁川開港二十五年史』, 1908, 11-14쪽.

더불어 인천에 진출하여 황해도 방면의 미곡, 잡곡, 우피의 반출과 전
쟁수행에 필요한 잡화 용달 업무를 수행하다가 식민지 지주로 변신한
대표적 인물이다. 그는 조사여행을 마친 뒤, "우리 실업가의 임무는 군
대보다 오히려 중요하다"15)는 인식을 갖고 오사카의 후지모토합자회사
(藤本合資會社)의 인천 진출 방침을 굳히기에 이른다. 그는 러일전쟁 이후
인천을 기반으로 삼아 타 지역으로까지 진출한 식민지 지주의 전형적인
인물이다.

조선으로의 일본인 이주를 장려하기 위해 인천에 입항한 사람들도
많았다. 러일전쟁의 승리에 '무한의 감격'을 느끼고 인천에 입항한 국수
주의자 시가 시게타카(志賀重昂)와 같은 인물이 이에 해당한다.16) 그는
개항장 인천의 정황에 대해 "인천의 인구 1만 5천명인데, 그 가운데 일
본인은 8천명(개전 이후 유동인구를 포함하면 1만 명)이다. 큰 도로에는 거의
일본인 상점들이 즐비하다. 일본의 작은 지방 도읍을 유람하고 있는 느
낌이다. 그 가운데에는 '규신류 유술 안내소'(扱心流柔術指南所, 규신류란 일

---

14) 후지이 간타로의 인천 진출과정과 농장경영에 대해서는 이규수, 「후지이 간타로
(藤井寬太郞)의 한국진출과 농장경영」, 『대동문화연구』 49, 2005 참조.
15) 不二興業株式會社, 『不二興業株式會社農業及土地改良事業成績』, 京城, 1929, 5쪽. 후
지이 간타로는 "우리 군대가 전쟁에 승리하는 것이 최대 목적이다. 그러나 이 목
적을 달성하기 위해서는 충용(忠勇)한 실업가가 대대적으로 조선에서 일해야 한
다. 설령 전쟁에는 이기더라도 군대가 철수함과 동시에 실업가마저도 물러선다
면 조선은 과연 어떻게 될 것인가. 실업가는 토지에 정착하여 군대보다도 훨씬
중요한 임무를 수행해야 한다. 이번 전쟁에서 우리를 대적할 적이 없다. 연전연
승하는 우리 군대를 신뢰하고, 더욱이 실업방면에서 크게 활약하여 조선의 산업
을 일으키고 생활을 향상시켜 총후(銃後)를 굳건히 지켜냄으로써 일본경제 발전
에 최선을 다하자. 여기에 내가 살아나갈 길이 있다"(「開拓に先驅するもの, 藤井
寬太郞氏の半生」, 『綠旗』 6-5, 1941, 140쪽)며 조선 진출을 결심했다.
16) 시가 시게타가의 조사여행에 대해서는 이규수, 「일본의 국수주의자, 시가 시게타
카(志賀重昂)의 한국인식」, 『민족문화연구』 45, 2006 참조.

본 유도의 일종이다·인용자)라는 간판조차 보인다. 정말로 일본적이라고 말
해야 할 것이다. 일본인은 이처럼 팽창력이 있다. 일본인은 식민적 국민
이 아니라고 누가 말하는가"17)라며 일본인의 조선 이주는 '일본인의 실
력'이라고 자부한다. 그는 러일전쟁의 승리는 단순한 전쟁에서의 승리에
머물지 않는다고 지적하면서, 무궁무진한 경제적 가치를 지닌 조선으로
의 진출을 선동했다. 러일전쟁은 궁극적으로 '조선에 대한 일본의 종주권'
을 현실화함으로써 완결된다는 점을 강조한 것이다.

3. 직업구성

<표 2>는 시기별(10년 단위) 재조일본인의 추이를 나타낸다. 일본인의
조선이주는 식민지 지배체제의 구축과정과 더불어 1900년부터 1910년
에 걸쳐 10배 이상 급증했음을 알 수 있다. 러일전쟁의 승리와 통감부
의 설치로 식민지 지배체재가 확고해지자 재조일본인이 대거 유입되었
다. 한국강점 이후는 1920년까지 2배, 1940년까지는 더욱이 2배 증가
했고 1944년에는 90만 명을 돌파했다.

<표 2> 재조일본인수의 추이

년도	남	여	계	여성비율	출생수	사망수	자연증가	사회증가
1880	550	285	835	51.8				
1890	4,564	2,681	7,245	58.7				
1900	8,768	7,061	15,829	80.5				
1910	92,75	78,79	171,54	84.9				

---

17) 志賀重昴, 『大役小志』, 東京堂, 1909, 62쪽.

	1	2	3					
1920	185,560	161,059	347,850	87.8	76,475	64,101	12,374	114,787
1930	260,391	241,476	501,867	92.7	102,296	79,010	23,286	110,963
1940	356,226	333,564	689,790	93.6		*71,087	*41,243	*77,411
1944	345,561	567,022	912,583	164.1				

출전 1. 1940년까지는 丹下郁太郞編, 『朝鮮に於ける人口に關する諸統計』, 1943, 3-4쪽.
　　 2. 1944년은 朝鮮總督府, 『人口調査結果 報告』其ノ一』, 1944, 1쪽.
비고 1. 출생수는 10년간.
　　 2. *는 1931~38년까지.

　한편 재조일본인의 인구 구성에서 특히 초기에는 남녀차가 현저함을 알 수 있다. 남녀 비율은 1900년에 남성 100명에 대해 여성 80명 수준이었는데, 이 시기에는 아직 가족의 동행이라기보다 작부, 예기, 창기의 증가에 따른 것이다. 원산의 경우, 1880년 말 거류민 수는 남성 210명, 여성 25명, 계 235명이었다. 여성이 차지하는 비율은 약 11%로 아주 적은 편이었다. 1881년 말의 인구는 남성 192명, 여성 89명, 총 281명으로 여성이 증가하여 약 32%를 차지했다. 여성 가운데에는 같은 해 12월에 영업이 허가된 유곽에 일하는 매춘부가 많았다.[18]

　1896년 말 서울거류민의 직업에서 가장 많이 차지한 것도 작부 140명이다. 당시 여성 총수는 730명이었기 때문에 여성 5명 가운데 1명이 작부였음을 알 수 있다. 그리고 예기는 10명이었다.[19] 다른 통계에 의하면 1897년 2월 한성에는 잡상 90명, 아침시장 상인 77명, 행상 54명,

---

18) 高尾新右衛門編・發行, 『元山發達史』, 1916, 22-35쪽. 이는 다른 개항지에서도 마찬가지였다. 1902년 7월 부산에 유곽이 생겨나 같은 해 11월 현재 유곽 7곳의 예기 창기 수는 280명이었다. 12월에는 인천에도 부도(敷島)에도 유곽이 탄생했다. 1912년 무렵에는 기루 5칸, 창기 58명이었다(손정목, 「개항기 한국거류 일본인의 직업과 매춘업・고리대」, 『한국학보』, 1980 봄호, 109-110쪽).
19) 京城居留民團役所編發行, 『京城發達史』, 1912, 85-86쪽.

목수 46명, 음식점 34명, 작부 32명 등 이었다.[20] 작부의 수는 상당한 차이를 보이지만 아무튼 높은 비중을 차지한다. 또 창기라는 항목이 빠진 것은 그들의 체면을 꺼려 작부에 포함시켰기 때문일 것이다. 이러한 현실에 대해 영사관보고는 "일본인의 증가 상태를 유심히 살피면, 생산자의 증가와 함께 비생산자도 같은 비율로 늘고 있다. 1897년 12월말 현재 인구는 1,580명인데, 그 중 예기, 작부 그리고 遊藝, 그리고 이들을 가르치던 師匠의 수는 실제로 61명에 달한다. 그런데 청국인의 증가 상태는 이와 완전히 달라서, 상공업자가 아니면 대개 노동자이다. 모두 생산업에 종사하는 자들이다"[21]고 개탄할 정도였다.

서울에서의 '성공' 소식을 듣고 각지의 민단도 유곽 설치에 나섰다. 1904년 진남포, 1906년 용산, 1907년 군산, 1908년 대구, 1909년 청진 나남, 1910년 목포 신의주 대전에 각각 유곽이 세워졌다. 창기는 1908년 말, 서울 244명, 부산 141명, 인천 141명, 평양 103명에 달했다. 또 작부는 서울 727명, 부산 350명, 인천 84명, 평양에서는 87명이 일했다.[22]

<표 3>은 초기 도항자의 사유별 인수를 여권발급 신청사유에 바탕을 둔 것이다. 모든 년도에서 '상용'이 가장 많았고, 이어서 여러 업무와 품팔이, 어업 등의 순이었다. 이른바 소규모 '생계형 생업자'가 많았다. 1899년 6월에는 여권제도가 개정되어 조선에 도항할 때 여권이 필요 없게 되었다. 조선 도항에는 여권을 소지하지 않아도 아무 문제가 되지 않았다.

특히 청일전쟁 이후에는 전쟁특수와 일확천금을 노리는 모험상인들이 대거 이주했다. 예를 들어 인천 거류민은 1894년 3,201명이었지만, 1년 후

---

20) 『通商彙纂』 65, 1897, 21-22쪽.
21) 『通商彙纂』 112, 1898, 89-90쪽.
22) 손정목, 앞의 글, 1980년 봄호, 111-112쪽.

인 1895년에는 4,148명으로 약 1.3배 증가했다. 전선이 북상함에 따라 일
본군을 상대로 부를 축적하려던 사람들은 군과 더불어 개항장을 떠나 북부
지역인 평양, 개성, 진남포, 의주 등지로 진출했다. 1894년 9월 일본군이
평양에 입성하자 불과 1개월 사이에 400~500명의 일본인이 평양에 모여
들었다. 재조일본인들은 조계를 중심으로 영사관, 거류민회, 상업회의소,
금융기관 등의 후원을 받으면서 조선침략의 근거지로 자리 잡아갔다.[23]

<표 3> 사유별 조선도항자수

년도	공용	유학	상용	여러 업무	직공	품팔이	어업	여행	계
1880	174	5	350	332	73	—	—	—	934
1885	30	6	186	142	17	24	—	2	407
1890	24	10	970	450	85	219	33	2	1,791
1895	144	90	3,665	1,787	517	2,919	1,265	4	10,391

출전: 『帝國統計年鑑』, 각 년도판.

　모험상인의 대표적 단체는 鷄林奬業團이다. 계림장업단은 1896년 5
월 인천에서 결성되었는데, 농상무성 관료였던 후쿠이 사부로(福井三郎)
가 단장을 맡았다. 본부는 인천, 지부는 한성 부산 원산 대구에 각각 설
치했고, 大區는 평양, 개성, 강경, 목포, 小區는 진남포에 두었다. 이들
은 개항지를 나가 내지로 들어가 행상하며 돌아다녔다. 내지를 여행하
려면 여행권을 휴대해야 했는데, 일본정부는 이들 단원에 한해 여행권
취득수속을 간소화했다. 또 일본정부는 이들을 지원하기 위해 1만원을
대부해 주었다. 이 결과 1898년 1월에는 회원이 1,380명에 달했다. 그
러나 계림장업단은 "사기와 같은 방법으로 빈민의 돈과 물건을 탐하는

23) 청일전쟁을 전후한 인천의 정황에 대해서는 이규수, 「개항장 인천(1883~1910)-
　　재조일본인과 도시의 식민지화」, 『인천학연구』 6, 2007 참조.

무리가 절반을 차지"[24] 해서 얼마가지 않아 해산되었다. 고향인 오카야마로 돌아간 후쿠이는 계림장업단을 지도한 일을 정치적 자산으로 삼아 1903년 중의원의원에 당선했다.[25]

거칠고 폭력적인 상인은 저변의 상인들만이 아니었다. 이시쿠마 노부노유(石隈信乃雄)는 1898년 10월 한미 전기회사 사원으로 부임했다. 12월 서대문과 청량리간의 전차도로를 건설하고 다음 해 5월에는 개업 운전을 시작했다. 운전수 10명과 기관수 2명은 일본에서 불러왔다. 운전 1주일 후, 운전수가 사내아이를 치어죽인 사건이 발생하여 폭동이 일어나 전차 2대가 불타고 말았다. 운전수들은 겁에 질려 귀국하고 말았다. 이러한 사건이 종종 발생했는데 이시쿠마는 "무언가 사건이 일어나면 일본도를 허리에 차고 나갔다. 종로에서 피스톨을 발사하며 위협한 적도 있었다"[26]고 한다.

개항 초기의 일본인 직업은 다양했다. 거류민들은 고리대업, 선박운송업, 무역업, 미곡상, 정미업, 잡화상, 요리업, 주류상, 목재상, 과일상 등 다양한 직종에 종사했다. 원산의 경우, 1880년 말 직업별 통계를 보면 총계 235명 가운데 직인 100명, 영사관 관계자 75명, 상인 60명이었다. 직인이 약 43%를 차지한 것은 개항 이후의 건축 붐을 반영한 것이다. 영사관 관계자도 약 32%로 많은 편이었다. 그 가운데 관원은 5명이고 경찰관이 32명이었다.[27] 경찰관이 상대적으로 많은 것은 조선인의 습격을 두려워했기 때문일 것이다. 이후 1887년 말 직업별 통계를 살펴

---

24) 仁川府編發行, 『仁川府史』, 1933, 1047-1048쪽.
25) 계림장업단의 조직과 활동에 대해서는 한철호, 「계림장업단(1896-1898)의 조직과 활동」, 『사학연구』 55·56합집, 1998 참조.
26) 篠木敬雄編, 『朝鮮の電氣事業を語る』, 朝鮮電氣協會, 1937, 18-19쪽.
27) 高尾新右衛門編發行, 『元山發達史』, 1916, 22-23쪽.

보면 하역날품팔이 28호, 도매상 24호, 목수 19호의 순이고, 이어 무역상 11호, 페인트칠공 5호, 소매 겸 도매상 4호, 일시 체제 무역상·소매 겸 도매상·하역날품팔이 관리책임자 각 3호, 기타 39호였다.[28]

1910년 8월 한국강점과 함께 조선총독부가 설치되어 일본인관리와 임시직원이 대폭 증원되었다. 1911년 6월말 현재 서울거주 일본인의 직업별 통계를 보면 1위 관리 2,134명, 2위 상점원 1,478명, 3위 임시직원 1,269명, 4위 하녀 993명, 5위 목수 961명이었다.[29] 이러한 경향은 부산에서도 거의 비슷했다. 1912년 8월 현재 직업별 통계를 보면 1위 관공리 467명, 2위 소매상 과 잡화상 274명, 3위 고물상 129명, 4위 백미소매상과 음식점 각각 115명이었다.[30]

<표 4> 직업별 구성

구분	1911	1922	1933	1939	1942
농림목축업	20,623	38,573	39,031	33,257	29,216
어업과 제염업		10,775	10,208	9,540	9,093
광업	26,811	63,999	68,888	18,604	23,265
공업				111,808	141,063
상업	67,625	126,893	151,787	144,647	136,801
교통업				37,705	53,874
공무와 자유업	41,269	117,080	230,135	246,967	297,236
기타	444,475	20,642	21,746	24,932	32,651
무직 및 무신고	9,886	8,531	21,309	22,644	29,661
계	210,989	386,493	543,104	650,104	752,860

출전: 『朝鮮總督府統計年報』각 년도판 ; 朝鮮總督府, 『朝鮮ニ於ケル內地人』, 1923.

---

28) 高尾新右衛門編發行, 『元山發達史』, 1916, 94-95쪽.
29) 京城居留民團役所編發行, 『京城發達史』, 1912, 424·430-432쪽.
30) 森田福太郎編發行, 『釜山要覽』, 1913, 12-13쪽.

　　<표 4>는 한국강점 이후 재조일본인의 직업별 구성의 추이를 나타낸다. 공무와 자유업이 비중이 높아 각 시기를 통해 20~40%에 이른다. 농림과 축산업은 10% 이하이며, 1930년대 이후는 어업, 제염업과 더불어 절대적으로 감소하고 있다. 물론 여기에는 지주와 그 사용인도 다수 포함되어 있다. 광공업 종사자는 중일전쟁 이후 급증하고 있는데, 이는 대륙병참기지화 정책 때문이다. 상업과 교통업은 각 시기를 통해 광공업보다 많다. 또 기타, 무직, 무신고 등 정체가 불명한 계층이 많은데, 이는 일본인 사회가 조선총독부를 정점으로 전체적으로 조선인 사회에 군림하는 이른바 '식민자 사회'였음을 반증한다.

<표 5> 직업별 본업 인구의 구성(1930년)

	일본인	조선인
농업	8.7	80.6
수산업	3.1	1.2
광업	0.4	0.3
공업	17.6	5.6
상업	25.7	5.1
교통업	9.0	0.9
공무자유업	31.8	1.2
가사사용인	1.6	1.2
기타	2.0	4.0

출전: 朝鮮總督府, 『昭和五年朝鮮國勢調査報告』, 247쪽.

　　<표 5>는 1930년의 국세조사에 의해 판명된 有業本業者의 직업별 인구 구성을 나타낸 것이다. 이에 의하면 인구 구성은 공무자유업, 상업, 공업의 순이다. 공무자유업, 공업의 증가가 현저해졌는데, 이는 식민지

지배를 추진하면서 총독부와 지방관청의 관리가 다수 재류한 것과 공업
화도 추진되었음을 반영한 것이다. 이들 구성은 농업 중심의 조선인과
는 크게 다르다.

4. 출신지와 지역적 분포

　부산 개항 이후 西日本 각지로부터 많은 일본인이 도항하여 일본인
사회를 형성했다. <표 6>은 재조일본인의 출신지와 출생지를 나타낸
것이다. 1910년 이전에는 나가사키 현, 특히 쓰시마 출신자가 많았고,
그 뒤를 이어 야마구치 현이 많았다. 두 현은 전체의 58.1%(1896년)를
차지했다. 인천의 경우, 1896년 현재 거류민 4,148명의 출신지는 야마
구치 1,178명, 나가사키 1,075명, 오이타 357명, 후쿠오카 235명, 구마
모토 173명 순이었다.[31] 인천의 거류민은 야마구치 출신이 쓰시마를
포함한 나가사키 출신들을 앞섰음을 알 수 있다. 야마구치는 이 무렵
'하녀의 특산지'[32]라 불릴 정도로 하층노동자가 많은 지역이었다. 야마
구치 출신자의 조선 도항은 이후에도 지속되었다. 이러한 경향은 식민
지화 이후에도 지속된다.

---

31) 『通商彙纂』(號外, 1896), 74-75쪽.
32) 『通商彙纂』(155, 1899), 23쪽.

<표 6> 출신별 구성

	1912		1925		1933		1939	
	인원	순위	인원	순위	인원	순위	인원	순위
山口	26,026	1	40,073	1	51,019	1	53,498	1
福岡	20,469	2	31,199	2	43,606	2	50,036	2
長崎	18,909	3	25,306	4	34,345	4	35,560	4
廣島	16,177	4	25,760	3	32,268	5	35,237	5
大分	12,176	5	18,853	6	25,405	6	29,449	7
熊本	11,927	6	21,895	5	34,451	3	44,627	3
佐賀	10,141	7	17,152	7	25,869	8	28,563	8
岡山	9,050	8	16,497	8	21,872	9	24,615	9
愛媛	8,046	9	12,167	10	15,800	10	19,166	10
大阪	7,606	10	9,865	15	9,399	16	12,320	16
鹿兒島	6,701	13	14,119	9	24,127	7	32,423	6

출전: 『朝鮮總督府統計年報』, 각 년도판.

초기 재조일본인의 출신구성에서 서일본 출신자가 많은 이유에 대해 기무라 겐지는 야마구치 현의 옛 마리후손(麻里府村)을 사례로 설명했다. 그에 따르면 야마구치 현은 에도시대에는 세토나이카이(瀨戶內海) 항로의 중계지로서 번창했지만, 메이지 시대에 들어 쇠퇴하여 새로운 활로를 조선무역에서 찾았다. 이러한 배경 아래 1890년을 전후하여 예를 들면 마리후손 우마시마(馬島)의 유력한 선주와 벳푸(別府)의 토호들은 서양범선을 구입한 다음, 오사카의 잡화와 면포를 구입하여 조선에 판매하고 미곡과 대두를 오사카로 반출했다. 하지만 이러한 무역도 1890년대 후반에 들어서는 기선에 밀려 후퇴했다. 선장과 선원을 비롯하여 다수의 날품팔이 계층은 조선에 정주하게 되었다.[33]

―――――――――――

33) 木村健二, 『在朝日本人の社會史』, 未來社, 1989, 40-43쪽. 이와 관련하여 부산 개항부터 한국강점에 이르는 식민지화 과정에서 재조일본인의 위치와 역할이 어떤

이후 서일본을 중심으로 그 밖의 부현의 비율도 차츰 높아갔다. 1910
년에는 상위 두 현은 야마구치와 나가사키로 변함이 없지만, 그 비율은
20.4%로 감소한 반면 후쿠오카, 히로시마, 오이타, 구마모토 등 1만 명
을 상회하는 현도 증가했다. 더욱이 1930년에는 본국 출생이 70.4%에
비해 조선 출생이 29.6%, 즉 약 3할에 달했다. 일본 본국의 출생지는
여전히 서일본 중심이었지만 타 지역으로 확산되고 있음을 알 수 있다.

각 지역 재조일본인의 이주와 정착 경로는 다양했다. 예를 들어 인천
으로 이주한 일본인은 크게 두 부류로 나누어볼 수 있다.[34] 하나는 인
천보다 먼저 개항한 부산이나 원산에서 거주하다가 인천으로 이주한 부
류이고, 또 하나는 인천의 개항과 더불어 일본에서 곧바로 이주한 부류
이다. 호리 리키타로(堀力太郞)는 1878년 부친과 함께 부산에 도항하여
서양잡화상을 운영하다가, 인천의 개항과 더불어 이주한 사례이다. 그
는 개항장 인천에서 선박을 구입하여 한강 항로와 평양의 만경대 항로
를 개척하는 등 조선내의 항로권을 독점 장악한 인물이다. 러일전쟁 당
시에는 일본군의 용달 업무에 종사하여 부를 축적했지만, 소유 선박 3
척이 침몰하자 손해액이 40만원에 달해 결국 파산했다. 하지만 당국은
그의 손실액을 전액 보전해 주었고 그는 이후에는 고리대업에 종사하면

것이었는지를 정치, 경제, 사회적 측면에서 고찰한 기무라 겐지(木村健二)의 연구
가 주목할 만하다. 기무라는 일본정부의 이민에 대한 보호, 보호정책으로 상징되
는 유입요소(pull factor)와 유출요소(push factor)를 함께 살펴야 한다고 말한다. 재
조일본인을 통한 조선침략의 구조적 특징은 국가와 거대자본과의 관계 위에서
명확히 규정될 필요가 있고, 일본자본주의의 변천과 관련하여 진출에 이르는 구
체적 양상을 밝혀야 한다는 것이다. 기무라 연구의 출발점은 일본사 입장에서 해
외로 진출한 일본인 이민을 규명하기 위한 작업의 일환이었다. 멕시코 등 여타
지역에 진출한 일본인과의 비교 등에는 나름대로 유용한 방법론이다.

34) 이에 대해서는 이규수, 「개항장 인천(1883~1910)-재조일본인과 도시의 식민지화」,
『인천학연구』 6, 2007 참조.

서 황무지를 구입했다.[35]

쓰시마 출신 고오리 긴사부로(郡金三郞)는 부산 개항 이전인 1875년 무렵 부산에 주재하던 야마시로(山城)라는 사람이 報天社라는 조선어학교를 창설했다는 소식을 듣고 친동생 오이케 다다스케(大池忠助)에게 입학을 권유하여 조선어를 배우게 했다. 이후 고오리는 1877년 부산에 도항하여 무역과 수화물 도매를 위해 고오리 상회를 개점했다. 사업이 번성하자 고오리는 1880년 동생 오이케에게 상회를 물려주고, 아직 개항하지 않은 인천에 진출했다. 그는 울릉도 탐험선인 鎭西丸에 탑승하여 인천에 도항한 최초의 인물이었고, 갑신정변 당시에는 퇴각하는 일본인과 부상자를 부산으로 피난시켰다.[36]

이처럼 인천에 도항한 거류민 가운데에는 개항과 더불어 부산과 원산과 같은 다른 개항지로부터 이주한 사람들이 많았다. 원산의 경우, 인천 개항과 더불어 인천으로 이주한 사람이 많아 1883년 말 인구는 더욱 감소하여 199명으로 줄었다. 『통상휘편』은 "인천 개항의 영향이 점점 커져나가 마침내 원산은 텅 비어버릴 것 같다. 지금 본 항구에 무역상이라고 부를만할 사람은 겨우 4~5명에 불과하다"[37]고 보고할 정도였다. 한성에 접근하기 용이한 인천으로 부산과 원산의 일본인이 대거 이주했음을 짐작할 수 있다.

개항장 인천의 거류민을 형성한 또 한 부류는 일본에서 다른 경유지를 거치지 않고 직접 도항한 인물들이다. 다나카 요스케(田中良助)는 일찍이 1868년부터 선박을 건조하여 조선 도항을 시도한 '모험적' 인물이

35) 信夫淳平, 『仁川開港二十五年史』, 1908, 66쪽.
36) 高橋刀川, 『在韓成功の九州人』, 虎與號書店, 1908, 101-103쪽 ; 信夫淳平, 『仁川開港二十五年史』, 1908, 66-67쪽.
37) 『通商彙編』(1883年 下半季), 252쪽.

었다. 그는 1883년 인천의 개항과 더불어 이주하여 처음에는 잡화상과 하역업에 종사했다. 나중에 선박 몇 척을 구입하여 조선연해안과 일본 항해를 개시하여 통상 이익을 올렸다. 이후 그는 해운업을 정리하고 위탁판매와 주류도매에 전념했다.[38]

히구치 헤이고(樋口平吾)도 1883년 일본에서 다른 개항장을 거치지 않고 직접 인천에 도항하여 도자기 판매상과 잡화점을 개설했다. 인천 일본인 상점의 효시이다. 그는 청일전쟁 당시에는 인천상업회의소 의원으로 인천 거류민을 대표하여 일본군 군수품 수송위원이 되었다. 그는 조선인과 일본인 인부 천명을 동원하여 최전선까지 군수품을 수송하여 축재했다.[39]

게이다 리키치(慶田利吉)는 1883년 개항과 동시에 인천에 건축재료 등을 취급한 게이다쿠미(慶田組) 본점을 설립했다. 게이다가 인천에 주목한 이유는 한성에 지점을 두어 일본공사관과 수비대의 납품업자로 활약하기 위해서였다. 이후 그는 조선정부의 건물 건설과 미곡수송에도 관여하는 등 사업을 확장했다.[40] 또 게이다쿠미의 사원으로 조선에 도항한 사원 중에는 갑신정변 당시 살해당한 사람도 있었지만, 다나카 사시치로(田中佐七郎)처럼 1886년에 미곡, 우피, 사금 등을 취급하는 무역상으로 독립하여 성공한 사람도 있었다.[41]

거류민 가운데는 인천에 도항한 뒤, 개항한 군산이나 목포 등 다른 개항지에서 사업을 확장한 사람도 있었다. 다카마츠 노보루(高松昇)는 1883년 인천에 친형과 함께 도항하여 잡화상을 운영하다가, 1906년 독립하여 미곡상으로 전업했다. 이후 그는 무역과 해운업에 종사하여 부

---

38) 信夫淳平, 『仁川開港二十五年史』, 1908, 67쪽.
39) 高橋刀川, 『在韓成功の九州人』, 虎與號書店, 138-141쪽.
40) 信夫淳平, 『仁川開港二十五年史』, 1908, 67쪽.
41) 木村健二, 「明治期の日本居留民團」, 『季刊三千里』, 1986년 가을호, 68쪽.

를 축적하자 군산지방으로 진출하여 비옥한 토지를 구입하여 대지주로 변신했다.[42] 또 하라타 긴타로(原田金太郎)는 1883년 인천 개항과 더불어 이주하여 여관업에 성공하여 한성에도 지점을 설치하는 등 사업을 확장시켰다.[43]

<표 7> 도시별 일본인 인구

도시	1890년	1900년	1910년	1930년	1940년
부산	4,344	5,758	24,936	47,761	52,003
원산	680	1,578	4,636	9,260	11,121
서울	609	2,115	38,397	105,639	124,155
인천	1,612	4,208	11,126	11,758	13,359
목포		894	3,612	7,922	9,174
진남포		339	4,199	5,333	5,967
군산		488	3,737	8,707	9,400
마산		252	7,081	5,587	5,966
평양		159	6,917	20,073	25,115
대구			6,492	19,426	21,455
신의주			2,742	7,526	8,916
개성			(1,470)	1,531	1,612
청진			(2,182)	8,873	12,411
함흥			(1,383)	8,984	10,594
대전					9,576
전주			(1,541)		5,494
광주			(1,326)		8,085
비율	100.0%	99.8%	66.4%	53.5%	48.5%

출전: 『日本帝國統計年鑑』 『韓國統監府統計年報』 『朝鮮總督府統計年報』 『朝鮮國勢調査結果報告』, 각 년도판.

비고: 1910년까지는 개항장을 1930~40년은 부를 게재. 단 1910년의 괄호는 군.

---

42) 信夫淳平, 『仁川開港二十五年史』, 1908, 68쪽.
43) 信夫淳平, 『仁川開港二十五年史』, 1908, 70쪽.

<표 7>은 도시별 일본인 재주자 수를 나타낸 것이다. 러일전쟁 이전
에는 당연한 현상이지만 거주가 허가된 개항장이 100% 혹은 그에 가
까운 비율을 나타내는데, 한국강점 이후는 점차 그 비율이 저하하여
1940년에는 50%를 밑도는 수준이 되었다. 농촌부와 지방중소도시에도
일본인이 거주하게 된 것이다. 한국강점 이후 최다의 일본인 거주지는
서울이고, 부산과 평양이 뒤를 이었다. 차츰 내륙의 지방도시 등에도
확대되었는데, 특히 미곡의 수출항(군산, 목포)과 공업화가 추진된 지역
(대구, 청진, 함흥, 신의주) 등지에서의 증가가 눈에 띈다.

<표 8> 지역별 분포

	1912			1925			1942		
	인원	A	B	인원	A	B	인원	A	B
경기	70,336	28.9	4.4	104,479	24.6	5.4	206,627	27.5	6.4
충북	4,003	1.6	0.6	7,317	1.7	0.9	9,417	1.3	0.6
충남	12,532	5.1	1.2	19,566	4.6	1.6	28,228	3.8	1.7
전북	13,594	5.6	1.4	27,167	6.4	2.0	35,363	4.7	2.1
전남	16,210	6.7	1.0	31,628	7.4	1.5	45,250	6.0	1.6
경북	14,959	6.1	0.9	41,672	9.8	1.8	45,244	6.0	1.7
경남	58,507	24.0	3.8	77,548	18.3	4.0	98,974	13.2	4.0
황해	5,800	2.4	0.5	14,696	3.5	1.0	26,189	3.5	1.3
평남	16,219	6.7	1.7	34,530	8.1	2.8	51,263	6.8	2.8
평북	7,623	3.1	0.7	16,239	3.8	1.2	32,252	4.3	1.7
강원	4,516	1.8	0.5	8,632	2.0	0.7	21,101	2.8	1.1
함남	11,708	4.8	1.1	20,339	4.8	1.5	73,990	9.8	3.6
함북	7,722	3.2	1.6	20,927	4.9	3.4	78,925	10.5	6.4

출전: 『朝鮮總督府統計年報』, 각 년도판.
비고: A=전 재조일본인에 대한 비율, B=해당 도의 총인구에 대한 비율.

<표 8>는 재조일본인의 지역별 분포를 나타낸다. 초기에는 경기와 경남이 전체의 50%를 넘었고, 말기에도 40%를 넘었다. 이는 서울과 부산에 일본인이 집중하고 있음을 말한다. 말기에는 함남과 함북을 비롯한 북부 지역의 일본인 수가 급증한 것은 군사공업화 정책과 만주침략 정책과 관련된다. 역으로 순농촌 지역인 남부에서는 일본인이 점하는 비중은 그다지 높지 않다. 이는 조선 거주 일본인의 대다수가 기본적으로 도시생활자였음을 말하고 있다.

5. 나오기

이상 재조일본인의 출신지별, 산업별, 지역적 분포와 같은 인구통계학적 특징을 살펴보았다. 재조일본인은 한일관계사의 접점을 이루는 공간이다. 제국의 첨병으로 활동한 개항장 재조일본인들은 동시에 조선의 전통과 문화에 큰 충격을 준 이질적인 존재들이었다. 이들은 조선 내에서 자신들의 기득권을 확보하기 위해 거류민단, 민회, 상업회의소 등과 같은 정치 경제적 자치조직을 형성하면서 조선사회에 정착하였다. 앞으로 재조일본인의 존재형태를 다각도에서 규명함으로써 일본의 식민지배가 어떤 메커니즘과 상호작용 속에서 기존의 조선사회를 재편시켜갔는가를 규명해야 한다. 또한 '식민지 권역'과 '비식민지 권역'이라는 이주 대상지의 특성을 감안하여 일본인의 해외 이민을 유형화할 필요도 있다. 조선을 포함한 각 지역 이민의 수, 이민의 출신지 등 일본의 해외 이민의 총체적 파악을 통해 식민지 조선의 이민이 차지하는 위치는 더욱 명료해질 것이다.

일제강점기에 관한 한국의 기본적인 역사인식은 제국주의와 식민지, 지배와 저항이라는 틀로 규정되었다. 구체적으로 '탈식민' 이후 식민 지배를 받았던 한국사회는 저항의 모습을 독립운동으로 복원하려 하고, 일본사회에서는 비록 소수이기는 하지만 식민지배의 '정당성'을 주장하는 입장이 강력한 영향력을 떨치고 있다. 이러한 역사인식의 평행선에서 상호간의 접점을 발견하고, 미래지향적인 양국 관계를 구축해 나가기 위해서는 식민지배에 관한 일본사회의 자기반성과 성찰이 요구된다고 할 수 있다.

주지하듯이 '식민지 근대화론'과 '식민지 근대성론'이 지닌 최대 결함은 일제강점기의 '근대성'에 주목하면서 '식민성'에는 관심을 갖지 않는다는 점이다. 이들 담론은 식민지 공간에 나타나는 근대성, 특히 일상생활에서 나타나는 근대적인 규율체계에 대해 관심을 갖고 이를 비판적으로 분석했다는 점에서는 나름대로 의의를 찾을 수 있지만, 일제강점기가 지니는 '식민지 근대성'의 특수성이 구체적으로 무엇인지 제대로 설명하지 못했다. 주로 근대성에 대한 분석과 비판에 치중한 나머지, 식민성에 대해서는 부차적으로 다루는데 그치고 있기 때문이다. '식민지 수탈론'의 문제의식을 계승하면서, 식민지하에서 전개된 근대의 변동 양상을 식민지에 거주한 일본인, 재조일본인을 통해 새롭게 고찰해야 한다.

일제강점기 조선총독부가 정책적 의사결정을 관철시키는 과정에서 현실적으로 노정된 주요한 갈등은 유효한 정치적 기회가 박탈된 조선인들과의 적대적 관계에서뿐만 아니라, 다양한 이해관계에 따라 독자적으로 행동한 재조일본인들과의 관계에서도 발생했다. 따라서 보편적인 분석 틀인 조선총독부-재조일본인-조선인이라는 구조를 넘은 조선총독부와 식민정책에 대한 재조일본인들의 인식, 조선총독부와 재조일본인 유지집단의 이해관계 등을 통한 새로운 지형을 설정할 필요가 있다.

이를 위해서는 재조일본인 연구를 존재 형태(상층-지배 일본인, 하층-보통 일본인), 공간을 통해 구분되는 재조일본인(경인지역과 개항장-부산, 대구, 목포, 원산 등), 다양한 삶의 주체 재조일본인(정치·경제의 주체, 사회·문화의 주체)으로 특화시켜 개별 연구를 진행하고, 이를 종합적으로 재구성함으로써 재조일본인의 역사상을 전체적으로 조망해야 할 것이다.

(이규수)

Ⅳ. 시장의 사회적 기능과 민족적 격리

1. 들어가기

공설일용품시장(공설소매시장, 공설시장, 도시일용품 소비시장 등 여러 이름으로 불린다)은 근대 자본주의의 역사에서 생산수단 및 생활수단에서 분리된 노동력을 재생산하기 위한 유통기구로서 근대 자본주의 시장을 개혁하는데 중요한 위상을 가지며, 노동시장 성립을 위한 물질적 기초이자 사회간접자본이라고 할 수 있다.[1] 공설일용품시장의 일반적인 사회적 기능은 원래 근대적 공업국가의 발전에 수반한 도시인구의 급격한 팽창의 결과로서, 근대적 도시사회정책의 하나였다고 할 수 있다. 공설일용품시장은 도시 일용품 가격의 정상화를 도모하고, 특히 신선한 어류, 야채 등을 공급하기 위한 위생시설을 완전히 갖추기 위해 설치되었던 것이다.[2] 생산과 유통 과정에서 소외된 존재였던 근대 소비자에게는 현물거래, 정찰판매, 외상이 아닌 현금거래, 일괄구매 등의 구매방법을 구현한 공설일용품시장의 등장이 근대 자본주의 사회의 소비생활에 대처할 수 있게 해주는 것이었다.

근대 동아시아 세계로 눈을 돌려보면, 1918년 일본에서 발생한 쌀소동이 공설일용품시장 개설의 중요한 계기로 작용했다. 쌀소동은 식량문

---

1) 조형근, 「일제 식민지기 재래시장의 사회사적 분석을 통한 식민지근대성론의 사회변동론적 재구성」, 『한국사회학』 48-5, 2014, 105-106쪽.
2) 四方博, 「市場を通じて見たる朝鮮の経済」 『朝鮮社會経濟史研究(上)』, 東京: 國書刊行會, 1976(초출 1929), 230쪽.

제로 나타난 전형적인 도시의 노동문제, 빈민문제가 응축되어 폭발한 사건이기도 했다. 공설일용품시장은 제1차 세계대전 중에 본격화한 도시 대중의 빈곤화에 대처하기 위해 제시된 방빈·구제 사업으로 등장하였고, 일본 지배당국은 공설일용품시장에 강력한 官製的 조직화를 도모하였다. 이에 따라 두 가지 방향성을 가지고 시장구조 변화가 추진되었다. 하나는 일본 국내시장에서는 시장의 공설화를 통해 도시에 축적되기 시작한 자국 내 노동자계급 중심의 소비자 대중의 수요를 충족하기 위해 시장제도의 합리적·근대적 재정비라는 측면의 공설시장화라는 방향성을 가진 것이었다. 다른 하나는 농산물가격의 형성력을 확보하기 위해 농산물의 공동출하 및 주산지 형성을 목표로 한 농업 부문의 시장 경제적 재편이라는 방향성을 가진 것이었다.[3] 그러나 여기에 제국주의와 식민지 관계라는 또 하나의 중요한 계기를 지적하지 않을 수 없다. 1918년 쌀소동의 궁극적 해결은 일본 국내에 공설시장제도 구축만으로 가능했던 것이 아니라, 식민지 조선을 저가의 미곡 생산지로 재편함으로써 가능했던 것이라 할 수 있기 때문이다.[4]

한편, 식민지 조선에 개설된 공설일용품시장에 대한 기존의 연구는 위에서 언급한 근대 자본주의 사회 및 근대 일본의 공설일용품시장 개설에 관련된 근대 시장 및 유통의 사회화 문제를 다루면서도, 식민지내 민족문제를 고려하고 있었다. 먼저, 식민지 조선의 공설일용품시장을 다룬 연구는 식민지 시기부터 현재에 이르기까지 그 한계에 중점을 둔 평가가 다수를 이룬다. 식민지 조선에 개설된 공설일용품시장은 주로

---

3) 中村勝, 『創られた市場 : 近代日本 · 東アジアの在來市場と公設市場』, 東京: ハーベスト社, 2002, 93-94쪽.
4) 조형근, 앞의 글, 105-107쪽.

도시부 일본인 사회에 중요한 경제기구였지만, 조선인 사회의 경제부문
에서는 극히 미약한 기능에 불과했다는 평가가 그것이다. 개설초기 공
설일용품시장은 가격고시와 정찰제, 염가 판매 등을 통해 인플레를 억
제하는 물가 정책적 역할을 일정정도 수행했다고 할 수 있지만, 곧 주
로 재조일본인을 위한 유통기구로 전용되었는데, 이에 따라 초기에 공
설일용품시장 개설의 목표로 내걸었던 방빈・구제 사업이란 성격을 띤
사회 정책적・사회사업적인 역할보다는 재조일본인 주거지역의 생활안
정에 기여한 측면이 더 많았으므로, 식민지 조선의 전체적인 시장 및
상업에서는 제한적인 역할을 했을 뿐, 제대로 뿌리를 내리지 못했다는
평가가 주를 이루고 있었다.5) 한편, 이와 달리 시장경제의 공정성을 확
립하기 위한 가격관리 체제가 형성되고 진화되는 계기로서 공설일용품
시장에 주목하여, 공설일용품시장이 가격규제체계의 형성과 사설소매
시장과의 경쟁을 통한 도시에서의 일용품 분배의 안정화에 공헌했다는
점에서 한계보다는 근대 유통기구의 성장이라는 성과에 초점을 맞춘 연
구가 존재한다.6)

　본고에서는 식민지 조선의 근대 공설일용품시장에 대한 한계와 성과
를 모두 포괄하면서도 비판적으로 수용하여, 공설일용품시장이 근대 식
민지 사회에서 가졌던 사회적 기능에 초점을 맞추어 고찰해보고자 한
다. 공설일용품시장을 둘러싼 조선인 시장과 일본인 시장의 갈등을 민

---

5) 四方博, 앞의 글; 허영란, 「일제시기 상업의 근대성과 식민지성」, 『역사비평』25,
　　1994; 박일향, 「일제강점기 경성부 공설시장의 입지와 건축계획에 관한 연구」, 서
　　울대 건축학과 석사학위논문, 2013; 조형근, 앞의 글; 진주완, 「조선총독부의 도시
　　지역 공설시장제도 도입과 운영실태」, 『한국민족운동사연구』86, 2016.
6) 박이택, 「식민지 조선의 공설일용품시장과 가격규제체계」, 『경제발전연구』17-2,
　　2011.

족적 대립만이 아니라 공설일용품시장이 초래한 소비문화의 확대나 다양성, 다층적 역할에 대해 고려하면서, 공설일용품시장의 개설과 운영에 대한 해석에는 식민지 반봉건성과 식민지 근대성을 둘러싼 논의가 기저에 깔려있다는 점도 동시에 파악해 보고자 한다.

2. 공설일용품시장의 범주를 둘러싼 문제

조선총독부 식민통치당국은 「시장규칙」에 따라 네 종류로 시장을 분류하였다.[7] 제1호 시장은 場屋을 설치하거나 또는 설치하지 않았더라도 구획된 지역에서 매일 또는 정기적으로 수요자와 공급자가 內集하여 화물의 매매·교환을 행하는 장소이다. 제1호 시장에는 동대문시장·남대문시장을 비롯해 조선의 전통적 시장 대부분이 포함되었고, 다시 보통시장과 가축시장이나 약령시장 등 특수시장으로 나뉘어졌다. 제1호 시장에 대한 시장세는 구한말에 제정된 시장세 규정에 따라 판매액의 1/100을 거두었다. 시장세 부담에 대한 시장 상인의 불만이 높아지자 1926년에 제1호시장에 대한 시장세를 폐지했다.[8]

제2호 시장은 20인 이상이 영업자가 하나의 장옥에서 주로 곡물·식료품의 판매업을 행하는 장소이다. 공설일용품시장 즉, 공공기관이 도시 주민을 위해 개설한 식료품·일용품시장이 포함되었다. 현실적으로

---

7) 「市場規則」(朝鮮總督府令 제136호, 1914. 9. 12.) 『朝鮮總督府官報』635(1914. 9. 12.), 161쪽; 「市場規則」 중 개정 (朝鮮總督府令 제38호, 1920. 4. 1.) 『朝鮮總督府官報』2290(1920. 4. 1.), 4쪽.
8) 조병찬, 『시장의 역사』, 동국대학교출판부, 2004, 180-181쪽; 박은숙, 『시장의 역사-교양으로 읽는 시장과 상인의 변천사』, 역사비평사, 2008, 293-294쪽.

는 식민지 조선에 거주하는 일본인에게 생활 편의를 제공하려는 목적이 우선적이었다. 제2호 시장은 제1차 세계대전 중 물가폭등으로 인해 일본인의 생활보호가 시급한 과제로 떠오르면서 본격적으로 건설되기 시작했다. 제2호 시장은 지방행정기관이 직접 시장건물을 설치하고 판매인을 지정해 영업을 관리하는 방식을 취했다.9) 제3호 시장은 위탁을 받아 경매하는 방법에 의해 수산물·채소 또는 과일의 판매업을 행하는 장소이다.

제3호시장은 어채도매시장과 중앙도매시장으로 구분되며, 경매시장 혹은 糶賣市場으로 불렸다.10) 주요 도시의 회사경영에 의한 수산, 청과물 시장이 이에 속한다. 제4호 시장은 매일 또는 정기적으로 영업자들이 모여 견본 또는 상표(銘柄)에 의해 물품 또는 유가증권의 매매거래(賣買取引)를 행하는 장소로, 곡물현물거래시장과 유가증권현물거래시장이 이에 속한다. 개인이나 회사에 위탁시켜 현물 곡물 등을 대량 거래하였다. 제3호 및 제4호 시장은 일제에 의한 경체침략의 교두보로서 당시 우리나라의 쌀과 각종 곡물, 면화류 등을 수탈하기 위한 전초기지 역할을 했다고 할 수 있다.11)

조선총독부는 처음에는 전근대적인 재래 정기시장인 장시를 그대로

---

9) 개설된 공설일용품시장이 경성 주민의 수요를 충당하지 못하게 되자, 사영 공영 시장이 생겨나게 되었다. 일제는 주민 수요를 고려해 이를 묵인했으나, 나중에 「시장규칙」에 저촉된다는 구실로 사영시장을 강제로 매수해 제2호 공설시장으로 만드는 방법을 택했다. 1920년대 말까지 경성에서는 20인 미만의 영업자가 하나의 장옥을 만들어 식품과 일용잡화를 판매하는 사설시장이 많이 있었다. 박은숙, 위의 책, 294쪽.

10) 같은 책, 294쪽.

11) 황명수 외, 『한국의 시장상업사-소매상업 발달의 통사적 연구』, 주식회사 신세계 백화점출판부, 1992, 180쪽.

방치 내지 보존시키면서 시장개혁을 단행할 방법을 모색하였지만, 이 경우 식민지 경제 침투에 어려움이 있을 것으로 파악하여 새로 1914년에 「시장규칙」을 제정하였다. 일제는 조선의 전통적 시장 질서를 무시하고 식민 시장 건설에 초점을 맞추어 시장을 재편하려고 하였다.12) 「시장규칙」을 통해 조선의 전 상권을 장악하여 일본의 상품시장으로 만드는 교두보를 확보하고자 했던 것이었다. 이 「시장규칙」은 일제 초기부터 진행된 토지조사사업과 병행하여 토지조사국 주관 하에 1913년부터 1917년에 걸쳐 실시된 전국적인 시장조사사업 과정에서 제정되었다.13) 이 작업의 일환으로 1912~1913년에 조선총독부는 동아경제조사국의 독일인 경제학자 비덴펠트(Kurt Wiedenfeld)에게 시장정책 위탁연구를 맡겼다. 비덴펠트는 위탁연구 보고서에서 다음의 7가지 고려사항을 제시했다.14)

① 시장의 공설화_사설시장은 설치하지 않으며, 기설 사설시장도 폐지하는 방안을 마련해야 한다.
② 지방관청에 시장개설권 위임_지방관청은 시장설치 비용을 부담하고, 수수료를 징수해야 한다.
③ 시장임대의 금지_사인(私人)에 대한 시장임대는 시장 발전과

---

12) 박은숙, 앞의 책, 293쪽.
13) 황명수 외, 앞의 책, 165쪽. 시장조사사업 과정에서 확보된 조선의 시장관계 자료는 조선총독부 촉탁 젠쇼 에이스케(善生永助)에 의해 다음과 같은 조선총독부 자료로 발간되었다. 善生永助, 『朝鮮の市場』, 朝鮮總督府資料 제8집, 1924; 善生永助, 『朝鮮人の商業』, 朝鮮總督府資料 제11집, 1925; 善生永助, 『朝鮮の市場經濟』, 朝鮮總督府資料 제27집, 1929.
14) 「시장규칙」 제정과 관련하여 주목하였다. ウキードフェルト編述, 『朝鮮ニ關スル東亞經濟調査局報告』, 朝鮮總督府, 1913, 191-202쪽. 비덴펠트의 보고에 주목한 연구는 다음과 같다. 진주완, 앞의 글, 155-156쪽; 박이택, 앞의 글, 215쪽.

번영을 저해하므로 금지해야 한다.

④ 물화에 따른 시장 구분_전문시장은 구매자의 탐색비용을 줄이고, 상인의 경쟁심을 촉발하여 물가를 저하시키므로, 물화 종류에 따라 시장을 구분해야 한다.

⑤ 시장규칙의 제정_각 지방관청은 시장규칙을 제정하고, 이를 통해 개장일시, 매매물화, 각 물화에 대한 시장의 위치, 도량형, 수수료, 단속규칙 및 벌칙 등을 규정해야 한다.

⑥ 시장에 대한 일반법령의 제정_총독부는 전 조선에 적용되는 일반법령을 제정하여, 시장개설권의 시정촌(市町村, 즉 조선에서는 부·면)으로의 이전, 시장규칙 제정 의무, 시장임대 및 사설시장 금지, 시장공개 규정을 마련하고, 시장운영, 시장수수료 징수 책임, 최고 수수료율 책정, 시장규칙의 주요 사항 및 수수료율의 시장 게시, 시장규칙의 변경 특히 수수료율 변경사항에 대해우 지방경찰서장의 동의와 지방장관의 승인 요구 여하를 규정해야 한다.

⑦ 시장수수료 수취_시장수수료에는 판매수수료, 입시수수료, 구역수수료 등이 있지만, 이중 구역수수료가 가장 좋은 수수료이다.

　　이를 참고하여 「시장규칙」은 모든 시장을 허가제로 하고, 시장 운영의 공영제를 근간으로 하였다. 「시장규칙」 제정에 따라 무허가시장을 제외한 모든 시장은 공영화되었다고 할 수 있다. 이를 근대 시장경제로의 전환이란 입장에서 보면, 「시장규칙」을 통한 시장의 공영화는 시장의 사물화에 의한 폐단을 막는다는 의미를 부여할 수 있다.[15] 「시장규칙」은 1895~1921년간 일본과 식민지에서 제정된 각종 시장규칙들 가운데 가장 강력한 개설자 제한 조치였다.[16] 그러나 시장 공설화 과정은

---

15) 박이택, 위의 글, 217쪽.
16) 진주완, 앞의 글, 158쪽.

기존 재래시장의 상인집단, 재래시장에 대한 어떤 구체적인 개혁을 수반하지 않았다는 점에서 소극적이었다고 할 수 있다. 「시장규칙」에 의해 조선의 재래시장은 대부분 부·면에서 담당하는 공영시장이 되었지만, 지방 관청이 명실상부하게 시장을 경영한 것은 아니었다. 다만, 시장의 소유권을 식민권력이 장악하고 공안적 통제를 가능하게 하는 법률적 근거를 확보하는 데 그쳤다고 할 수 있다.[17]

이러한 조치는 식민 통치 당국이 자신의 영향아래 조선의 시장을 두어 이를 통제하고 상권을 장악하려는 것이었다.[18] 이런 해석은 통치 당국이 직접 경영했던 것은 아니라는 점에서 재래시장 이외의 제2호 시장과 같은 '신식시장'에도 적용된다. '시장공영화'의 또 하나의 주요 목적은 부족한 세입을 충당하기 위한 재정확보라는 측면도 존재했다고 할 수 있다. 제2호시장을 제외한 모든 시장에 대해 시장거래에 세금을 징수했던 것이다.[19]

한편, 가격관리 체계의 형성이란 관점에서 보면, 제2호 시장을 구성하는 공설일용품시장의 실질적 개설 이후에야 시장판매품에 대한 가격 규제 체계가 형성되었다고 할 수 있다. 공설일용품시장은 생산자로부터 소매상에 이르기까지 중개수수료, 구전을 줄여 생산원가에 가까운 가격으로 판매하는 것을 목적으로 하였고, 시장 입점 상인들은 행정기관이 정한 가격대로 판매해야 했으며, 시장판매품의 품질, 가격, 장내 정리 등은 모두 행정기관이 결정하였고, 입점 상인들은 이를 따라야 했다. 시장 사용료를 제외한 일체 비용 등은 면제되어 다양한 혜택을 받는 대

---

17) 조형근, 앞의 글, 106쪽.
18) 박은숙, 앞의 책, 291쪽.
19) 진주완, 앞의 글, 158-160쪽.

신에, 정찰제, 현금거래, 할인 및 외상 금지, 영업장 양도 금지, 지정 이
외 물품의 판매 금지 등 의무사항을 준수해야했다.[20]

그러나 「시장규칙」의 분류에 따른 시장 구분이 식민지 조선 시장의
실상을 그대로 반영한 것은 아니었다. 식민지기의 제2호시장이 곧 모든
공설일용품시장을 구성한 것은 아니었다. 이중에는 제2호 시장도 포함
되어 있지만, 「시장규칙」 이외의 시장도 있었던 것이다. 이에 따라 제2
호 시장을 도시일용품시장이라고 표현할 것을 주장하기도 한다.[21] 그
러나 이러한 해석은 또 다른 오해를 낳을 수 있다. 제2호 시장을 규정
하는 경영주체가 공공기관일 것과 장옥 내 영업자가 20인 이상이어야
한다는 조건에서 보면, 1930년에 경성에 적용된 「일용품시장규칙」[22]에
서 볼 수 있듯이 개념 설정이 더욱 복잡해진다. 10인 이상 20인 미만
영업자 규정을 새로 신설한 「일용품시장규칙」에는 기존의 공설일용품
시장과 함께 다수의 사설 일용품시장(혹은 사설 염매소)의 존재가 확인되
고 있다. 1919년부터 각 지방행정기관에서 설치한 공설일용품시장이
사설 일용품시장의 전형적 모델이 되었던 것은 사실이다.

하지만 개설된 공설일용품시장이 주민의 수요를 충당하지 못하자,
1920년 이후부터 전국적으로 '공설시장'이란 이름을 단 사설 일용품시
장이 다수 등장하게 되었다. 경제적으로는 분명히 시장 기능을 수행한
사설 일용품시장은 허가를 받지 않았기 때문에 법적으로 제2호 시장으
로 파악되지 않았을 뿐이었다.[23] 식민 통치 당국은 주민들의 수요를 고

---

20) 박이택, 앞의 글, 217-218쪽.
21) 같은 글, 218쪽.
22) 「日用品市場規則」(朝鮮總督府 京畿道令 제9호, 1930.5.2.), 『朝鮮總督府官報』 1010,
    1930. 5. 2., 179쪽.
23) 허영란, 앞의 글, 218쪽.

려해 이를 묵인했으나, 나중에 「시장규칙」에 저촉된다는 구실로 사설
일용품시장을 강제로 매수해 제2호 시장 즉 공설일용품시장으로 만드
는 방법을 택했으나. 1920년대 말까지 경성의 경우를 보면 20인 미만의
영업자가 하나의 장옥에서 식품과 일용잡화를 파는 사설시장이 많이 있
었다.[24] 따라서 식민당국은 1927년 「시장규칙」 개정[25]을 통해 도시
일용품시장을 모두 공설일용품시장으로 재편하려 했던 것이다. 사설 일
용품시장의 경우, 시장 허가기간이 만료하면, 허가기간을 연장하지 않
는다는 규정을 포함하였던 것이다. 그러나 허가기간 만료 후 사설 일용
품시장이 모두 소멸한 것은 아니었고, 신규 설립이 허용되지 않은 것도
아니었다. 도시부 일용품시장을 모두 공설로 한다는 것은 시장정책의
지향점이었을 뿐. 그대로 구현된 것은 아니었던 것이다.[26] 이런 상황을
고려할 때. 오히려 제2호 시장이 모든 공설일용품시장을 포함한다고 할
수 없는 것이다.

개념상의 혼란은 개설된 공설일용품시장에 대한 의미 부여에서도 나
타났다. 제2호 시장에서 규정한 공설시장 개설은 1920년대에 가장 많은
총 11기의 시장이 개설되었고. 1930년에는 11개 부·면에 18기의 공설
시장이 개설되었다. 새롭게 공설시장이 개설된 지역은 대도시에서 증설
되기보다는 새로운 도시에서 신설된 것이 더 많았다. 그러나 공설시장
의 증가를 토대로 전체적으로 도시화가 진행됨에 따라 공설일용품시장

---

24) 박은숙, 앞의 책, 294쪽; 당시 조사보고를 작성한 경성부 산업조사회 보고자료에
    따르면, 사설일용품시장은 물가등귀에 의한 민심불안을 안정시키기 위해 만들어
    진 공설일용품시장을 오로지 모방한 것이었다. 京城府産業調査會,「配給機關ニ關ス
    ル調査（市場ノ部)」京城府産業調査會報告 제7호, 1936, 2쪽.
25) 「市場規則」 중 개정(朝鮮總督府令 제16호, 1927. 3. 25.),『朝鮮總督府官報』68(1927.
    3. 25.), 263쪽.
26) 박이택, 앞의 글, 218쪽.

이 증대하고 있었다는 판단은 재래시장과 공설일용품시장과의 민족적 분리에 따른 이용이란 부분을 시야의 외부에 두는 논리라고 보인다. 즉 여기에서는 제1호 상설시장이 공설일용품시장 모델에 따라 운영되지 않았을 가능성을 부인하지 않으면서도, 결국 제2호 공설일용품시장과 동일하게 파악하려는 의도가 보인다. 다만 당시 시장조사를 위한 시장 표에서 보여주는 시장 분류가 범주적 일관성을 가지고 있지 못했다고[27] 추측할 뿐이다.

공설시장의 증가를 가격통제 기구로서의 조선 전체에 걸쳐 유의미한 기구로서의 공설시장의 위상으로 해석하기 위해서 필요한 공정이라고 할 수 있다. 공설시장은 결국 제1호 시장 중 일부의 상설시장, 제2호 시장, 사설을 포함한 도시 일용품시장 등이 얽히고설킨 개념이 되어 버렸다. 그러나 근대 도시 일용품시장의 사회적 기능을 파악하기 위해 공설 일용품시장을 범주화한다면 그 공설 및 사설 여부는 사실상 중요하지 않았다고 볼 수 있다.[28] 본고에서는 공설일용품시장의 개념을 「시장규칙」에 따라 개설된 공설일용품시장을 위시하여, 이에 자극을 받아 개설된 도시부의 사설 일용품시장(사설 염매소 포함)을 모두 포괄하여 사용하고자 한다.

---

27) 같은 글, 220-225쪽.
28) 박이택은 제2호 시장을 도시일용품시장으로 파악하자고 주장했는데, 도시일용품 시장으로 파악되는 시장은 「시장규칙」에 따른 제2호 시장만으로는 모두 포괄할 수 없다는 것이 확인되었으므로, 오히려 도시일용품 시장을 공설시장으로 파악하고 있다. 여기에 사설 '공설시장' 즉 사설 일용품시장도 포함시키는 것이 박이택이 파악하고자 하는 도시 일용품시장의 가격관리 체계를 파악하는데 더 유리하다고 볼 수 있다. 같은 글, 218쪽; 이에 대해서는 이미 식민지기에 이미 시카타 히로시가 「시장규칙」에 따른 공설과 사설의 구분은 무의미하며 도시일용품시장이란 특수 목적하에 도시에서 스스로 설정한 것이라는 점에 더 주목해야 한다고 주장했다. 四方博, 앞의 글, 230쪽.

3. 공설일용품시장의 사회적 기능의 변화과정

「시장규칙」을 제정한 1914년에 곧바로 공설일용품시장이 개설되지는 않았다. 제1차 세계대전 종전과 함께 조선에서 발생한 물가 등귀와 3·1운동의 여파가 상호작용하면서 나타난 사회위기가 뚜렷이 보이는 1919년경에 가서야 공설일용품시장이 본격적으로 개설되었다. 공설일용품시장은 사회적 기능을 중심으로 시기구분을 해 본다면, 먼저 1919년 공설일용품시장의 개설과 함께 등장한 물가억제를 통한 구빈·세민정책으로서의 초기의 사회사업적 기능에서, 1920년대 이후 일정정도 물가가 안정되면서부터는 가격표시를 통한 가격관리기능으로서의 경제정책적 기능, 그리고 1930년대 이후 전시경제체제의 물가배급기관으로서의 물자통제적 기능으로 사회적 기능의 변화가 나타났다고 할 수 있다.

첫 번째 시기는 사회사업적 기능이 중요했다. 공설일용품시장은 사회정책적 구빈정책, 세민구제를 위한 사회사업으로 시작되었다. 제1차 세계대전의 여파로 인한 물가등귀로 도시민의 생활난은 극심했다. 1919년 3·1운동의 배경으로는 1910년대 말 물가상승으로 인한 조선인들의 사회적 불만이 깔려 있었고, 이에 대한 회유책으로 소매물가를 억제할 수 있는 임시 시설로서 공설일용품시장을 개설하였던 측면도 존재했다.29) 공설일용품시장 설치 초기에는 생필품의 염가공급을 통한 도시민의 생활 안정을 도모한다는 사회정책적 목적에 따라 부세, 영업세, 점포, 토지사용료가 면제되었고, 전화, 전등, 수수료 등도 행정기관에서 부담하는 등 특전이 부여되었다. 그 대신 판매가격에 극단적인 제한을

---

29) 진주완, 앞의 글, 166쪽.

두어, 취급물품 가격은 시장가격보다 최고 30% 가량 저렴하게 공급하
는데 역점을 두었던 것이다.[30] 공설일용품시장의 염가판매가 사설 시
장의 폭리 매매를 견제하여, 사설시장에서는 고가 판매를 자제하여 매
매가격을 공설일용품시장에 맞추거나, 새롭게 사설 염매소가 개설되기
도 하는 등 물가 폭등을 진정시키는 효과를 낳았다고 볼 수 있었다. 개
설 초기의 공설일용품시장은 경제적 유통기구로서의 기능보다는 일종
의 사회사업시설로서 기능이 더 중요시되었던 것이다.[31]

한편, 공설일용품시장의 증설을 근거로 사설소매시장보다 저렴하게
설정된 공설일용품시장의 판매가격이 표준물가로 공시됨으로써 일반
소매상인의 폭리를 견제하는 효과가 있었다는 평가[32]는 일정한 한계를
전제로 해야 한다. 공설일용품시장이 증설되는 경향을 전체 시장거래에
서 차지하는 비중은 1~6%(1921~1938년 기간)에 불과했던 것이다. 부산
의 富平町公設市場이 대규모 시장으로 성장했고, 평양에 공설일용품시
장이 도입된 후 평양 물가가 전국 평균 아래로의 하락하는 등의 실적을
공설일용품시장의 성공사례라고 평가할 수도 있지만, 이는 기존 시장을
매수하거나 폐지한 후 새로 시장을 설치한 경우였고, 여타 지역의 공설
일용품시장은 기존 시장과 공존하며 경쟁하고 있었다는 점을 고려하면
공설일용품시장의 견제 효과를 과대 해석할 수 없다는 것이다.[33] 또한

---

30) 박이택, 앞의 글, 229쪽.
31) 이와 관련하여 공설일용품시장의 거래 품목은 중등품 이하의 물건을 비교적 염
    가에 판매한다는 세간의 평가도 존재했고, 심지어 품질도 좋지 않은데 물건을 고
    가로 판다는 비판도 존재했다. 木村靜雄,「公設市場ノ經營ニ就テ」, 京城府産業調査
    會, 앞의 자료, 262-263쪽.
32) 박이택, 앞의 글, 223쪽.
33) 사설염매시장은 경성부의 경우 12개소가 존재하였고, 1940년대까지 조선총독부
    및 경성부의 묵인 하에 사설로 영업하였다. 文定昌,『朝鮮の市場』, 東京: 日本評論

가격조절 기능도 공설일용품시장 대부분이 일본인 주거지에 개설되어
있었기 때문에 한계를 가지고 있었다. 경성부의 경우 공설일용품시장
가격은 비교적 저렴했지만, 거리가 멀어지면 가격이 비싸져서 남촌 내
에서도 최대 30% 가량 가격차를 보이는 경우도 있었다. 1919년 10월에
조선인 고객을 상정하여 개설된 종로공설시장의 경우 사설 염매시장과
의 경쟁에서 살아남지 못했다. 이용자가 적고 급기야 토지소유자가 토
지 반환 청구를 하여 1925년 10월에 폐지되었던 것이다.[34] 1919년 10
월에 일본인 거주지에 개설되었던 명치정공설시장은 초기에는 성황을
누렸으나, 도시 발달로 인해 주변 상점의 증가와 결정적으로 백화점의
진출로 인해 점차 시장의 존립 가치를 상실하여 1934년 3월에 폐쇄되
기에 이르렀던 것이다.

　총독부가 공설일용품시장의 물가조절 현황을 부풀리고 있다는 정황
도 보이고 있었다. 군산공설시장의 사례를 보면, 1924년 간행된 『公設
市場槪況』(조선총독부 내무국 사회과)에 따르면 초기에는 물가억제에 성공
한 듯 했으나, 1929년 『湖南日報』(1929.11.7.) 기사와 같이 군산공설시장
이 유명무실하여 소매가격 물가가 불균등하다는 비판이 나왔음에도
1930년에 간행된 『조선의 공설시장(朝鮮に於ける公設市場)』(조선총독부 내무
국 사회과) 자료가 1924년 내용을 그대로 전재하고 있었던 것으로 파악
된다.[35] 1920년대 공설소매시장에서 말하는 사회정책적 성격의 대상은
주로 '재조일본인'으로 파악될 수 있다. 도시지역에서 조선인과 일본인
의 주거지 분리현상 속에서 일본인을 위한 사회기반시설의 일환으로 공

社, 1941, 76쪽.
34) 京城府産業調査會, 앞의 자료, 172쪽.
35) 진주완, 앞의 글, 169-175쪽.

설일용품시장이 개설되었다는 것이다. 그 이유는 조선인과 다른 식료 및 일용품 기호와 조선인 상인들의 반일감정이 작용하였다. 또한 재조일본인 인구의 30%를 차지했던 관공리 등 봉급생활자는 물가폭등에 직접적인 영향을 받는 집단으로 이들의 주도하에 공설일용품시장이 개설되었던 것이었다. 즉, 도입초기 빈민구제적 사회정책적 역할을 강조하던 공설일용품시장은 재조일본인 주거지역의 물가억제를 위한 소매시설로 운영되었던 것이다.36)

두 번째 시기는 경제정책적 기능이 중요했다. 1923년쯤부터 공설일용품시장은 廉賣市場으로서의 의미를 상실하였다.37) 제1차 세계대전의 영향으로 평균 13.7%(1912~1920)로 상승세를 보였던 물가는 이후 3.6%(1920~1930)로 하락하여, 1920년대에 들어와 시중물가는 안정세를 되찾았다. 이에 따라 사회정책적 역할에서 가격관리체계로서의 역할로 그 운영방식이 바뀌게 되었다.38) 공설일용품시장사용조례(조례 제3호, 1923.6.21.)39)에 따른 시장 사용자에 사용료 징수가능 규정은 징수할 수도 징수하지 않을 수도 있다는 의미를 가진 것이었지만, 사회시설적 성격이 점차 형해화되어 산업시설 즉 영리시설로서의 의미가 전면에 대두되자 시장사용료가 징수되는 방향으로 전환되었던 것이다. 시장사용료 문제가 본격적으로 대두된 시기는 1923년 8월경으로 시장 업자들로부터 사용료 결정에 관해서는 시장 내 점포의 위치 등에 따른 영업 성적

---

36) 같은 글, 180쪽.
37) 허영란, 앞의 글, 218쪽.
38) 진주완, 앞의 글, 181쪽.
39) "제10조 시장을 사용하는 자에 대해서는 사용료를 징수할 수 있다. 사용료는 좌기 범위에서 부윤이 정한다. 점포 기타 건물 1평당 1개월 금 2엔 30센 이내 토지 1평당 1개월 금 39센 이내."京城府産業調査會, 앞의 자료, 369쪽.

의 차이를 고려하여 시장별로 등급을 인정해 달라는 민원이 존재하였
고, 부에서는 공설일용품시장별로 차등 있게 시장사용료 징수 규정을
마련했던 것이다.40) 즉, 1923년 시장사용료 징수조치는 공설일용품시
장의 사회적 기능 전환의 상징적 의미를 가진다고 할 수 있다. 이 시기
에는 물가등귀보다 물가하락이 문제였고, 공설일용품시장 영업도 일정
정도 안정되어 있었으므로, 사회정책적 시설로서의 공설일용품시장의
사회적 기능이 형해화되었다고 할 수 있었던 것도 시장사용료 징수의
배경이 되었다. 그러나 시장사용료 징수는 일반소매상점보다 저렴한 가
격유지를 통해 도시민 생활부담을 경감시킨다는 사회정책적 취지를 부
정하는 결과를 낳았다. 이때부터 표준물가의 공시, 시중소매상인의 폭
리 견제, 물자배급조직의 개선이란 경제정책적 목적으로 운영되기 시작
하였다고 할 수 있다.

예를 들면, 경성부 경상수입에서 시장사용료, 수수료가 치지하는 비
중은 10%(1922년)에서 38%(1923년)로 크게 증가하였고, 시장수수료 징
수는 공설일용품시장 재정자립에는 무리가 있었으나 재정자립을 지향
하는 방향으로 전개되었다41)

세 번째 시기는 물자배급 및 물가통제 기능이 중요했다. 먼저, 이시
기는 도시부 공업지대의 확대에 따라 「일용품시장규칙」(1930)으로 상징
되는 사설일용품시장의 대두와 '일용품시장'으로의 통합이 나타났으며,
전시체제기가 본격화되면서 전시인플레이션에 대응하기 위해 공설일용

---

40) 예를 들면 명치정 및 종로공설시장은 모두 업자들의 협의에 일임하였고, 화원정
공설시장의 경우에는 등급제를 두어 부에서 사용료를 결정하였지만, 용산시장의
경우에는 균등 사용료 징수를 채택하였다. 같은 자료, 233-234쪽.
41) 박이택, 앞의 글, 230쪽.

품시장의 물가통제, 배급기관으로서의 역할이 중요해졌다.

공설일용품시장 제도 변화의 계기는 1931년 이후 조선공업화 정책에 따른 도시공업화의 진척이었다. 도시지역에 대규모 공업지대가 형성되면서 노동자에게 공급할 일용품 배급 목적으로 공설시장의 사회적 기능에서의 변화가 나타났다. 1930년대에 개설된 경성부의 영등포시장(1931.12 개설), 인천부의 송현리 일용품시장(1936.7. 개설), 부산부의 부산진공설시장(1930. 개설), 목도공설시장(1932), 부전리공설시장(1941), 평양부의 선교리, 신양리, 인흥리 공설시장 등은 공업지대에 대응하고자 개설된 공설일용품시장이었다. 공설일용품시장이 이제 관공리나 봉급생활자뿐만 아니라 공업노동자를 대상으로 활용되기 시작했던 것이다.42)

1930년대 후반부터는 전시통제의 수단으로 공설일용품시장이 적극적으로 활용되었다. 1930년대 물가등귀로 인해 물가통제수단으로 활용되었던 것이다. 생필품 배급제 실시와 함께 공설일용품시장은 생필품배급망의 한 축을 담당하였다. 이를 위해 경성부는 서대문공설시장(1934. 12.), 영등포공설시장(1937.12.), 館洞공설시장(1940.10.), 통인동 및 신당동공설시장(1941.6.), 돈암동공설시장(1944.7.), 혜화동공설시장(1944.12) 등 6개의 시장을 추가 개설하였다. 하지만 이들은 폐지 또는 이전된 것이 적지 않았다. 왜냐하면 사유지에 개설한 경우 지주의 반환요구에 의해 돌려주어야 했고, 시장으로서 부적당한 자리에 위치한 경우에는 폐쇄되었기 때문이다.43)

이 세 시기를 가로지르는 공설일용품시장의 기능의 변화는 시장의

---

42) 진주완, 앞의 글, 181-184쪽.
43) 박이택, 앞의 글, 231쪽; 박은숙, 앞의 책, 327-328쪽; 『동아일보』, 1929. 6. 26.; 『동아일보』, 1934. 12. 18); 京城府産業調査會, 앞의 자료, 174쪽.

유통시스템의 변동과정에 따른 것이라기보다는 결국 총독부의 물가정책과 연동하여 이루어졌다고 할 수 있다. 물가가 폭등하는 인플레이션 시기에는 1920년대 초기와 같이 공설일용품시장을 개설하여 염가로 물품을 판매하도록 하거나, 1930년대 이후처럼 전시 인플레이션에 대처하기 위한 물자배급기구로서 시장을 활용하였고, 물가가 상대적으로 하락추세에 있을 경우에는 시장 수수료를 징수하거나, 공설 및 사설을 불문하고 이들을 일용품시장으로 통합해 가는 등의 정책기조가 변동하였던 것이다.

이런 기조는 해방이후 미군정기에도 유지되었다고 할 수 있다. 일본의 패전 이후 미군에 의한 점령기에도 공설일용품시장의 물자통제기능이 일정기간 존속되었다. 미군정에서는 일제 말기 전시경제 체제와 차별성을 드러내기 위해 일제하 물자통제 정책을 자유화하여 일시 폐지하였다.44) 일본인 공장과 군수공장에 보관되었던 물자는 물론 귀국 일본인이 내다판 물자들이 일시에 시장에 범람하였고, 미곡의 자유거래 등 시장은 활기를 되찾고 호황을 보이는 듯했기 때문이었다.45) 그러나 해방직후 시장은 더 이상의 생산은 중단된 채, 전시물자가 일시에 소진되면서, 물가는 걷잡을 수 없게 폭등하였다. 이에 따라 미군정 당국은 물가통제정책으로 회귀하지 않을 수 없었다. 1946년 1월초부터 서울 시내 양곡과 연탄의 배급 제도를 실시하였다. 6월 11개 품목에 걸친 가격통제를 실시하고, 1947년 3월에 다시 10개 품목을 추가하여 2차 통제물품

---

44) 「미곡의 자유시장」(일반고시 제1호, 1945. 10. 5.);「자유시장 설치에 관한 건」(일반고시 제2호, 1945. 10. 20.) 두 자료 모두『자료대한민국사』1(한국사데이터베이스 http://www.db.history. go.kr)
45) 서울시사편찬위원회 편,『서울의 시장』, 2007, 221쪽.

을 지정하였다. 이시기 금융조합연합회, 물자운영조합연합회, 물자행정
처 등 국가배급기구에 의한 물자 유통 운영은 그만큼 상업 조직을 위축
하였으며, 이와 별도로 민간에서는 암시장의 형성으로 재래시장의 기형
화·영세화를 가져왔다.46)

해방이후에도 「시장규칙」은 1961년 「시장법」(법률 제704호, 1961.8.
31.) 및 「시장법시행령」(각령 제179호, 1961.9.11.)이 제정·공포될 때까지
중앙도매시장법(법률 제207호, 1951.6.22.)를 제외하고는 시장에 관한 유일
한 법률적 근거가 되어왔다.47) 해방 공간에서도 공설일용품시장 문제
는 계속되었다. 1946년말 서울의 시장수는 공설 12개소, 사설 20개소로
1940년에 비해 공설 1기, 사설 8기가 증가했다.48) 사설일용품시장이었
던 영락정시장이 적산에 편입되어 영락정공설시장으로49), 식민지기에
는 나오지 않았던 강릉공설시장50)이 등장하였다. 해방공간 및 한국전
쟁 이전 시기에도 자유시장과 공설시장에 대한 허가 문제51), 포항에 공
설일용품시장 개설 계획52), 노점과 자유시장 철거와 이들의 공설일용
품시장 수용 문제53), 양곡의 지정판매소 설치문제54) 등 공설일용품시
장은 물자통제·배급과 관련하여 전시체제기에서의 역할을 여전히 담
당하고 있었다.

또한 이시기 실업자, 귀환인, 월남인 상당수가 상업에 뛰어들어 영세

----

46) 황명수 외, 앞의 책, 281쪽.
47) 조병찬, 앞의 책, 228-229쪽.
48) 황명수 외, 앞의 책, 283-284쪽.
49) 『동아일보』, 1946. 6. 9.
50) 『경향신문』, 1948. 4. 30.
51) 『경향신문』, 1946. 11. 21.
52) 『동아일보』, 1948. 10. 26.
53) 『동아일보』, 1949. 3. 31.
54) 『경향신문』, 1950. 1. 15.

상인이 급등했다. 이러한 물가통제 정책은 1954년 자유 시장으로 전환
이 이루어질 때까지 계속되었다.55) 이시기 물가등귀가 전혀 통제되지
않는 미군정기 상황에서, 공설일용품시장은 물자배급기관으로서 역할
을 하나, 물가통제기관으로서의 역할은 어려웠을 것이다. 「시장규칙」에
따르면 이러한 사설시장도 마찬가지로 공영화라는 틀 속에서 정부 행정
당국의 통제를 받을 것이므로, 물자통제기구로서의 공설일용품시장의
의미는 더욱 약화될 것으로 생각된다.

4. 공설일용품시장의 운영 실태와 민족적 시장분리

공설일용품시장의 운영실태와 관련하여, 공설시장과 사설시장의 경
쟁이란 측면을 살펴보고자 한다. 경성부를 예로 들면, 사설시장에 대한
공설시장 매상고 비율은 29%(1920)에서 5%(1934)로 하락했다가 10%정
도(1935) 반등 후 다시 하락경향을 보이고 있다56). 이렇게 공설일용품
시장과 가격경쟁을 하는 사설시장은 사설염매소나 사설일용품시장으
로, 이중 사설염매소 11기는 10인이상 20인 이하 규정으로 제2호시장
의 규제를 받지 않는 시장이었다가, 새롭게 「일용품시장규칙」에 따라
규제를 받는 시장으로 편입되었다. 사설일용품시장의 매상고는 공설일
용품시장 매상고의 2배 정도였다.

공설일용품시장은 시장수수료가 없던 1923년 시장수수료 징수 이전
에는 나름대로 경쟁력을 갖추고 있었으나, 이후 경쟁력이 저하하여 일

55) 황명수 외, 앞의 책, 295-296쪽.
56) 박이택, 앞의 글, 233쪽.

부는 폐쇄되기에 이르렀다. 1919~1922년경의 물가 등귀 시대에는 일 정정도 물가억제 기능을 발휘하여 공설일용품시장의 개설 목적을 일정 정도 충족시킬 수 있었으나, 물가가 안정기조로 돌아가자 공설일용품시 장의 매상고는 감소 경향을 보였고, 단지 간접적으로 일종의 소매표준 가격을 실현하여 시장 상인을 견제함으로써 시민을 보호하는데 중점이 두어져, 시민의 수요에 대한 적극적인 대응은 차츰 약화되었던 것이다. 공설일용품시장의 거래 상대가 될 도시거주 인구가 공설일용품시장 이 용객을 안정적으로 유지할 정도로 많지 않았다는 점에 더해, 재조일본 인은 여전히 보통 소매상 이용에 만족하였고, 거주민의 대다수를 차지 한 조선인도 재래시장을 이용하는 것이 오히려 편리했기 때문이다.57)

　그러나 박이택에 따르면 공설일용품시장의 시장점유율 감소는 실패 가 아니라고 할 수 있는데, 적정한 소매 마진 형성은 처음부터 공설일 용품시장 정책에서 의도한 바였고, 이것이 구현되었다면 실패가 아니었 다는 주장이다.58) 따라서 공설일용품시장의 시장 기능상의 경쟁력 감 소에도 불구하고 공공기관이 공설일용품시장의 투자자이자 입점상인의 보호자로서 기능을 수행하게 되었다는 것이다.59) 즉, 공설일용품시장 은 가격관리체계와 모니터링시스템과 관련하여, 소매가격 산출표준을 만든 효과를 창출하였고, 이를 통해 가격과 적정 소매마진이 산출되는 계기가 되었다는 것이다. 경성부의 경우, 경성부 공설일용품시장 소매 가격표를 공개하여60) 공설과 사설의 소매시장가격을 비교할 수 있도록

---

57) 四方博, 앞의 글, 238쪽.
58) 이에 대해서는 공설일용품시장이 시중가격을 표준화시킨다는 1차적 목표가 달성 된 것을 통해 그 사명을 완수한 셈이라는 평가가 당시부터 존재했다. 小倉氏, 「公 設市場ニ就テ」, 京城府産業調査會, 앞의 자료, 267쪽.
59) 박이택, 앞의 글, 235-236쪽.

했다. 이에 따라 소매시장의 소매마진에서 거품을 제거하는 효과가 나
타나, 양자의 차이가 크게 줄어들게 되었고, 1925년 이후 공설일용품시
장의 물가가 시장물가의 동향을 보는 지표로 활용되기 시작되었다는 점
에서 가격관리체계와 모니터링 시스템이 작동하였다고 보는 것이다.[61]

　그러나 근대적 유통체제의 형성이란 점에서 보면, 일본 국내시장에
서의 일관 유통체계의 성립과정과 비교할 때, 식민지 조선의 시장경제
화와 그에 따른 시장 갈등의 대두는 그 식민지적 성격을 더욱 선명하게
드러낸다. 시장경제화의 진전과 그에 따른 시장 갈등의 대두는 산업혁
명상의 도시노동자계급 창출이란 과제와도 무관했고, 자본의 이윤율 저
하에 대한 대책과도 무관했으며, 농촌사회의 안정적 재생산을 위한 과
제와도 무관하게 진행되고 있었던 것이다.[62]

　다음으로 시장의 민족적 분리 경향에 주목할 필요가 있다. 시카타는
몇 가지 사례를 들어 신식시장 즉, 공설일용품시장의 개설이후 이용자
의 민족적 구분현상이 나타난다고 분석했다. 시카타는 공설일용품시장
이 일본에서 의식적으로 수입된 제도로 재래시장과 같은 조선인 경제에
대응할 역사적 산물로 파악하기 어렵다고 결론지었다.[63] 즉 근대적인
공설일용품시장은 조선에는 시기상조였다는 전제 속에서, 조선인들의

---

60) 공설일용품시장의 각종 상품판매가격은 각 시장에 구두나 전화로 통지하여 판매
　　인이 곧바로 반영할 수 있도록 하였고, 판매가격을 경성부민에 주요 판매품의 가
　　격과 변동사항을 각 신문과 라디오로 방송하거나, 매월 1회 15일 현재 소매가격
　　표를 제작하여 관공서, 학교, 기숙사, 공장, 병원, 사단 경리부 등 대형 소비자에
　　송부하는 한편 신문 지라시로 배부하거나, 시장판매인으로 하여금 일반 소비자
　　에게 직접 배부하도록 하는 방법을 사용했다. 京城府産業調査會, 앞의 자료,
　　222-223쪽.
61) 박이택, 앞의 글, 237-239쪽.
62) 조형근, 앞의 글, 108쪽.
63) 四方博, 앞의 글, 206쪽.

적극적 이용은 어려웠을 것으로 인식했다. 도시부에 거주하는 재조일본인이나 일본인과 유사한 소비패턴을 갖게 된 아주 제한적인 범주의 조선인들만이 근대적 공설일용품시장을 이용했을 것이라는 것이다. 이런 점에서 시카타는 도시부 일본인 거주 지역에 주목했던 것이다. 또한 공설일용품시장에서 주로 취급하는 품목이 주로 재조 일본인을 대상으로 한 것이므로, 조선인들의 이용은 제한적이었을 것이라는 것이다. 실제 공설일용품시장이 존재했던 도시들은 일본인이 다수 거주하는 지역이었다. 이지역이 조선의 상공업 지대로 소비도시로 인구가 많은 도시였다 하더라도 재조일본인 집단의 존재를 무시하고는 공설일용품시장을 설치하는 것은 어려웠을 것이다.64) 공설일용품시장 상인의 일부가 조선인이라는 점도 이들의 주 고객이 재조 일본인이라는 점에서 시장의 이원화와 민족적 분리라는 측면의 반증자료는 될 수 없을 것이다.65)

오히려 조형근이 지적한 것처럼, 조선인의 강고한 재래시장 선호에 착안하여 수요 밀도의 증가와 교통 체계의 발전이란 사회경제적 근대화 속에서 재래 정기시장의 통폐합 및 상설시장화를 통해서 재래시장이 감소할 것이라는 해석에 바탕을 둔 근대화이론에 입각한 시장이론이 역사적 현실 속에서는 들어맞지 않는 조선의 현상을 포착해야 한다.66)

이에 대한 구체적인 사례를 살펴보면, 식민지 거래 규모가 가장 컸던 공설일용품시장이었던 부산부 부평정공설시장의 경우이다. 원래 개항기 이후 일본인 조계지와 조선인 거주지 사이에 개설된 재래시장으로 당시부터 '日韓市場'으로 불렸던 보통시장이 부평정공설시장으로 개편되

64) 같은 글, 230쪽.
65) 같은 글, 232쪽
66) 조형근, 앞의 글, 101쪽.

었던 것이다. 시장 내에 조선인 상인에 의해 경영되는 조선식 재래시장
이 일본인 상인들의 공설일용품시장과 같은 구역에 공존하고 대부분의
공설일용품시장은 일종의 상설소매점포로서 조선인 경제와는 극히 사
소한 기능을 하는데 불과했다.

다음으로 역시 재래시장을 개편한 마산부 富町公設市場[67]의 경우이
다. 이 시장은 장내와 장외 시장으로 구분되어, 장내에는 일본인을 주
고객으로 하는 상점이 많았고, 장외는 조선인 중심의 거래가 이루어지
고 있었다. 이 시장은 보통시장을 공설일용품시장으로 고친 것이지만,
특히 장날에는 공설일용품시장 옆에 장시가 열리고 있었던 것으로 이
전 장날과 같은 성황을 보이고 있었다. 공설일용품시장으로 개조되었
으나 보통시장에 포위되어 운영되고 있었던 것이다. 한편 전주 공설시
장의 경우 일본인 위주의 공설일용품시장으로 개설되었으나, 결국 장
사가 잘 안되어 이를 폐쇄되고 보통시장으로 재편된 경우이다.[68]

경성부 공설일용품시장의 점포 배치도를 통해 판매종목을 살펴보면,
일본식 식료・생필품에 속하는 츠케모노(漬物), 일본 된장인 미소(味噌),
和洋雜貨를 판매하는 상점은 일본인 거주 지역에 개설한 화원정시장,
용산시장, 서대문시장에는 배치되어 있지만, 조선인이 주로 이용하는
마포시장에는 배치되어 있지 않다는 점을 확인할 수 있다. 이는 조선인
과 일본인의 구매 품목이 달랐기 때문으로 보인다.[69]

부산 부평정공설시장이나 마산 부정공설시장과 같은 공설일용품시장
은 일정정도 영업성적을 올리며 유지가 될 수 있었는데, 두 시장 모두

---

67) 문정창의 자료에는 재래시장(상설시장)에 포함되어 있다. 文定昌, 앞의 책, 274쪽.
68) 四方博, 앞의 글, 232-239쪽.
69) 京城府産業調査會, 앞의 자료, 231-232쪽.

조선인을 주 고객으로 하는 재래시장의 기능이 일정정도 확보되어 있었
다는 점이 공통의 특징이었다. 전주 공설시장의 경우는 절대다수를 이
루는 조선인의 시장 이용 없이 일본인 고객만으로는 시장을 유지할 수
없었던 것을 알 수 있다. 대다수의 조선인은 공설일용품시장보다는 조
선인 고객을 주로 하는 공설일용품시장이나 종래의 재래시장을 더 선호
했던 경향에 잘 대응한 결과였다.

　이런 현상은 인플레이션 하에서 우위성을 확보했던 공설일용품시장
이 가진 염가 공급이 물가하락 이후 사설 일용품시장의 가격 하락과 함
께 가격우위를 확보할 수 없게 된 상황과 관련이 있었다고 할 수 있다.
소수의 재조일본인은 작은 소매시장이나 고급품의 경우에는 백화점 이
용으로 충분했던 것으로, 굳이 공설일용품시장을 이용할 필요성이 높지
않았던 것이다. 공설일용품시장은 비록 저렴하게 상품을 공급하는 시설
이었으나, 도시 중심부나, 봉급생활자 거주지 즉, 일본인 거주지에 주
로 설치되었다. 공설일용품시장은 또한 현금거래가 원칙이었기 때문에
현금이 없는 조선인들은 가격이 비싸더라도 외상거래가 가능한 재래시
장에 의존하고 있었던 것이다.[70]

5. 나오기

　근대 한국의 공설일용품시장의 사회적 기능에 대한 지금까지의 분석
을 개념적으로 정리하면서 맺음말에 대신하고자 한다. 공설일용품시장

---

70) 허영란, 앞의 글, 218쪽.

의 사회적 기능을 둘러싼 논의는 대개 2가지 흐름으로 정리할 수 있다. 두 흐름은 독립적으로 존재하는 것이 아니라 서로 상호작용하면서 연계되어 있었다. 첫 번째 흐름으로는 일제하 공설일용품시장의 등장과 운영이 실패냐 성공이냐를 묻는 관점이 존재한다. 공설일용품시장의 등장을 통해 기대했던 물가상승 국면에서의 사회복지·사회정책적 시설로서의 기능을 어떻게 해석할 것인가라는 지점에서 나타났다고 할 수 있다. 먼저, 사회복지·사회정책적 시설로서의 기능과 운영이 형해화한 결과 경제정책적 목적으로 변질되거나, 공설일용품시장 자체의 운영이 실패로 끝나는 사례 등을 거론하며 그 운영이 실패했다고 보는 입장(시카다 히로시, 진주완, 조형근 등)이 존재한다. 다른 한편 공설일용품시장의 기능을 사회정책적 시설로서보다 가격관리체계의 형성이라는 점에 무게를 실어 식민지 조선에서 공설일용품시장의 증설 자체가 가진 명백한 한계를 인정하면서도 시장경제 내에서의 가격관리체계 및 가격모니터링 기능이 유지되었으므로 공설일용품시장의 기능은 성공적이라고 할 수 있다는 입장(박이택)이 존재한다.

두 번째 흐름은 근대 공설일용품시장의 사회적 기능을 식민지 근대(성)과 연관 지어 해석하는 관점이 존재한다. 먼저, 근대 공설일용품시장이 식민지 조선사회에 정착할 수 없었던 '실패'의 이유를 반봉건성에서 구하려는 입장을 들 수 있다. 이 입장은 조선사회의 '후진성' 즉 반봉건성에 방점을 두어 근대적 시설로서의 공설일용품시장을 반봉건사회였던 식민지 조선에 개설하려는 정책은 시기상조였다는 것이다. 이런 해석은 시카타에게서 강하게 드러난다.

다른 한편 근대적 시설로서 공설일용품시장의 사회적 기능이 제대로 발휘될 수 없었던 이유로 '식민지성'에 방점을 두는 입장이다. 식민지

내 민족적 분리 및 이출입 등에서의 식민지적 왜곡이 공설일용품시장의 사회적 기능 발휘에 장애가 되었다는 점을 강조하는 입장이다(진주완, 박이택, 박은숙 등). 마지막으로, 가격관리체계의 형성과 사설시장과의 경쟁 속에서 유통경제의 건전화를 통해 공설일용품시장의 사회적 기능이 일정정도 확보될 수 있었다는 입장(박이택)은 근대자본주의 사회의 유통경제 형성을 전제로 하고 있다는 점에서 식민지성보다는 근대성에 더욱 방점을 두고 있다는 것을 알 수 있다.

(송병권)

‖ 저자 소개

김윤희(金允嬉)

고려대학교 문학박사. 가천대학교 아시아문화연구소 책임연구원.

근대 한국의 자본주의와 주권국가의 통치성 사이의 관계에 대한 탐색을 진행해왔고, 최근에는 두 개의 관계에서 늘 문제점 지점으로 남아 있는 '빈곤' 문제를 탐색하고 있다. 주요 논저에 『근대 동아시아와 한국자본주의』(고려대민족문화연구원, 2012), 『이완용평전, 극단의 시대 합리성에 포획된 근대적 인간』(한겨레출판, 2011), 『근대 한국의 개혁구상과 유길준』(고려대출판부, 2015) 등이 있다.

송병권(宋炳卷)

일본 도쿄대학 박사(학술). 고려대학교 아세아문제연구소 연구교수.

식민지 시기부터 해방 이후에 걸쳐 동아시아 지역주의의 역사를 한미일의 관계성을 정치, 경제, 국제질서, 사상, 학지 등 다양한 교차성 속에서 파악하려 시도하고 있다. 주요 논저에 『東アジア地域主義と韓日米關係』(東京: クレイン, 2015), 「일본의 전시기 동아국제질서 인식의 전후적 변용-'대동아국제법질서'론과 식민지 문제」(『사림』 61, 2017.7), 『GHQ-연합국 최고사령관 총사령부』(역서, 평사리, 2011) 등이 있다.

이규수(李圭洙)

일본 히토츠바시대학 박사(사회학). 히토츠바시대학 한국학연구센터 교수.

근대 한국과 일본의 관계를 다층적으로 탐색해왔고, 재조일본인의 식민지 체험과 귀환 문제에 대해 연구, 과거사 문제에 대한 한국과 일본의 학문적 의사소통 문제를 적극적으로 실천하고 있다. 주요 논저에 『개항장 인천과 재조일본인』(보고사, 2005), 『다이쇼 데모크라시』(역서, 어문학사, 2012), 『주시경』(역서, 역사공간, 2014) 등이 있다.

아시아학술연구총서 8

근대 한국의 소수와 외부, 정치성의 역사

초판 인쇄 2017년 8월 31일 | **초판 발행** 2017년 9월 4일

지은이 김윤희, 송병권, 이규수

펴낸이 이대현 | **편집** 홍혜정 | **디자인** 홍성권

펴낸곳 도서출판 역락 | **등록** 제303-2002-000014호(등록일 1999년 4월 19일)

주소 서울시 서초구 동광로 46길 6-6(반포동 문창빌딩 2F)

전화 02-3409-2058, 2060 | **팩시밀리** 02-3409-2059 | **전자우편** youkrack@hanmail.net

ISBN 979-11-5686-970-2 94910

      978-89-5556-053-4 (세트)